THE PENGUIN History of THE World

〔英〕J.M. 罗伯茨 — 著
陈恒 黄公夏 — 译

文明的分化

我们世界的历史 II

東方出版中心

上海市版权局著作权合同登记：图字 09-2018-314 号

图书在版编目（CIP）数据

我们世界的历史. 2，文明的分化／（英）J. M. 罗伯茨著；陈恒，黄公夏译. —上海：东方出版中心，2018.7
ISBN 978-7-5473-1279-7

Ⅰ. ①我… Ⅱ. ①J… ②陈… ③黄… Ⅲ. ①世界史—通俗读物 Ⅳ. ①K109

中国版本图书馆 CIP 数据核字（2018）第 086835 号

我们世界的历史 2：文明的分化

出版发行：东方出版中心
地　　址：上海市仙霞路 345 号
邮政编码：200336
电　　话：021-62417400
印　　刷：杭州日报报业集团盛元印务有限公司
开　　本：890 mm×1240 mm　1/32
印　　张：9.375
字　　数：234 千
版　　次：2018 年 7 月第 1 版第 1 次印刷
ISBN 978-7-5473-1279-7
定　　价：46.50 元

目　录

第五版序言

本书第一版发行于 1976 年，到现在已经是第五版了。目前已经有一些译本，它们的内容有时候会根据出版商的要求对英文原稿做一些微小改动。我认为现在不太可能有时间让我为读者提供另一个版本，因为经过全面审查，我发现这会是一项工程浩大的改动。但在一篇新序言里说明我尝试着重新作一些解释，以及为什么这是一个明智之举，可能对大家是有帮助的。至少，我觉得我应该表明，在过去二十五年间发生的事件，是否促使我改变了当初在 20 世纪 60 年代末着手写作这本书时所持的观点和目的。

我最近经常听到人说，2001 年 9 月 11 日让世界史上的一切都发生了改变，或者诸如此类的话。但我认为，根据我下面将简要说明的原因，以及某些从一开始就指引我的观念，这种观点非常有误导性，仅在某种很有限的意义上才是真实的。然而，为何一个新版本看起来是必需的呢？其首要原因就是，超过十年以来，世界历史已通过并且仍在通过最新的例子重演：一个充斥着暴力事件和千变万化的时代。这个混乱而又令人激动的时期的开始，已经成为本书上一版以及第三版的主题，但是假如需要采纳新观点的话，发生在

20世纪90年代后期的事件本身就有值得更进一步思考的必要，这种思考也包含最新的事实。

我担心这会使这本书的内容大大增加，但事实上没有。细节和风格的改变是需要的，但是重新调整和改造的只有本书的最后章节。论述侧重点的改变当然也是需要的。在最新版本中会增加一些内容：关于最近妇女地位的改变、环境问题、新的体系和设想、对旧体系的质疑，以及国际秩序常规和非常规基础的改变（这些主题在近代史中是最醒目的，而我对于这些主题的看法大多已经在我于1999年出版的《企鹅20世纪世界史》中表明了）。但是这些都不表明我一贯的立场和观点发生了根本改变，这些仍可用我之前和最初常用的观点来加以总结。

或许从一开始，我的主要目标群体就是非专业读者，想呈现并唤起他/她去思考历史的厚重感，和历史惯性在这个世界中的重要性。甚至在今天，我们也常常被鼓舞着去思考我们是否能够掌控历史。然而，塑造了诸如现代美国人、俄罗斯人、中国人、印度人和阿拉伯人的思考及行为方式的历史驱动力，在资本主义和共产主义出现之前就已经作用了数个世纪。遥远的历史仍然在打乱我们的生活，甚至可能一些发生在史前时代的事情也仍在产生影响。然而，在这种驱动力和人类所具有的引发变迁的独特力量之间，始终存在着张力。只是最近（这至多也就是几个世纪），构成这本书大部分主题的长达六千年的漫长文明，才逐渐帮助我们认识到，人类具有制造变化的力量。而且，对技术进步的热情现在看来是普遍的。即使最近确实有一些条件试图缓和这种热情，但现在普遍存在的看法是，大部分问题能够并将会通过人力来解决。

因为惯性和革新两种现象都将继续操纵着所有人类的发展，所以我仍然认为（就如本书第一版中提到的），我们将会不断发现，发生的事情或多或少都会出乎我们的意料。对当代或最近发生的重要事件做判断时，我们应牢记这个观点。我也仍倾向于相信，这样的判断将一直较多地受到性情的影响，我们天生的乐观或者悲观情绪都将会影响到任何一种预测。即使我们已经掌握了大量历史事实，但根据历史提供的那些事实也只能得出关于未来的很概化的叙述。从这本书的最近一版开始，我已经意识到自己情感上的细微转变。我现在预感到，我的孩子们将来不大可能会生活在我曾经熟悉的、令人愉快的世界里，因为无论在何处，人类生活的重大调整都必然超过我曾经设想的情况。但我不会宣称我先知。历史从来不会被预言。

之前我以大篇幅阐述的内容现在就不需要进一步详细说明了。然而，对于这本书的新读者来说，我再次说明体现本书内容和布局的一般方法还是有用的。我争取从读者能领悟的地方开篇直言。一般的影响因素有着最广泛、最深刻的影响，不仅仅是再次收集传统意义上的重要主题。我希望避免罗列细节，取而代之的是从影响大多数人类的主要历史进程（它们给后世留下了大量遗产）入手，同时展示它们之间的对比和相互关系。我没有试图去写各个主要国家的连续历史或者人类活动的所有领域，我相信，若要事无巨细地记录过去的史实，那应该去编百科全书。

我试图强调这些主要影响的重要性，同时这就意味着在篇幅分配上，年代和地域是不平衡的。虽然我们仍旧需要一定的时间和精力去关注和研究尤卡坦迷人的土地，思考津巴布韦遗址或者遐想复活节岛上的神秘雕像，虽然产生出这些事物的各个社会的知识均具有内在的价值，但它们对于世界历史来说仍旧是边缘问题。即使是拥有如此广大区域的非洲，或哥伦布发现之前的美洲的早期历史，在本书的描绘中都是轻轻带过的，因为在这些地方，从远古时期直至欧洲人到来，在这之间所发生的一切，对世界的影响不大，远不及产生了佛陀、希伯来先知和基督教、柏拉图和孔子等的那些文化传统具有的世界影响力。这些传统存活了许多个世纪，并且给数以百万计的人们造成了巨大的影响，而这种影响力还会继续下去。

我也试着不去多写那些材料特别丰富的主题。在任何情况下，我们都不可能掌握关于世界历史的所有相关文献材料。我力图强调那些看起来重要的事情，而不是我们大家熟知的事情。因此，不论路易十四是法国和欧洲历史上多么杰出的人物，他都可以比中国的辛亥革命更简略地跳过。在我们这个时代，努力识别有用的东西显得更加重要，而不要因为一些事件出现在当天的新闻里就认为它们才重要。

我们总能获得对事件意义的新解释。例如，许多人最近常听到文明之间的冲突，认定它们将要进行或者正在进程中。显然，最近几十年人们重新认识到伊斯兰世界的独特性，而它制造出的新兴奋点也大大影响了这种断言。我已按我的逻辑提出了拒绝这种观点（至少是它们大多数不合格的表述）的理由，它们的论据不够充分恰当，而且显得过分悲观。但显然没人能够否认，在被我们泛泛称作“西方”的国家和很多伊斯兰国家之间的关系十分紧张。在最近的几个世纪，出于自觉或者不自觉的意图，有时候甚至是意外的，来自西方干扰影响的长远作用已经妨碍和困扰了许多传统，伊斯兰只不过是这些传统中的一个（全球化的概念并不是近年来仅仅在措辞上被强调的）。当然，这个进程开始于欧洲人的活动，这就是为什么我会给予欧洲的演变，以及直到 1945 年它在世界上的中心地位以足够的论述空间。

毫无疑问，这样的强调体现了我自己的历史传承和文化背景产生的最根本冲动。我不应但却势必以一个年长的英国中产阶级白人男性身份来书写。如果那被看成一个需要克服的严重缺点的话，就应该寻找其他途径。但读者在做出评价之前也应该用相同的尺度来衡量自己。我仍然希望我的努力能把一些也许我太容易想当然的东西传达出来，帮助人们理解博学的历史学家阿克顿勋爵提出的历史是“不同于所有国家的组合历史”的观点，同时表明决定它结构的伟大文化传统的丰富和多样性。

在前几版前言里，我已经对很多曾在早期工作阶段给予我多方面帮助的朋友和同事们提出感谢。我将永远感激他们，但因为他们的名字已经被记录下来，所以我不想在此再重复他们的名字。但我必须再增加上巴里·坎利夫教授（Barry Cunliffe）的名字，在这版中他给予了我巨大的帮助，我向他致以最诚挚的感谢。我也要感谢这些年持续给我来信的读者们，他们给我提供了具体的意见、建议、责问和鼓励。由于人数众多，我无法在这里一一留下他们的名字。但这些朋友和评论家都不需要对听从其建议而做出的修改承担任何责任，任何人都不应该为任何我所书写的事情受指责，因为这完全是我自己的责任。

最后，虽然这个问题有些私人，但我觉得必须予以指出。我修订工作的最后阶段是从去年 9 月份开始实行的，但当时突如其来的健康问题迫使我必须频繁出入医院，计划和安排被打破。相当明显的是，这对其他人造成的巨大压力远大于对我本人。很明显，这其中最受累的是我在企鹅出版社的编辑西蒙·温德（Simon Winder）。在一个非常困难的时期，他继续表现出极大的耐心，并且一如既往地给予我鼓励。在此我难以用言语来感激他给予的信任和帮助，我向他表示特别的感谢。

但是，在这几个月里，我最应该感谢的是我的家人，他们给我照顾、关爱和支持，我的孩子有时会越洋飞来看望我。在我的家人中，我必须首先提到我的妻子，她一直致力于本书的早期编辑工作。此时我比在任何时候都更需要她。除了她给我的鼓励和意见，以及对我的决定和品位的影响，我现在还必须认识到将近四十年来她对我的事业和我们的孩子的奉献。现在她又为自己增加了一项全职护士的工作。我欠她的最多，我希望她能在本书中找到我已充分认识到这一点的证据。

2002 年 3 月于提姆伍德（Timwood）

自约翰·罗伯茨去世后，我在得到企鹅出版社作者之家的认同之后，尝试着根据 2001 年以来的事件更新这本书。我通过修订和扩展出本书的第八卷来实现这个目的，因此它既包含了长期趋势，又包含了从新千年开始对于历史学家们来说变得显而易见的特殊进程。本书第五版的其他部分仍然是约翰·罗伯茨生前完成的。

维斯塔德教授（O. A. Westad），2007 年 7 月

作者介绍

罗伯茨（J. M. Roberts）生于英国巴斯市（Bath），并先后在陶顿中学（Taunton School）和牛津大学基布尔学院（Keble College）学习。服完兵役之后，他于 1950 年回到牛津大学，并在 1951 年成为莫德林学院（Magdalen）的一员。1953 年，罗伯茨以联邦基金研究员的身份前往美国，这是他担任这一职务期间第一次访问美国，此后他还将多次造访这个国家。在美期间，他先后担任过普林斯顿高级研究所的研究员（1960），以及南卡罗莱纳大学和纽约哥伦比亚大学的客座教授等多个职务。罗伯茨从 1953 至 1979 年是牛津大学默顿学院的研究员和导师。从 1979 至 1985 年，他担任英国南安普顿大学副校长。后来，在 1985 年，他回到默顿学院担任院长，直到 1994 年退休。1996 年，他因“在教育与历史领域的贡献”而荣膺大英帝国司令勋章。

罗伯茨编撰了畅销丛书《珀内尔二十世纪历史》。从 1967 至 1976 年，他一直是《英国历史评论》的合作编辑。他也是《1880—1945 年的欧洲史》《秘密社会中的神话》《右派巴黎公社》《革命时代和改良》《法国大革命》等书的作者，“新牛津英国史”“简明牛津现代史”丛书的主编。1985 年，BBC 二台播放了罗伯茨创作与朗诵的 13 个历史系列节目《西方的胜利》；几年后，出版了同名著作。罗伯茨也是最近BBC制作非常成功的电视节目《人民的世纪》的历史顾问。

罗伯茨也是《企鹅欧洲史》和《企鹅20世纪世界史》的作者，他于2003年5月去世。

欧德·阿尼尔·维斯塔德（Odd Arne Westad）是伦敦经济学院国际关系史教授。他最新出版的一本书是《全球冷战史》。该书获得班克罗夫特奖。

卷四

传统分化的时代

导　论

查士丁尼时代的“罗马人”知道，他们和其他人截然不同，并以 315
此为傲。他们属于一种特别的文明；而且觉得，人类再也设计不出更好的文明了——至少有一部分人这么想。有如此想法的并不只有罗马人。世界别处亦不例外——例如中国。远在基督降生之前，文明之花就开遍除澳大利亚以外的每一片大陆，加深并加快了史前时代人类行为模式的分化进程。人类文化的多样性，在历史最早期就已经十分明显，哪怕最不经意的一瞥也不难发现。当堪称一代经典文明的地中海世界最终走向无法修复的崩坏时——公元 500 年可以作为粗略的界标—— 世界上已满是彼此间形成鲜明对立的文明。

彼时，世界的大部分地表依旧是文明的荒野，只有相对稀少的区域实现高度文明。在每一块文明区域中，都有一些与众不同的强大传统，往往充满自我意识，在很大程度上独立于外界。此后的一千多年，文明之间的差异继续加深。到公元 1500 年左右，人类的多样性和分化可能达到了空前绝后的程度。占统治地位的单一文明依然没有出现。

作为结果之一，中国、印度、西欧和伊斯兰文明都独立存续了相当长的时间，足以在我们的世界布局中留下不可磨灭的痕迹。说来矛盾，这些文明能够共存的原因之一，是所有文明在某方面都非常类似。大体而言，都以自给自足型农业为基础，都以风力、水力、畜力或人力为主要的能量来源。没有任何一方能获得压倒性的实力来改变其他文明。在任何地方，传统的力量都十分惊人。当时所有人都要遵守的习规尽管各有不同，但全都不容置疑。在今天看来，那样的生活简直无法忍受。当然，文化发展的多样性也创造出了不同的技术。千百年之后，欧洲人才像罗马人那样再次大规模地开展工程建设；而中国人早就发明了活字印刷，也知道火药的奥秘。然而，此类技术优势
316 或劣势尚不足以造成重大影响。很大程度上是因为，各传统文明之间的往来殊为不易，只有少数得天独厚的地区除外。但文明之间的绝缘始终不是绝对和彻底的，总有一些身体和精神上的碰撞。虽然那时代的人大多在传统生活模式下怡然自得，无视百里——甚至几十里——之外人的别样的生活方式，但文明之间的障碍更似可以渗透的膜层，而非不可跨越的高墙。

属于文化多样性的伟大时代有极为漫长的时间跨度。有些文明传统必须追溯到公元前3世纪才能讲述。而使它们彼此隔离的壁垒，要到公元1500年以后很久才出现不可修复的裂痕。在那之前，大多数文明都按自己的步调前进，只是偶尔才明显表现出受外界干涉的影响。这类干涉因素之一影响了从西班牙到印度尼西亚、从尼日尔（Niger）河到中国的亿万人；其发源地是近东这片最古老的文明地带，它也是讲述这个多样世界时顺理成章的起点。

第 1 章　伊斯兰教与近东的复兴

在公元 500 年以前，伊朗地区诞生了一个又一个伟大的帝国，接 317
连不断地给西方施以重击，一直持续了上千年，其间只有相对短暂的停顿。有时，战争让文明靠得更近，有两个近东的文化传统就因而彼此影响；程度之深，令两者的历史虽犹独特，却已不可分割。阿契美尼德人（Achaemenids）的思想观念和神授王权的统治方式被亚历山大及其继任者传到了罗马；又从罗马传到与萨珊人交战的拜占庭基督帝国，并生根发芽。而究其根源，阿契美尼德人的传统来自古美索不达米亚。波斯和罗马一心想要毁灭对方，到头来也确实做到了这一点；这场毫不妥协的对抗对两者都是致命的，占用了别处急需的精力和资源。最后，双方都垮了。

萨珊帝国的开国者阿尔达希尔对于延续波斯传统有强烈的使命感。他着意唤醒人们对帕提亚时代和居鲁士大帝的回忆。继任者也效仿其法，用雕塑和镌文培养传统认知。阿尔达希尔宣称大流士统治过的所有土地都属于萨珊，并亲自征服梅尔夫（Merv）和希瓦（Khiva）的绿洲，入侵旁遮普；征服并彻底平定亚美尼亚又用了 150 年，不过大部分地区最终纳入了波斯支配的版图。公元 6 世纪，该帝国甚至向南扩张到也门一带，这是古伊朗帝国的最后一次版图重构。

由于地理和气候差异，这片巨大的疆土始终面临着解体的威胁，但很长一段时期内，萨珊王朝成功解决了统治的难题。行政方面，有可追溯至亚述时代的官僚传统作为基础；至于统治的正当性，则有王权神授的观念来维护。萨珊的政治史，就是由中央集权势力和大家族利益之间的紧张关系所写成的。这种关系下，国王不时受到掣肘，无力施行自己的主张。有两点可以作为国王权力的试金石。一为是否有能力任命自己的亲信担任要职，不让贵族染指；另一点是能否控制继位的人选。有些波斯国王被废黜；有时虽然已有统治者正式认可的继
318 承人选，却还得由把持朝政的文武官员和教士组成的准选举体系发话，让他们从王室家族中选出一人推上王位。

与王室争权的权贵来自为数不多的大家族，经常是地方行省的统治者，号称自己是帕提亚王朝至高无上的统治家族阿萨息斯（Arsacids）的后裔，坐拥着大片用来维持开销的采邑。但还有两种力量制衡着这股危险的势力。一为雇佣军。大量低级贵族担任军官，从而有了对抗大贵族的一定资本。雇佣军中的精锐是直属于国王的禁卫重骑兵。另一派势力则为教会。

波斯萨珊王朝在宗教和政治两方面都实行大一统。阿尔达希尔将琐罗亚斯德教重新扶持为国教，给予该教祭司——称为贤者（*magi*）——以极大特权。这些祭司也逐步获得政治权力。他们肯定王权神授的性质，身负司法重责，还监督土地税的征收——这是波斯财政的根基所在。他们传授的教义似乎与琐罗亚斯德名下的严格一神论有不小的差异；他们以创世主阿胡拉·马兹达（Ahura Mazda）为中心，称国王是他在尘世的代理人。萨珊王朝对国教的推崇，与确立自身的统治权威有紧密的关联。

当罗马帝国成为基督教国家，波斯帝国的意识形态基础就显得更为重要了。宗教差异开始承载起更多的意义，宗教不满被视为政治叛离。因与罗马的战争，信基督成为叛国之罪。虽然波斯起初容忍基督徒的存在，但此后迫害行动就顺理成章地开始了，并一直持续到5世纪中后期。受折磨的也不只是基督徒。公元276年，波斯传教士摩尼（Mani）被处决，而且是用活剥这种痛苦至极的方式。后来，西方人

知道了他的事迹，并以拉丁化的名字“Manichaeus”称之，归入他名下的教义也成了一种基督教的异端。摩尼教将犹太—基督教信仰和波斯神秘主义相结合，把整个宇宙视为一场宏大的活剧，光与暗的力量在其中争夺主导权。领悟到此真谛的人希望以践行戒忍的方式参与这场对抗，这将为他们开启一条通往完美与和谐的道途，在宇宙中获得超度。摩尼教在善与恶、自然与神灵之间划出决然的界线；这种尖锐的二元论吸引了不少基督徒，他们从中找到了一种合乎保罗教诲的教义。圣奥古斯丁年轻时信奉摩尼教，多年后，中世纪欧洲的各种异端中也能找到摩尼教的痕迹。或许，毫不妥协的二元论对秉持特定观念 319
的人总有很强的吸引力。无论如何，称得上非同一般的是，在摩尼教

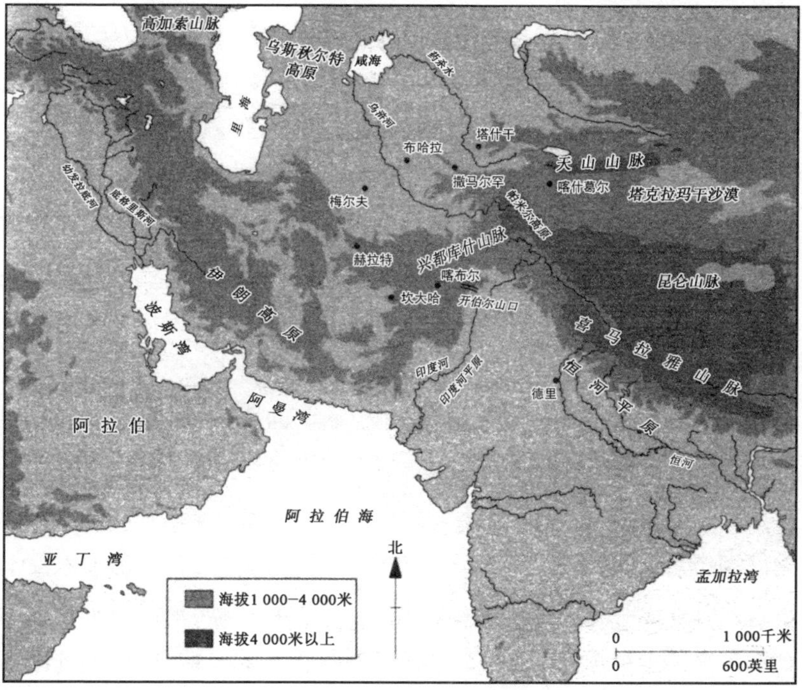

中亚

思想广泛传播之前，琐罗亚斯德教君主和基督教国王都迫害过该教教徒。其信徒在中亚和中国找到栖身之所，摩尼教也一直在那里蓬勃发展至 13 世纪。

至于波斯的基督正教徒，虽然 5 世纪的一份文书规定对他们保持容忍，但在与罗马连绵不休的战火中，正教徒可能反戈的危险使文书成了一纸空文。直到该世纪末，一名波斯国王才颁发容忍敕令，而这也仅仅是为了安抚亚美尼亚人。但敕令未能解决问题；基督徒很快被索罗亚斯德狂热教徒咄咄逼人的传教行为所激怒。虽然不止一名波斯国王再度重申对基督教的容忍态度，但这不代表他们真正洞悉问题的本质，也不意味着他们确实为此投入了足够的精力。政治大背景也许无法违背。景教徒是唯一证明法规确实有效的例外，萨珊王朝确实容忍了他们的存在，不过究其原因，仅仅是因为他们受罗马人的迫害罢了，因此，统治者认为他们在政治上应属可靠。6 世纪霍斯鲁一世（Chosroes Ⅰ）统治时期，萨珊帝国的实力和文明程度都达到了巅峰。
320 这一事实，连同宗教问题一起，都对两大帝国的对抗起到推波助澜的作用，使其规模发展到类似文明竞争的程度。但该世纪重燃的战火却并无太多亮点。这些战争所呈现的，不外乎一段激烈但乏味的叙事史。东西方文明从希波战争开始相互角力，一直延续千年，虽然当时的战争是这场千年大战的最后一轮，但也仅仅是其中无甚特别的一轮而已。这场斗争的高潮出现在 7 世纪伊始，也是古代的最后一场世界大战。其破坏力很可能是摧毁近东地区希腊城邦文明的致命一击。

当时，波斯帝国的统治者是萨珊王朝末代国王霍斯鲁二世。拜占庭已大伤元气，丢了亚平宁，斯拉夫人和阿瓦尔人如潮水般涌入巴尔干，此时一代明君莫里斯（Maurice）又被叛乱者所杀，霍斯鲁的机会似乎来了。霍斯鲁能重登波斯王位，少不了死去的莫里斯的协助，他欠被处决的国王一份人情，这桩罪行成了出兵复仇的借口。其大军浩浩荡荡开入黎凡特，在叙利亚诸城肆虐。公元 615 年，大军攻陷耶路撒冷，夺走真十字架（True Cross）[①] 的残片，这是该城最著名的珍宝。值得一提的是，犹太人往往欢迎波斯人的入侵，并借机大肆屠杀基督徒，尽管其规模相比较而言不值一提，因为基督徒才是长久以来施暴的一方。次年，波斯大军入侵埃及；又一年后，他们的先锋部队距君士坦丁堡仅有一英里之遥。他们甚至还冲向海洋，劫掠塞浦路斯，将罗德岛从拜占庭帝国手中夺走。此时此刻，大流士帝国的重生仿佛近在眼前，而在地中海的另一端，罗马帝国位于西班牙的最后一片领地正岌岌可危。

在与波斯漫长的斗争中，这是罗马最黑暗的时刻，不过救世主旋即降临。迦太基总督希拉克略（Heraclius）起兵反抗莫里斯的继位者，将这名暴君正法，终结了他的血腥统治。公元 610 年，他从牧首（Patriarch）手中接过了帝国皇冠。要马上遏制亚洲的灾乱是不可能的，不过希拉克略将以行动证明他是武功最卓越的皇帝之一。公元 626 年，若非尚有强大的海军，君士坦丁堡可能已经沦陷。波斯人无法输送军力支援正在攻打该城的阿瓦尔盟友。但是，希拉克略于次年攻入亚述和美索不达米亚，该地自古以来就存在争议，也是近东战略必争的心脏地带。波斯军队哗变，霍斯鲁被杀，继任者与罗马媾和。萨珊王朝的辉煌年代就此落幕。真十字架的残片（或人们认为的残片）被送还耶路撒冷。波斯和罗马千年不休的角斗终于有了结果，世界史的焦点也总算可以转向另一场冲突。

萨珊王朝最终落败，因为他们树敌过多。公元 610 年，波斯军队 321
首度败在阿拉伯人手中，预示了他们未来的厄运。但几个世纪以来，波斯列王对北部边境各路敌手的关注，远远超过南面。他们必须与中

① 传说是耶稣受难所用十字架的木块。——译者注

亚的游牧民族抗衡。关于这些游牧民族，本书已经做过叙述，但无论是整体还是细节，其历史都难以勾勒。尽管如此，有一桩事实还是历历分明：将近1500年来，中亚一直是推动世界史发展的源头之一，虽然其历史存在空白和混乱，但从日耳曼的西侵到中国政权在东亚的复兴，都与他们有因果关联。

欲描述中亚，最好从地理开始。游牧民族的发源地“中亚”并非很贴切的名称，不尽准确。“亚洲内陆”可能更妥当，因为这片关键地域的特别之处在于没有入海口。首先，远离海洋造成了独特的干旱气候；其次，该地几乎一直与外部政治压力绝缘，直到现代才有所改变。当然，佛教、基督教和伊斯兰教都表明，这片内陆还是会受外部文化的影响。要在脑海中勾勒出该地的景象，结合民族和地形描述是方法之一。中亚属于亚洲的一部分，适合游牧生活，形如一条巨大的走廊，贯通东西，长度为4 000英里左右。其北部有西伯利亚的大型林带阻隔；沙漠、崇山峻岭、西藏高原和伊朗高原则构成南部的屏障。中亚大部分地区为无树大草原地貌，其边界随沙漠变迁而往复。沙漠中也有绿洲，是意义重大的安身之所，也一直是沙漠地区经济不可替代的组成部分。绿洲内有定居的居民，其生活方式引来游牧民族的敌意和嫉妒，但也与游牧民彼此互补。在被希腊人称为乌浒河（Oxus）① 和药杀水（Jaxartes）② 的两条大河之间，绿洲的密度最高，也最为富庶。一座座城市在那里崛起，因富有和巧艺而闻名于世——布哈拉、撒马尔罕、梅尔夫——将遥远的中国与西方相连的商道也经过这片地区。

无人知晓中亚人最初的起源。仿佛一走进历史，他们就与众不同。但这种独特性更多表现在文化而非基因上。公元前1000年左右，

---

① 即阿姆河（Amudarya）。——译者注
② 即锡尔河（Syrdarya）。——译者注

他们已精通了高难度的迁徙式生活方式，带着牲畜群，随着牧草的长势而动，也十分擅长此类生活所要求的技巧。他们目不识丁的状态一直维持到现代，在皈依更高级的宗教以前，其精神世界由魔鬼和魔法构成。这么说几乎一点不假。这些技术出众的骑手特别擅用复合弓，
这种弓骑兵的武器比普通弓威力更大，因为并非纯木制，而是用牛羊 322
角和木条混编。他们能从事复杂的编织、雕刻和装饰，但不会建筑，这也理所当然，因为以帐篷为家。

其中第一支需一提的民族是斯基泰人，不过要说清楚他们究竟是何方神圣并不容易。其实，还有人认为斯基泰只是泛称，涵盖了多个民族。在亚洲和俄罗斯的很多地区，以及远至匈牙利的欧洲，考古学家都发现过“斯基泰人”的遗迹。他们似乎曾长期参与近东历史的演进。据记载，其支系曾于公元前 8 世纪骚扰亚述的边境。后来，希罗多德被他们吸引，对这个令希腊人着迷的民族着墨颇多。也许他们从来就不是一个民族，而是相关部落组成的群体。有一部分长期定居俄罗斯南部，开始务农，与希腊人建立起定期往来，用谷物换取黑海沿岸希腊人制作的黄金物件。在斯基泰墓穴中就发现过这类美轮美奂的物品。但希腊人对斯基泰人作为战士的形象最耳熟能详。他们在马背上张弓搭箭，遇见实力占优的敌人就撤，这种作战风格后来成了亚洲游牧民族的典型特征。他们骚扰阿契美尼德王朝及后续朝代达数百年。公元前 100 年临近时，又在帕提亚兴风作浪。

可以把斯基泰人作为一个例子以表明此类民族迁徙的方式。他们会对来自遥远彼方的刺激产生反应，之所以迁徙，是受了其他民族的推动。中亚的人居环境始终处于一种精妙的平衡状态；哪怕势力或资源格局发生小小的变化，也能剥夺一个民族的生存空间，迫使他们踏上漫漫征途，寻找新的生计。游牧民赶着畜群，无法快马加鞭，但从长远视角来看，他们确实是突然闯入已有人定居的土地，可以视作唐

突的不速之客。通过这类大规模、周期性的动荡，而非多少有一定连续性的边境骚扰和劫掠，中亚在世界史上写下了重重的一笔。

公元前3世纪，在蒙古地区，另一支游牧民族进入全盛时期，那就是匈奴（Hsiung-Nu）。有人认为，他们与后来欧洲人耳熟能详的匈人（Huns）系同一支，而这是这个民族初次登上历史舞台。上千年来他们都是某种形象的化身，被视作最可怕的对手，凶残而狂暴。不巧的是，他们也是技艺不凡的勇士。至少对上述看法，所有史料都保持一致。中国皇帝们建起长城——一道1 400英里长的保护屏障，就是为了抵挡匈奴。然而，后来的中国政权还是在匈奴手中吃尽苦头，这才发现仅仅自保是不够的，于是采取主动出击的策略，突入亚 323 洲腹地，对匈奴形成包抄之势。如此一来，中国就占领了塔里木盆地，一直到帕米尔山的脚下，并在北部筑起一连串令人叹为观止的边防工事。这是虹吸效应导致帝国扩张的早期实例；大国有可能被引入本来无关痛痒的地区，只为了解决麻烦的源头。不管这是不是中国此次扩张的主要原因，匈奴开始把矛头转向其他游牧民族，并向西挺进。月氏（Yueh-chih）被赶离家园，又在迁移途中迫使更多的斯基泰人走上奔波之路。最后退无可退的是塞琉古时期遗留下来的巴克特里亚，为希腊人所建；该国于临近公元前140年时灭亡。斯基泰人接着向帕提亚挺进。

他们也进入南俄罗斯和印度，但那方面的情况暂且不提。中亚民族的历史能很快让人晕头转向；专家之间存在很多分歧。不过可以明确的是，此后四百多年中，再没有发生可以和公元前3世纪那次相提并论的大骚乱。随后，大约公元350年，匈奴又一次走上历史的风口浪尖，开始侵入萨珊帝国（他们被萨珊人称为西戎［Chionites］）。北方的匈奴几个世纪前就离开贝加尔（Baikal）湖一带并向西迁移，被更得势的对手驱赶，同时也驱赶着前方的其他民族。下个世纪，其中一部分将在伏尔加河以西现身；我们已经提到过他们——即公元451年的特鲁瓦（Troyes）。转往南进的匈奴则成了波斯人与罗马作战之余的新麻烦。

来自亚洲的重要民族只剩一个尚未介绍，也就是突厥。他们对外 324
部世界的第一次冲击也是间接的。在蒙古，逐渐继承了匈奴地位的是一个名叫柔然（Juan-Juan）的部落。6世纪，往西远至匈牙利一带都有其幸存者，被当地人叫做阿瓦尔人。值得一提的是，他们引入了马镫，这种曾给匈奴带来重大优势的器械令欧洲的骑兵战发生了革命。但阿尔瓦人的足迹仅限于欧洲，因为在公元550年左右，他们被一支原本是他们奴隶的铁匠民族赶出了蒙古，这就是突厥。突厥氏族有多个部落——哈札尔人（Khazars）、佩切涅格人（Pechenegs）、库曼人（Cumans）——在近东和俄罗斯后来的历史中扮演了重要的角色。哈札尔人是帮助拜占庭对抗波斯的盟友，此时阿瓦尔人则与萨珊结盟。所谓的突厥第一帝国只是个松散的盟邦，由塔米尔（Tamir）河至乌浒河一带的此类部落组成。公元568年，一位突厥可汗派使节前往拜占庭，比后来的突厥人凯旋进入君士坦丁堡要早大约9个世纪。7世纪，突厥人名义上承认了中国皇帝的宗主权，不过近东历史已出现新的亮点，因为阿拉伯军队在公元637年占领了美索不达米亚。

这对已遭希拉克略沉重打击的萨珊来说是雪上加霜，也宣告了波斯历史上一个时代的终结。公元620年的萨珊帝国疆域从昔兰尼加一直延伸到阿富汗，甚至还犹有不止；30年后，却已不复存在。萨珊帝国土崩瓦解，末代国王于公元651年被臣民刺杀。而逝去的不仅是一个王朝，因为这个信奉琐罗亚斯德教的国家不仅倒在阿拉伯大军面前，也败给了一种新的宗教，而且阿拉伯人将在此宗教的名义下走向更伟大的胜利。

伊斯兰教所表现出的扩张力和适应力强于基督教之外的任何其他

宗教。从尼日利亚到印度尼西亚，这种宗教能感召相隔万里、截然不同的人群；就算是伊斯兰教的心脏地带，即尼罗河与印度之间的阿拉伯文明圈，也逾越了巨大的文化和气候差异。然而，伊斯兰教起步时的原始资源极少，比不上世界历史中任何其他重大构成元素，或许犹太教是例外。伊斯兰教的第一批军队来自野蛮、原始而落后的部落，也许犹太人自身的游牧起源也来自同样类型的部族社会，此中深意值得玩味。这一比较不可避免地导向另一种思考，因为犹太教、基督教和伊斯兰教都是重要的一神论宗教。在最初阶段，除了最痴迷和狂热的信徒外，无人能预料其中任何一种会成为世界历史的动因。

伊斯兰教的历史始于穆罕默德，但不是他的降生，因为他有许多
325 信息不为人知，出生日期也属其一。直到他死后一个世纪或更久，才出现第一位为他立传的阿拉伯作家，可就连这位作家的记述也只在引文中间接保存下来。我们所知道的是，大约在公元 570 年，穆罕默德生于汗志（Hejaz）的一户贫苦人家，并很快失去双亲。他年轻时以向世人布道而得名。他宣称有正义的真主存在，将给所有人带来审判；只要世人奉行教规，匡正个人及社会行为，以此遵从真主的旨意，就能获得真主的拯救。此前的布道者也讲过这位神，因为他就是亚伯拉罕和犹太先知的神，拿撒勒的耶稣是这些先知中的最后一位。

穆罕默德是小氏族出身，属于在贝都因（Bedouin）民族中具有重要地位的古来氏（Quraysh）部落。阿拉伯半岛有 600 英里宽、超过 1 000英里长，在这片广袤的地区，此类部落数不胜数。在那里生活的民族必须承受非常严酷的物质条件；大部分地区是沙漠或岩石裸露的山脉，夏季酷热如炙。在很多地方，就连生存都是一种成就。不过，半岛外围有一些小港，早在公元前 2000 年至前 1000 年间，很久以前的阿拉伯水手曾以此为家。他们的活动联结了印度河流域与美索不达米亚，取道红海将东非的香料和树胶一直送到埃及。这些海民及内陆

人口的起源存在争议，但从可以追溯到《旧约》中的族长们所属时代的语言和传统宗谱分析，他们可能与其他早期的闪米特牧民有关。这些牧民也是犹太人的祖先，不管这一推论在今日的某些人看来有多么别扭。

阿拉伯地区的环境并非一直如此恶劣。公元 1 世纪及公元前的一小段时期，该地有不少繁荣的王国。这些国家可能直到 5 世纪才消亡；伊斯兰传统和现代学术研究都认为这与阿拉伯南部灌溉系统的崩溃有关。从南向北的移民潮就此形成，创造出穆罕默德时代的阿拉伯世界。任何大帝国都无法真正长期且深入地进入该半岛，阿拉伯也没能从更高等的文明中获得多少可以提升自我的养料，因而迅速衰落成以游牧生活为基础的部族社会。只要贝都因人不走出大漠，族长制和亲族关系就足以管治各项事务。

6 世纪末期出现了一些可以察觉的新变化。有些绿洲的人口不断增长，多余的人口没有去处，对社会传统构成压力。穆罕默德年轻时居住过的麦加就是其中之一。作为绿洲和朝圣中心，麦加的地位很重要，四面八方的阿拉伯人都涌来瞻仰一块名叫克尔白（Kaaba）的黑色陨石；数百年来，这块石头一直是阿拉伯宗教重要的圣物。但麦加 326
也是重要的交通枢纽，往返于也门和地中海港口之间的篷车队每每途经此地。随车队一同前来的还有异国人和异族人。阿拉伯人信奉多神教，相信自然界的神祇、魔鬼和精灵，但在与外部世界沟通增多后，犹太和基督教群体也现身该地；阿拉伯基督徒比穆斯林出现得更早。

有些麦加的古来氏人开始从事贸易（在我们所知的寥寥无几的穆罕默德早期生平中，有一条就是他在 20 多岁时娶了一名富有的寡妇，其财富来自商队贸易）。但这种发展造成了进一步的社会紧张，因为过去对部落体制无条件的忠诚，现在被商业价值观所侵蚀。牧民社会的社会关系下，财富过去一直被视为血统高贵者和长者的附属品，现在这种观念已不再完全适用。某些精神上的压力折磨着年轻的穆罕默

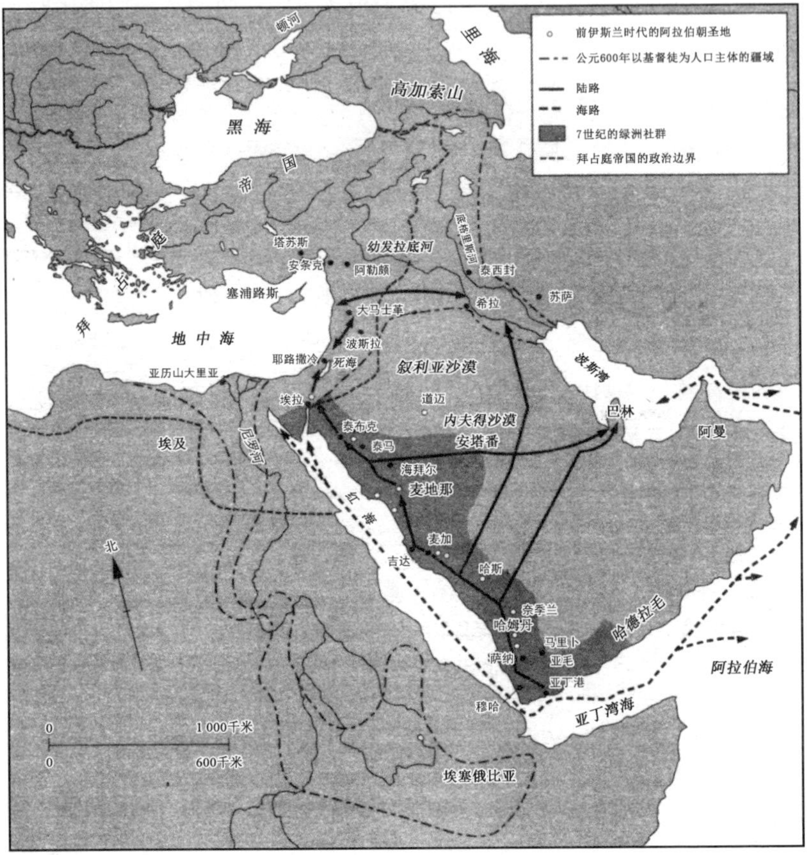

7 世纪的阿拉伯世界

327 德，也影响了他人格的成型。他开始沉思真主对待凡人的方式。最后，他构想出一套体系，有助于解决他身处的失衡社会中出现的大量冲突。

他的成就根源于发现犹太人、基督徒（他们所崇拜的神与他的人民所崇拜的安拉颇为类似）和阿拉伯人之间的差别：基督徒和犹太人都有一份汲取慰藉和指引的圣典，而穆罕默德的人民却没有。一天，他在麦加城外的一处洞窟中冥想，一个声音突然传来，让他看清了自己的使命：

> 你奉造化主的尊名念（宣读），他由（一团凝结的）血块造化人。①

22年间，穆罕默德不断宣讲，造就了人类最伟大的正典之一《古兰经》。哪怕以最狭义的范畴来说，其意义也不可估量。而且就如路德版或钦定版《圣经》一样，《古兰经》是语言的隽永结晶。它是阿拉伯文化至关重要的文献，不仅因内容，也因其以书面形式传播了阿拉伯的语言和思想。但意义还远不止如此：它是一本智慧之书，充满对神的启示坚定不移的激情；生动展现了穆罕默德非凡而活跃的精神世界。虽然在他的有生之年，这些宣读内容并没有集结成册，但被听取宣讲的追随者记录了下来；穆罕默德把自己视为被动的工具、真主的喉舌。"伊斯兰"一词意指服从或归顺。穆罕默德相信，他的使命是向阿拉伯人广传真主的旨意，就如过去的传道者向其他民族传播神谕一样。虽然也有比他更早的先知，犹太人和基督徒都听取了他们的布道（但不无歪曲），但他坚信自己拥有特殊的地位，他才是最后的先知。通过他的宣讲，穆斯林将会相信，这是神最后一次向世人开口。

经文要求全心全意侍奉真主安拉。在传统记载中，穆罕默德曾走进克尔白的圣殿，用手杖敲打所有其他神祇的画像，让信众尽数抹去，只留下圣母和圣婴（他保留了黑石本身）。布道伊始，他就在那个多神论宗教中心毫不妥协地宣讲一神论。随后，他定义了获得拯救和确立社会及个人守则所需的各种教规。这些教规经常与当时的观念

---

① 《古兰经》第96章：血块。此处引用仝道章译本。——译者注

相左，例如对信徒个人状况的关注无论男女老幼。不难想见，这种传道不可能一直受人待见。于是该宗教体现出又一种颠覆性和革命性的
328 影响，让皈依者对抗其部落中信仰旧神、必定为此堕入地狱的信徒。这也许不利于朝圣的香火，但最后反倒使香火更旺。因为穆罕默德言之凿凿地强调，到如此神圣的地方来朝圣具有极大的价值。最后，作为一种社会纽带，它让血缘关系让位于信仰，退居第二；信徒之间的手足情谊而非亲族血缘，成为社群团结的源头。

本部落的首领们开始抵制穆罕默德，这也算是意料之内的反应。他的一些追随者迁至埃塞俄比亚这个已经被基督教渗透的一神论国度。留下的反抗者遭到了经济制裁。穆罕默德听闻，在北方大约 250 英里处，有一片名叫耶斯里卜（Yathrib）的绿洲，那里的氛围更加开明，能接受不同思想。以大约 200 名信众为前导，他于公元 622 年离开麦加前往新绿洲，这次逃亡（*Hegira*，希吉拉）或迁移后来成为穆斯林历法的起点。耶斯里卜也改名为麦地那（Medina），成了“先知之城”。

那里同样因经济和社会变迁而动荡不安。不过，与麦加不同，麦地那没有占统治地位的单一部落，而是两个部落争夺的焦点；此外，那里还有信奉犹太教的阿拉伯人。这类派系对立有利于穆罕默德确立领导权。皈依的家庭为这批移民提供了食宿。而这两个团体将成为伊斯兰教的精英，即“先知的首传弟子”。从穆罕默德向他们宣讲的话语中，可以看出他有了新的想法，即组织一个社群。他在麦加的布道强调精神层面，而现在转向实用，详细阐述饮食、婚嫁和战争。于是，伊斯兰教的特征开始成型——一种同时作为文明形态和社群存在的宗教。

以麦地那为根据地，他们先后收服了麦加和其他阿拉伯部落。穆罕默德的思想中有一条大一统的原则，即乌玛（*umma*）——让信徒成为情同手足的社群。这一原则将阿拉伯人（首先还包括犹太人）聚

拢为一个社会，大体上保持了传统的部落框架，强调族长式体制——只要不与新的伊斯兰社群理念冲突，甚至保留了麦加作为朝圣地的至高无上的传统地位。除此以外，我们不清楚穆罕默德究竟希望走多远。他试图争取麦地那部落中的犹太人，但他们拒绝接受其主张，从而被逐出该地，只留下一个穆斯林群体。不过这并不意味着穆斯林与犹太教或后续的基督教存在任何长期冲突。虽然穆斯林认为基督徒因三位一体论而陷入多神崇拜的误区，但两者都是一神论，《圣经》和《古兰经》也有很多教义上的关联。尽管如此，穆罕默德还是要求非信者皈依；而那些希望强迫别人改宗的人，也能在此地堂而皇之地布道。

穆罕默德死于 632 年。当时，他所创建的伊斯兰社群正面临分崩离析的严重局面。但还是有两个阿拉伯帝国在此基础上相继建立，以

329

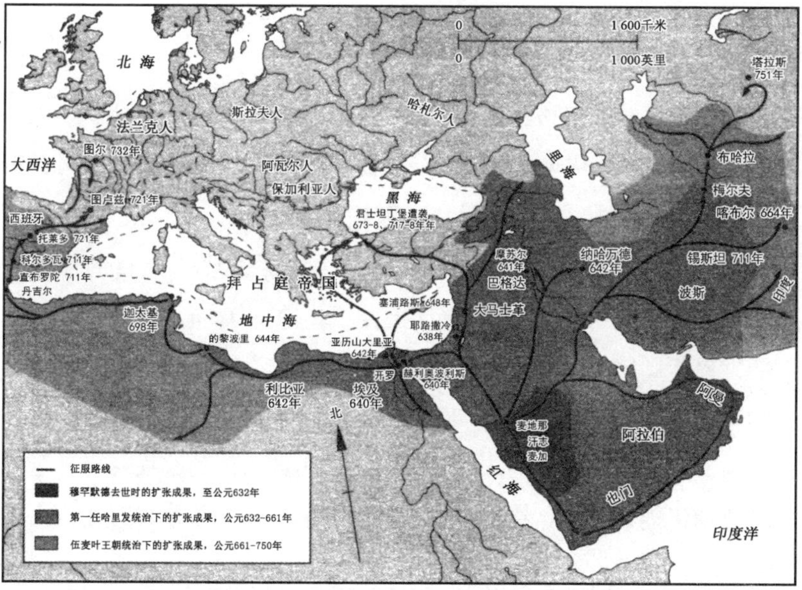

伊斯兰教的早期扩张

两个不同的中心地区为据点，接连称雄一时。两个帝国中，哈里发一职都殊为关键，他们是继承穆罕默德权柄、兼任民众导师和统治者的领袖人物。从一开始，伊斯兰就没有宗教和世俗权威的对立，没有后来一千多年中决定基督教政略的“教会和国家”双头体制。穆罕默德的君士坦丁就是他本人——先知与君主一体，确实如此。继任者们不会像他那样预言，但长久以来一直受用着他的遗产——政教合一。

首批“牧首”哈里发都是古来氏，大多与先知有血缘或姻亲关系。很快，他们因敛财无度和高高在上的地位遭受指责，被斥为暴君和剥削者。保守派认为哈里发已从宗教领袖堕落为世俗官僚，发动了一系列战争进行对抗。公元661年，这批哈里发中的最后一人被废黜并处死。同年，伍麦叶（Umayyad）哈里发王朝统治的时代开始，这是阿拉伯帝国编年史中的两大主要篇章之一——以叙利亚为中枢，定都大马士革。但阿拉伯世界的内部纷争没有因此终结。公元750年，该王朝被阿拔斯（Abbasid）哈里发王朝取代。新的哈里发王朝持续得更久。迁往新址巴格达之后，该王朝作为名副其实的强国延续了将
330 近两个世纪（至946年）；而作为傀儡政权则苟活得更久。这两个王朝延续的300年中，阿拉伯民族逐渐崛起为近东的统治者。

这一统治地位最初也最明显的表现是一系列令人瞠目的征服行动，发生在伊斯兰历法的第一个世纪，重构了从直布罗陀到印度河流域的世界版图。事实上，当先知死后，阿拉伯人就立即在第一任哈里发的率领下开始征服。阿布-巴克尔（Abu-Bakr）① 着手为伊斯兰教征服南部和东部阿拉伯的未归顺部落，但由此引发的战火一直蔓延到叙利亚和伊朗。于是，在人口过剩的阿拉伯半岛，某种和野蛮人由内

---

① 公元573年至634年，亦称“公正的人”，是穆罕默德的挚友和顾问，哈里发制度的创建者。——译者注

而外席卷中亚骚动相类似的进程发生了；而这一次，除了对劫掠的单纯喜好，他们还有一种信仰指引。

伊斯兰教冲出半岛后，第一个受害者是波斯的萨珊王朝。当时，萨珊正受希拉克略王朝的压制。而后，罗马人同样在阿拉伯之鞭的抽打下遭殃。公元633年，阿拉伯军队入侵叙利亚和伊拉克。3年后，拜占庭的势力被逐出叙利亚；公元638年，耶路撒冷落入伊斯兰势力手中。此后数年间，萨珊的美索不达米亚被夺走；大约同一时期，该帝国又失去埃及。此时，阿拉伯人建成一支舰队，开始对北非的吞并。塞浦路斯在7世纪三四十年代屡屡遭袭；该世纪后期，阿拉伯和萨珊将该地分而治之。到世纪末，阿拉伯人还占领了迦太基。此外，萨珊王朝消失之后，阿拉伯人在公元655年征服呼罗珊（Khurasan），公元664年征服喀布尔；8世纪伊始，他们翻越兴都库什山脉入侵信德（Sind），并于公元708年至711年间占领该地。公元711年，一支阿拉伯军队和柏柏尔（Berber）盟友一起穿过直布罗陀海峡（该海峡的命名是为了纪念柏柏尔将领塔里克［Tariq］，直布罗陀的字面含义为塔里克之峰［*Jebel Tariq*］）进入欧洲，最终动摇了西哥特王国的基业。最后，到公元732年，也就是先知的百年忌辰，一支穆斯林军队深入法国，因受到运输补给线过长的困扰，又因冬季临近，遂于普瓦捷（Poitiers）附近折返收兵。他们的对手法兰克人杀死了阿拉伯指挥官并宣称获胜。虽然此后若干年，阿拉伯远征军也侵入法国，还一路杀至罗讷河上游一带，但不管怎么说，当时都是阿拉伯人征服的最高峰。无论是什么原因让阿拉伯人停下征服的脚步（也许只是因为他们对征服欧洲兴趣不大，那里远离地中海沿岸的温暖地带），尽管吉本妙想天开的假想①（牛津大学会教授《古兰经》）始

① 指吉本在《罗马帝国衰亡史》中的一段评述，他认为如果阿拉伯人赢得普瓦捷之战，则牛津大学可能已经在传授《古兰经》了。——译者注

终没有哪怕少许成真的可能，伊斯兰教对西方发起的这波猛攻仍是一桩惊天动地的成就。

331 最后，东进的阿拉伯军队也停下脚步，但此前他们已两度围攻君士坦丁堡，将东罗马帝国压迫得只剩巴尔干和安纳托利亚。据来自东亚的记载，一支阿拉伯武装曾于8世纪早期抵达中国；尽管此说法不无阙疑，但足以证明阿拉伯征服者的威名。可以确信的是，惨败给阿塞拜疆的哈札尔人，以及公元751年在帕米尔高原的塔拉斯（Talas）河畔击败一支高丽将军指挥的中国军队后，伊斯兰世界的边境就沿高加索山脉和乌浒河一线固定了下来。至8世纪中期，在西欧、中亚、安纳托利亚和高加索的每一条边境，阿拉伯人最终停下了征服的脚步。

这波征服的浪潮并非不曾中断。哈里发伍麦叶掌权之前，阿拉伯世界发生过两败俱伤的内斗，他们的扩张曾一度停滞；7世纪的最后20年间，穆斯林也有过激烈的内部冲突。但很长的时期内，局势一直对阿拉伯人有利。拜占庭和波斯是他们最早遇到的强敌，两者在其他战线都有沉重的包袱，而且数百年来一直视对方为你死我活的对手。波斯衰亡后，拜占庭依然得应付西、北两方的威胁，必须一手抵御那些敌人，一手和阿拉伯人角力。能与拜占庭相提并论的敌手，只有远在天边的中国。因此，只有地理极限或令人不屑于征服的恶劣环境才能阻止他们的脚步；有些失败也表明，他们已经超出了自身的扩张临界点。但是，即便遇到强敌，阿拉伯人依然有巨大的军事优势。其军队征募自食不果腹的战士，因为阿拉伯沙漠的存在，他们没有太多选择；过剩的人口如芒刺在背，逼着他们奋勇向前。先知的教诲使他们深信不疑与异教徒对阵战死沙场就可以被带往天堂，这是巨大的士气优势。而且，他们的兵锋所指之处，当地人民往往已经和统治者离心离德。例如，拜占庭的宗教正统观念就造成埃及人的不满，疏远了那里的少数民族。但是，就算考虑到所有此类因素，阿拉伯人的成功依然令人称奇。要作出根本的解释，就必须设想一个拥有宗教信念、人数惊人的群体会采取何种行动。阿拉伯人认为，他们在执行真主的旨意，于此过程中创建一个崭新的社群；就如后世的革命家，他们有发自内心的激情。而在伊斯兰教震撼世界的故事中，这段征服史
只是一个开头。其范围之广、内容之复杂，只有犹太教或基督教可以 332
比肩。伊斯兰教曾一度所向披靡，仿佛不可阻挡。虽然结果并非如此，但在其征服和传教活动的基础上，将建立起一个伟大的传统文明。

第 2 章 阿拉伯帝国

333 公元661年，经过一场成功的叛乱，谋杀（虽然不是亲自动手）了先知的堂弟和女婿哈里发阿里之后，阿拉伯的叙利亚总督穆阿威叶（Mu-Awiyah）自封为哈里发，奠立伍麦叶王朝。一段无政府和分裂时期就此终结。

这次篡位令古来氏贵族在阿拉伯各部落中取得了政治优势，而他们却正是曾在麦加反对穆罕默德之人。穆阿威叶定都大马士革，封其子为王储，这一新举措引入了世袭的王朝制度。这也是伊斯兰教内部分歧的开始。异见团体什叶派（Shi'ites）开始宣称，解读《古兰经》的权力仅属于穆罕默德的后代。他们称遇害的哈里发是真主指定的伊玛目（*imam*），这一身份应传给其后代，而且生来与罪恶和谬误绝缘。伍麦叶王朝也有相应的支持者，称为逊尼派（Sunnites），他们相信合乎教义的权柄已转入新哈里发之手。随着常备军的建立，以及支撑军事开支、以非信徒为对象的税收体制的成型，原本完全由部落构成的阿拉伯世界迈出了决定性的一步。伍麦叶王朝都城的选址，以及第一代哈里发个人的品位，都对改变伊斯兰文化风格起到了重要的作用。叙利亚是地中海国家，但大马士革大致位于富庶的肥沃新月地带和贫瘠的大漠之交，也从这两个世界中汲取生命的养分。对阿拉伯的沙漠子民而言，前者一定更使人震撼。叙利亚过去长期受希腊文明熏陶，哈里发的妻子和御医都是基督徒。西方的野蛮人向罗马看齐，阿拉伯人依靠希腊人的遗产形成自己的文化。

伍麦叶王朝首任哈里发很快从抵制新政权的异见者手中重夺东部

地区，并将什叶派打压成地下状态。随后到来的是一个辉煌的世纪，鼎盛时期为第六和第七任哈里发统治下的公元685年至705年。不幸的是，我们对伍麦叶时代的历史和制度所知甚少。考古学研究偶尔能 334
揭示总体趋势和阿拉伯对周边地区造成的若干冲击。别国记录和阿拉伯编年史记载了重大的事件。尽管如此，除了一名阿拉伯作家引用的零星文献之外，早期阿拉伯历史没有留下任何档案材料。伊斯兰教也没有负责教会管理的官僚中心。例如，尽管教皇和哈里发有不少相似点，让人兴起类似的期望也很合理，但与教皇档案的规模相比，哈里发档案恐怕连零头都不如。除了能证明朝代连续性的行政档案之外，只有不成系统、几乎完全靠偶然才保存下来的文献，例如大量埃及沙草纸书、少数民族——如犹太人——专门积存的文献，以及钱币和镌文。海量的阿拉伯文学印刷本或手抄本带来了更多详细的信息，但如今，要满怀自信地对哈里发治世的情况进行概述，比对拜占庭进行类似的陈述困难得多。

伍麦叶王朝的缺陷表明，从正统哈里发那里继承来的早期统治模式松散而简单——也许过于松散了。他们的基本方针是征服和获取朝贡而非同化，从而导致一系列对既有体制的妥协。行政和政治方面，早期的哈里发都照搬之前统治者的方式。拜占庭和萨珊的体制被沿用；大马士革采用希腊的语言和政府结构，萨珊旧都泰西封（Ctesiphon）则采用波斯的体制，一直持续到8世纪早期。制度方面，阿拉伯人总体上让被征服地区保持原样，但税收除外。当然，这并不意味着那些社会能以和过去一样的方式运转。例如，在波斯西北部，贸易的衰落和人口的下降随阿拉伯征服而来。那里有一套错综复杂的排水及灌溉系统，萨珊时代一直得到维护，可此时却陷于瘫痪，很难不把此事同贸易衰落和人口减少联系到一起看待。在其他地方，阿拉伯征服没有如此剧烈的后果。被征服者必须接受伊斯兰教，但没有因此产生敌对情绪，而是默默融入了一个由阿拉伯穆斯林统治的等级体制。统治阶级之下的第二层是朝贡民族中皈依的新穆斯林，然后是吉玛（*dhimmi*）——意为“受保护者”，指信仰一神论的犹太教徒和基督徒。等级中的最底层是未皈依的异教徒或天启教以外的教徒。在早期年月，阿拉伯人不与当地土著民往来，在各个城市作为武人阶层离群索居。他们从当地征收的税金中领取酬劳，被禁止从事贸易或拥有土地。

这种方式无法长久，卫戍生活逐渐侵蚀隔离制度以及从沙漠中带
335 来的其他贝都因习俗。渐渐地，阿拉伯人成了地主和耕种者，其营地也改头换面成为兼容并蓄的新都市，例如库法（Kufa）或巴士拉（Basra），后者是与印度往来贸易的重要集散地。越来越多的阿拉伯人融入当地社群，土著精英也开始行政体制和语言的阿拉伯化进程，从而形成一种双向关系。哈里发任命的行省官员数量不断增加，到8世纪中期，各地的官方语言几乎都成了阿拉伯语。再加上铸有阿拉伯镌文的通用货币，这些现象可以有力地证明，伍麦叶王朝成功地为一个包罗万象的新文明打下了基础。此类改变在伊拉克生效最快，因为阿拉伯人统治下的和平令贸易复苏，使当地获得繁荣。

伍麦叶王朝的哈里发致力于巩固自身的权柄，这也是其麻烦的源头之一。当地显贵要人（尤其在帝国东半部分）憎恨阿拉伯人对其实际独立地位的干涉，原拜占庭领土内的很多贵族纷纷移居君士坦丁堡；可波斯精英办不到，他们无处可去，只能留下，心有不甘地向阿拉伯人低头，但他们在当地的权势和地位大多得到保留。同样对局势有害无益的是，伍麦叶王朝后期的哈里发属庸碌之辈，没有王朝伟人所具备的威信和人望。文明的生活软化了他们。他们想要从自己统治的乏味城市生活中解脱，于是迁往沙漠，但没有再次过起贝都因人的生活，而是建起新城和宫殿纵情享乐；有的宫城偏远奢华，设有热浴

池和大片围猎场，以及配有灌溉系统的农场和花园。

不满分子从中发现良机，其中，什叶派表现特别突出。除了原本的政治和宗教主张外，他们越来越侧重于利用非阿拉伯伊斯兰教徒对社会的不满和怨恨情绪，尤其在伊拉克地区。从伍麦叶王朝之初，是否具有阿拉伯部落出生的身份就是区分穆斯林的重要标准，两者的地位截然不同。非阿拉伯部落出生的穆斯林人数急剧增多；阿拉伯人并没有刻意开展改宗工作（在早期，有时甚至试图控制皈依的人数），但占统治地位的信仰具有强大的吸引力，而且信徒有可能获得赋税减免。伊斯兰教在阿拉伯军队驻地周围的非阿拉伯人口中迅速传播，人口规模也不断增长，从而满足了驻军的需要。在管理日常行政的当地精英中，该宗教也发展得非常成功。这些新穆斯林被称作马瓦里（*mawali*），其中有很多人最终成了士兵，但他们愈发感到被纯种阿拉伯贵族社会疏远和排挤。什叶派具有清教主义思想和正统观念，而 336
且因为政治和宗教原因同样与贵族社会疏远，从而对这些新穆斯林产生极大的吸引力。

东部的麻烦逐渐增多，预示了伍麦叶王朝的灭亡。公元749年，阿布·阿拔斯（Abu-al-Abbas）篡位，新任哈里发在伊拉克库法的清真寺接受万众欢呼。这是伍麦叶王朝走向终结的开端。这名篡位者是先知叔父的后代，宣称意图让哈里发一职恢复正统的本来面貌；他赢得反对派的广泛支持，其中包括什叶派。其全名非常贴切，意为“屠夫”。公元750年，他击败伍麦叶王朝末代哈里发并将其处决。他为败北王族的男性成员准备了一场晚宴；第一道菜还没端上，客人就被尽数杀戮，成了主人的盘中餐。完成这番清除后患的工作后，阿拉伯世界进入了将近两个世纪的阿拔斯王朝时代，而最辉煌的时期则属于这位首任哈里发。

阿拔斯王朝迁都至伊拉克的巴格达，由此可见他们在阿拉伯的东部疆域拥有一定支持度。当时的巴格达只是基督徒在底格里斯河上形成的一个小村落。都城所在地的变化产生了很多效应。希腊化影响减弱；拜占庭的主导地位不再无可置疑。波斯化影响获得了新的权重，将在政治和文化两方面拥有极为重要的地位。统治阶级也发生了某种变化，而且其重大程度足以让部分历史学者称之为一场社会革命。从那时起，阿拉伯人（Arabs）泛指所有说阿拉伯语的人，不再限指阿拉伯族人（Arabian）。管理阿拔斯帝国的精英来自遍布中东的诸多民族，依附于由单一宗教和单一语言所构成的社会基石。他们几乎都是穆斯林，但往往是皈依者或皈依家庭的子女。作为兼收并蓄的大都市，巴格达反映了这种新的文化气象。这座巨大的城市堪与君士坦丁堡比肩，居民可能达50万，展现了与来自沙漠的首批阿拉伯征服者截然相反的生活方式。一个伟大的帝国再次君临整个中东。不过它没有与过去的意识形态决裂，在其他可选方针上浪费了不少时间后，阿拔斯王朝将逊尼派扶正，称之为正统的继承者。曾帮助阿拔斯家族掌权的什叶派很快为此感到失望和不满。

阿拔斯王朝崇尚暴力，不会拿自己的基业冒险。他们迅速无情地镇压异己，约束可能心生芥蒂的过往盟友。帝国越来越依靠对王朝的忠诚心，而非伊斯兰教徒的手足情分，这体现了古老的波斯传统。不过宗教在很大程度上被打造成阿拔斯王朝的支柱，不归顺伊斯兰教的
337 人遭到迫害。政府的构架变得更为精细。其中的一项重要发展是设立维齐尔（Vizier，一直被某家族垄断，后该家族被传奇人物、哈里发哈伦·拉希德［Harun al-Rashid］消灭）一职。整体结构多少更显官僚特征，土地税带来大量财政收入，得以维持宏伟壮观的君王排场。但是，地方差异性依然实实在在。地方统治权逐渐世袭化，因此，中央权力机构最终被迫转入被动，地方总督在任免和税收方面获得越来越大的权力。要如实看清哈里发的实力并不容易，因为中央所控制的

是一个松散的行省联合，各省究竟投靠哪一方，在很大程度上取决于当时的情况。不过，在阿拔斯王朝富饶和繁荣的鼎盛时期，中央政权 338 的地位没有任何疑问。各省不仅要依靠帝国巨大的人力储备和广阔的土地，在阿拉伯统治的和平下不受骚扰地开展农业，而且还有赖于其为贸易创造的有利环境。流通商品种类之丰、流通地域范围之广，都史无前例。因为这一状况，在从东向西横贯阿拉伯领土的商队路线所经过的地方，各城市的商业开始复兴。这些贸易所带来的繁荣，从哈伦·拉希德时期巴格达的富饶就可见一斑。

阿拉伯土地上的伊斯兰文明在阿拔斯时代达到顶峰。矛盾的是，阿拉伯文明鼎盛的原因之一，是该文明的中心撤离了阿拉伯半岛和黎凡特。伊斯兰教提供了一种政治组织，将巨大的地域捏合起来，孕育出一种天生包容多种元素的文化，把希腊文化、基督文化、犹太文化、索罗亚斯德文化和印度文化的思想混为一体，直到阿拉伯帝国的灭亡。阿拔斯王朝治下的阿拉伯文化与波斯传统靠得更近，并接触到印度文明这一新元素，从中获得崭新的活力和创造力。

阿拔斯文明的贡献之一是带来一个伟大的翻译时代，各语种作品被译成阿拉伯文——中东的新一代交际语。基督徒和犹太学者的翻译工作令阿拉伯读者可以读到柏拉图与亚里士多德、欧几里得和盖伦的著作，将各类希腊思想导入阿拉伯文化。由于伊斯兰教对朝贡者的容忍态度，从叙利亚和埃及被征服的那一刻起，这类工作在原则上就有可能进行，但最重要的翻译作品是在阿拔斯王朝早期完成的。对此，我们可以相当自信地予以肯定。要理解翻译工作的意义则更难一些，因为虽然有了柏拉图的文本，但那是希腊文化晚期的柏拉图，而且经过基督教僧侣和萨珊学者的转译。

这些译本带来的文化影响以文学为主；华美的建筑、漂亮的地毯、精致的陶器，都是阿拉伯伊斯兰文明的产物，但口头和书面文字

337

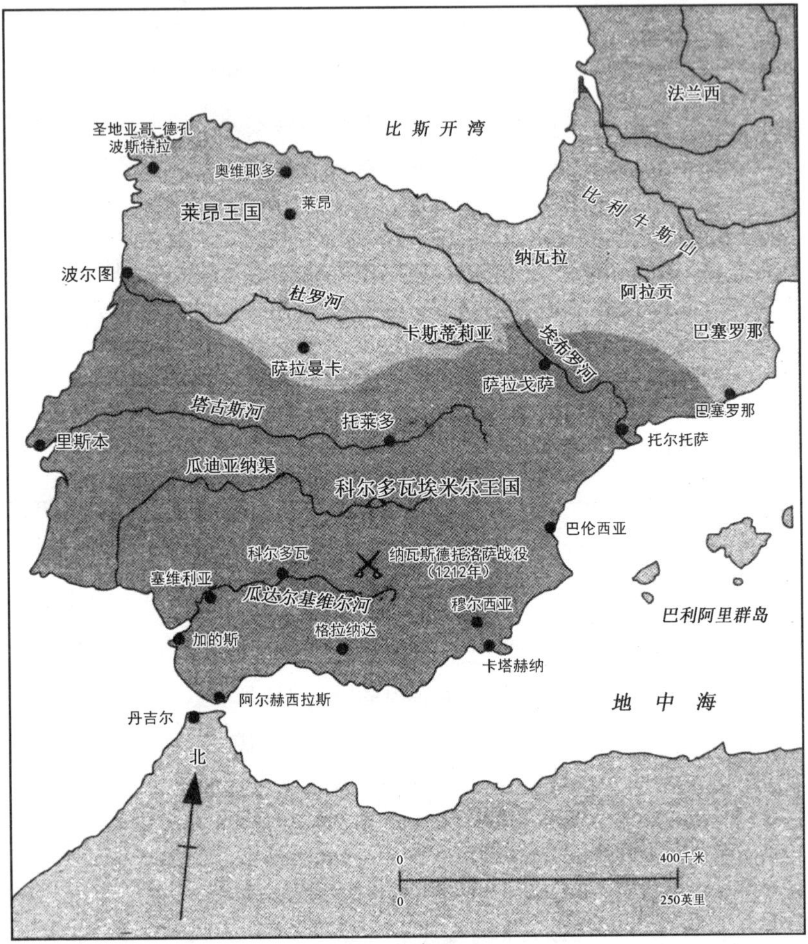

伊斯兰统治下的伊比利亚半岛，约公元 1050 年

才是其媒介，而且是伟大的媒介。就连阿拉伯科学著述也往往是宏纲大旨的散文创作。此类文学数量极多，其中的大部分西方学者甚至还没有读过。此外还有大量从未被人细读的手稿。由于这一种类繁多、除戏剧外一应俱全的文学宝库，伊斯兰文明早期缺乏档案史料的遗憾得到补足，为研究提供了便利。它对伊斯兰社会的影响有多深依然是

未知数，不过显然，受过教育的人应有韵文写作能力，可以用批判的眼光欣赏歌手和吟游诗人的表演。各地兴学施教；相对而言——譬如和中世纪欧洲相比，伊斯兰世界的识字率可能很高。更高级别的教育与宗教关系更紧密，也更难获取，因为这由清真寺或培养宗教导师的 339
特殊学院统一提供。因此，从其他文化中借鉴的观念，对伊斯兰思想和科学界潜在的分化和刺激效应究竟有多大，并不容易判别；有可能的是，从 8 世纪开始，这些观念撒下了很多种子，日后可以培育出一种质疑和自我批判式的文化。但当时种子还没有成熟。

以阿拉伯文明中出现的伟人来判断，它在东方的鼎盛时期是 9、10 世纪，在西班牙为 11、12 世纪。虽然阿拉伯的历史和地理学都非常了不起，但最伟大的成就在于科学和数学；我们至今仍沿用“阿拉伯”数字，它比起罗马计数来令书面计算更为简单，最早的采用者是一名阿拉伯算术家（但由印度人首创）。此种传播性的功用一直是阿拉伯文化的特征，也一直有其重要意义，但切不可隐去真正的源头。花拉子密（al-Khwarizmi）是最伟大的伊斯兰天文学家，其名字表明他有波斯琐罗亚斯德教的出身；阿拉伯文化由多条支流汇聚而成，由此可见一斑。不过，他编制的天文表仍属阿拉伯文明的成果，正是阿拉伯帝国的存在，才使这部综合多种学说的著作成为可能。

将阿拉伯文作品译成拉丁文的工作对基督教世界意义巨大。到 12 世纪末，大部分亚里士多德的著作都有了拉丁版本，很多是从阿拉伯文转译的。阿拉伯著者在基督教学者中享有盛名厚望，这是对翻译工作重要意义的一种肯定。最伟大的阿拉伯哲学家之一金迪（Al-Kindi）流传下来的著述中，拉丁译本比阿拉伯原本更多。但丁（Dante）在《神曲》中表达了对伊本·西拿（Ibn Sina）（欧洲人称为阿维森纳［Avicenna］）和阿维罗伊（Averroes）的赞美；按伟人各自的命运分配其死后所属的疆域时，将他们和十字军时代的阿拉伯英雄萨拉丁（Saladin）一并放入灵泊（limbo），在主之后的人物中只有他们蒙此厚待。波斯医生是阿拉伯医学研究的主导力量，数百年来，他们撰写的著作一直是西方医学教育的标准教材。欧洲各语种至今仍有阿拉伯语的印记，体现了阿拉伯学术在特定领域中的特殊地位，其中包括零（zero）、密码（cipher）、历书（almanac）、代数（algebra）和炼金术（alchemy）。不少贸易专业词汇也留存至今，见证了阿拉伯人突出的商业技能——关税（tariff）、海关（douane）、仓库（magazine）；阿拉伯商人还曾指导基督徒如何记账。有一名英国国王按穆斯林第纳尔的模板铸造金币。

令人惊讶的是，这种文化交流几乎完全是单向的。整个中世纪，似乎仅有一份拉丁文本被译成阿拉伯文，而那个时代的阿拉伯学者却
340 对希腊、波斯和印度的文化遗产充满热情和兴趣。一份内含若干日耳曼语词汇以及对应阿拉伯文的残篇，是伊斯兰教统治西班牙的800年间唯一可表明他们对半岛以外的西欧语言感兴趣的证据。在阿拉伯人眼里，北方寒岛上的文明贫瘠而粗放，事实也无疑如此；不过拜占庭使他们另眼相看。

阿拉伯视觉艺术在伍麦叶王朝奠定基础，并于阿拔斯时代继续兴盛，但规模不如伊斯兰科学。伊斯兰教禁止在艺术中表现人的形体或脸部；虽然执行起来并非一丝不苟，但使自然主义绘画或雕塑的出现迟来了很久。当然，建筑师的创作不会受此局限。他们的艺术发展到相当的高度，其本源始于7世纪末期，既得益于过去的传统，也具有伊斯兰文化的独特之处。叙利亚的基督教会建筑令阿拉伯人大为震撼，成为建筑艺术发展的催化剂；他们从中学习，但也追求超越，一心认定伊斯兰信徒应该有比基督教堂更好、更华美的礼拜场所。不仅如此，在非伊斯兰世界兴建别具一格的建筑，还可以构成一股视觉上的分化力量，让臣服于第一代阿拉伯征服者的埃

及和叙利亚人产生敬畏之情。

阿拉伯人在内部空间设计上借鉴罗马技术和希腊思想，但创造出的结果独具特色。伊斯兰世界最古老的标志性建筑是公元 691 年建于耶路撒冷的岩顶圆顶寺（Dome of the Rock）。其式样堪称建筑史的里程碑，是第一座具备穹顶的伊斯兰建筑。此后 3 个世纪中建成的公理会清真寺也是伟大的建筑，但这座为纪念对犹太教和基督教的胜利而建造的圆顶寺有其特别之处：对犹太人和穆斯林双方而言都最为神圣的场所之一，就在这张穹顶之下得到荣耀和庇护；人们相信，在圆顶所覆盖的山巅，亚伯拉罕曾意图用儿子以撒祭神，而穆罕默德也在同一个地方升入天堂。

伍麦叶王朝的大马士革清真寺于不久之后落成，这是最伟大的古典清真寺，也属于一份新的传统。就如这个新的阿拉伯世界中经常发生的那样，它身上有很多过去的元素：清真寺所在位置原本有一座基督教大教堂（该教堂则取代了之前的一座朱庇特神庙），也装饰有拜占庭镶嵌画。其设计灵感源自先知首创、麦地那家宅中礼拜的方式，这也是该清真寺的创新之处；设计的要点在于米哈拉布（*mihrab*），即开在墙上、朝向麦加、用于礼拜的壁龛。

与文学一样，建筑和雕塑持续繁荣，汲取从近东和亚洲各地传统中遴选出的种种元素。陶艺致力于达到中国瓷器的款式和上釉工艺，这类陶器是沿丝绸之路传入伊斯兰世界的。表演艺术发展程度较低，对其他传统文化，无论是地中海文化还是印度文化，借鉴似乎很少。当时阿拉伯没有剧场，不过说书人、诗人、歌手和舞者都受人尊重。阿拉伯音乐艺术被诗琴、吉他和列贝克琴这些欧洲语言中的乐器名称所铭记，其成就也一直被视作阿拉伯文化中最伟大的部分之一；但相比造型和视觉艺术，其艺术美感不易赢得西欧人的共鸣。 341

当阿拉伯帝国的政治框架已然开始腐朽，甚至明显崩溃之际，这一文明中很多最杰出的伟人都在著书立说和传道授业。哈里发身边的精英群体中，阿拉伯人逐步被其他民族取代，但阿拔斯也失去了对帝国的控制力，首先是外围省份，然后轮到伊拉克。作为世界一强，他们的顶峰来得早去得也快；公元782年，阿拉伯军队最后一次出现在君士坦丁堡城下，此后再也未能走得如此之远。哈伦·拉希德也许得到查理曼的尊重和礼遇，但在他的时代就已经出现最初的噩兆，最终将导向不可阻挡的崩溃。

公元756年，一名西班牙的伍麦叶王族不愿接受王室灭亡的命运，自封为科尔多瓦的埃米尔（emir），也称王公。在摩洛哥和突尼斯，也有其他人起而仿效。同时，安达卢斯（al-Andalus）虽然直到10世纪才有自己的哈里发（此前一直由埃米尔统治），但早就处于事实上的独立状态。这并不表示伍麦叶统治的西班牙没有麻烦。伊斯兰教从未征服整个半岛，法兰克人在10世纪收复了东北地区。当时伊比利亚北部地区已有基督教王国，一直乐于在阿拉伯统治的西班牙地区煽风点火，制造不满情绪；尽管那里的政策对基督徒相当容忍，也无法消除叛乱的威胁。

安达卢斯虽不包括整个伊比利亚半岛，但仍是伊斯兰世界繁荣的中心。伍麦叶王朝发展出海上力量后，意图进行帝国扩张，但目标不是北方的基督教世界，而是非洲的穆斯林势力圈，也不顾当时正在和拜占庭商谈结盟事宜。直到11和12世纪，当科尔多瓦的哈里发政权开始衰落，西班牙半岛的伊斯兰文明才达到最辉煌、最成熟的阶段；这是创造力的黄金时代，可以和阿拔斯王朝的巴格达一比高低。此时期为后世留下一座座伟大的建筑，也培养出不少鸿儒和哲学大家。科尔多瓦的大清真寺（Mezquita）是10世纪建成的七百清真寺之一，至今仍可视作天下第一的华美建筑。阿拉伯人统治的西班牙对欧洲极为重要，是欧洲人学习东方科学的门户，也是输送更多实物商品的通道。通过这一门户，基督教世界获得了农业知识和灌溉技术，以及柑橘、柠檬和蔗糖。对于西班牙本身而言，如很多后世的基督教和西班牙学者所指出，阿拉伯文化留下了很深的印记，至今仍可从语言、风俗和艺术中找到痕迹。 342

阿拉伯世界的另一次重大内部分裂始于法蒂玛（Fatimid）王朝的建立。该王朝源于突尼斯，公元 973 年迁都开罗，臣民属于什叶派。法蒂玛哈里发对埃及的统治一直持续到 12 世纪，后被新一轮的阿拉伯入侵所灭。阿拔斯帝国的其他地区也有此类现象，但不突出；地方总督开始以埃米尔或苏丹自居。哈里发的权力基础以越来越快的速度不断萎缩，也无力扭转这一趋势。哈伦的后代之间爆发内战，失去了宗教导师和信众的支持。官僚腐败和贪污使臣民寒心。当局试图用包税制解决这些弊病，可唯一的后果是产生新的压迫。兵源越来越依靠外国雇佣兵和奴隶；哈伦的继承人去世时，军队本质上已被突厥人把持。于是，野蛮人逐渐控制哈里发的朝政，就如西方蛮族进入罗马帝国的宫廷一样。随着时间的推移，他们俨然有了执事官的气象，对哈里发的干涉逐渐加强。而无论何时，什叶派和其他神秘主义教派都不断利用民众的反抗情绪。同时，昔日的经济繁荣陷入衰退。阿拉伯商人的财富没有如后来中世纪的西方世界那样，给民间生活带来活力。

公元 946 年，一名波斯将领率其手下废黜哈里发，安置了一名傀儡，阿拔斯王朝的统治正式终结。理论上阿拔斯王室依然在延续，但事实上这一变化是革命性的；新成立的白益（Buwayhid）王朝自此统治波斯。阿拉伯的伊斯兰世界已经分崩离析；近东的统一局面再次告终。此后数百年，没有一个帝国能够挡住入侵者的脚步；不过直到公元 1258 年，阿拔斯的末代哈里发才被蒙古人屠戮。在那之前，伊斯兰世界一度为对抗十字军重新团结，但伊斯兰帝国的伟大岁月已一去不返。

伊斯兰文明的独特性质决定了宗教权威无法与政治统治权长久分离；因此，当奥斯曼帝国的土耳其人成为近东历史的缔造者，哈里发的头衔也传到了他们手中。他们将进一步扩大伊斯兰文明的疆域，再次直捣欧洲腹地。但奥斯曼的阿拉伯先人确实取得了令人敬
343 畏的巨大成就，尽管最后毁于一旦。他们摧垮了古罗马在近东的残余和波斯的萨珊帝国，将拜占庭驱赶到安纳托利亚这一边陲之地。不过到最后，西欧人还是因此而奋起，重新打回了黎凡特。从摩洛哥到阿富汗，都被阿拉伯人刻下了不可磨灭的伊斯兰教印记。在很多方面，该宗教都带来革命性的影响。例如，它使女性低人一等，但也给她们合法的财产权，这在很多欧洲国家直到 19 世纪方才实现。就连奴隶也有权利，也是信众群体的一员；信徒不分等级，也没有世袭身份。这一等级革命的根源在于宗教本身——就如犹太教，因为伊斯兰教包容生活的方方面面，两者不分彼此；伊斯兰文明中，没有词语用来表达圣事与世俗、精神与肉身的区别。宗教就是穆斯林的社会，这种凝聚力经过几个世纪的政治分裂仍岿然自若。其凝集力在于统一的律法和特定观念；伊斯兰教不依赖奇迹的显灵（但也宣称存在奇迹），而着重实践和基于知识的信仰。

除了给基督教世界带来重大的政治、物质和知识冲击外，伊斯兰教还走出阿拉伯统治区，传至千里之外：10 世纪抵达中亚；8 至 11
344 世纪传到印度；11 世纪间跨过苏丹，到达尼日尔一带。12 至 16 世纪间，还会有更多的非洲人成为穆斯林；直至今日，伊斯兰教仍是那片大陆发展速度最快的信仰。得益于蒙古人 13 世纪的皈依，伊斯兰教也传播到中国。15 和 16 世纪，该教跨过印度洋，抵达马来亚和印度尼西亚。无论是随商队进入非洲，还是乘单桅帆船从波斯湾和红海驶

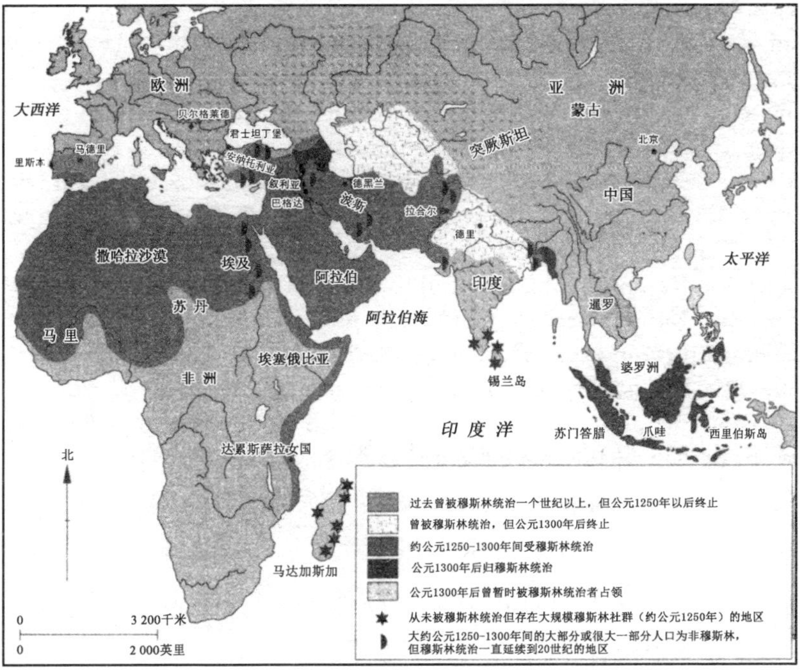

阿拉伯世界以外的伊斯兰势力，公元 1800 年以前

向孟加拉湾，传教士、移民和商人带着这一信仰往来各地，其中阿拉伯人最为突出。16 和 17 世纪，该教甚至还在欧洲东南部经历了最后一次扩张。对一种信仰而言，这是一桩令人叹服的成就，因为最初可以调动的资源不过屈指可数的几个闪米特部落。但尽管有令人仰止的过去，10 世纪后，没有一个阿拉伯国家能再度实现伊斯兰文明的统一。就连阿拉伯世界的统一也只是梦想——一个令很多人神往至今的梦想。

第 3 章　拜占庭及其势力范围

345 公元 1453 年，距查士丁尼去世大约有 900 年，君士坦丁堡被一支非基督教军队攻陷。“此前、此后，都不会有更可怕的事件”，一名希腊文士如此写道。这确实是惊天动地的大事，出乎所有西方人的意料，整个基督教世界为之震动。灭亡的不只是一个国家，而是罗马帝国本身。地中海古典文明的直系传承最终就此中断。对此，或许鲜有人能像文学痴迷者那样看得如此深刻，把它视为希腊人攻陷特洛伊迟来的报应；但这依然是一份两千年传统的终结。就算排除古希腊和希腊化的非基督教文明时代，长达千年的基督教帝国拜占庭本身也是显赫的存在，其消逝足以产生地震般的冲击。

有某些主题，在开始讲述之前先透露故事的结尾会更好，而拜占庭就是其中之一。即便在衰亡阶段，拜占庭的威名和传统也让外来者震惊，他们能从中感受到一个帝国沉甸甸的过去。直至没落时，其皇帝都自称为奥古斯都（*augusti*），臣民以“罗马人”自居。千百年来，圣索菲亚大教堂一直是最伟大的基督教教堂，而它所供奉的正教信仰让步于宗教多元化的需要也越来越少，因为原本棘手的省份被伊斯兰文明一一吞并。虽然从回溯视角很容易看出该帝国必然走向衰败的趋势，但身处其中的人并不如此看待。无论出于有意还是无意，他们认为这个帝国具有惊人的进化能力。拜占庭是保守传统的伟大成就，熬过多次危如累卵的险境，尽管历经重大变革，其外在几乎到最后一刻都保持着古代的风范。

纵然如此，一千年的时光给东西方都带来了巨大的动荡；历史作

用于拜占庭，改变了其传统中的若干元素，压制了另一些元素，还抹
去了一些元素。于是，帝国末期与查士丁尼时代差别很大，但始终没
有完全脱离原貌。古代和拜占庭之间没有清晰的界线。君士坦丁之
前，帝国的重心就开始向东转移；当以他命名的城市成为世界帝国的
王座时，拜占庭已俨然继承了罗马帝国的野心和自负。皇帝一职尤其 346
鲜明地表明了进化与保守是如何结为一体的。皇帝是全人类的世俗统
治者，这一理论在公元 800 年以前都没有受到正式的挑战。同年，一
名西方君主在罗马得到“皇帝”的欢呼；不管东方对这一新政权的确
切状况作何感想和言论，拜占庭帝王的独一无二终究遭到了挑战。但
拜占庭依旧怀有统治整个世界的幻想；其帝位代代相传，皇帝威仪万
千，使世人畏服。他们理论上仍由元老院、军队和人民选出，但多少
具有一定的专制权力。虽然任何一位皇帝实际权力的大小要取决于登
基时的现实状况（有时王朝传代还会因外界压力而中断），但他是独
裁者（autocrat），拥有西方帝王从未享有的地位。对法律原则和官僚
既得利益的尊重也许会限制皇帝的行动意愿，可他在理论上始终至高
无上。国家各大部门的首脑唯他一人是瞻。皇帝的莫大权威解释了拜
占庭政治高度聚焦于帝国宫廷的原因，因为要对实权者施加影响就必
须通过宫廷，而非通过某种团体和代表机构——就如西方慢慢演化出
的那种。

独裁有其严苛的一面，帝国内无处不在的密探（*curiosi*）并非摆设。但皇帝一职也身负重责。皇帝由君士坦丁堡的牧首加冕，具有极大权威，但也要负起上帝在凡间代理人的职责。东罗马帝国中世俗与神圣权力之分始终不太明显；西方则完全不同，政教对立不断制约着权力的扩张。但拜占庭体制下，上帝的摄政代理人一直要承受行止合规的压力，以行动来表现对世人的大爱（*philanthropia*）。他的独裁权要用来守护人类和人类获取生命之水的通渠——正教与教会。相应

地，大部分早期基督教皇帝都获封圣徒——正如非基督帝王都会得到神化。由此可以想见，皇帝一职也受其他非基督教传统的影响。拜占庭皇帝要接受人们以脸伏地的东方传统式跪拜礼，镶嵌画里有他们俯瞰众人的形象，其头顶环有光轮，光轮中描绘了在主之前的最后几名皇帝，这是太阳神膜拜仪式的一部分（若干萨珊统治者的画像也有此光轮）。尽管如此，皇帝的权威首先还是来自基督教统治者的身份。

347 可见，皇帝一职本身就体现出拜占庭的诸多基督教渊源。在诸多其他层面，这份渊源也使东罗马帝国与西方形成鲜明对照。首先，东罗马教会有其独特之处，并因此得名正教会。例如，在东罗马教士眼里，伊斯兰教就更似异端而非异教。其他差异在于正教会对教士与社会关系的观点：皇帝以下的诸多等级中，神职与非神职群体应合为一体，这一点非常重要。其标志之一是教士结婚后可保留神职。正教的神父，纵然看起来神圣不凡，但从来就没有成为其西方和天主教的同行后来变成的那种方外之人。这从侧面说明，正教会作为社会的黏合剂发挥了极大的作用，并且一直持续到现代。但毕竟，拜占庭不会出现像教皇那样显赫的神职权威。皇帝是权力的中心，其职位和责任都远远凌驾于彼此不分尊卑的主教们之上。当然，只要社会规范依旧奏效，正教就不见得比中世纪西方教会更宽容。灾厄之年总能被解读为皇帝没有履行其基督统治职责的证据，而找一些耳熟能详的替罪羊开刀就是他的职责之一，例如犹太人、异端和同性恋。

拜占庭与西方世界的差别有一部分来自政治史，因为罗马帝国分裂后，两边的沟通逐渐减少；还有一部分来自原生的独特风格。虽然起初的差异很不起眼，但天主教和正教传统自早期就分道扬镳。在某个很早的年月，希腊人不得不向叙利亚和埃及的宗教习俗让步，多少疏远了同拉丁基督教会的关系。但此类让步也在一定程度上保住了基督教世界的多中心型布局。当东方的另三个关键的牧首区耶路撒冷、

348

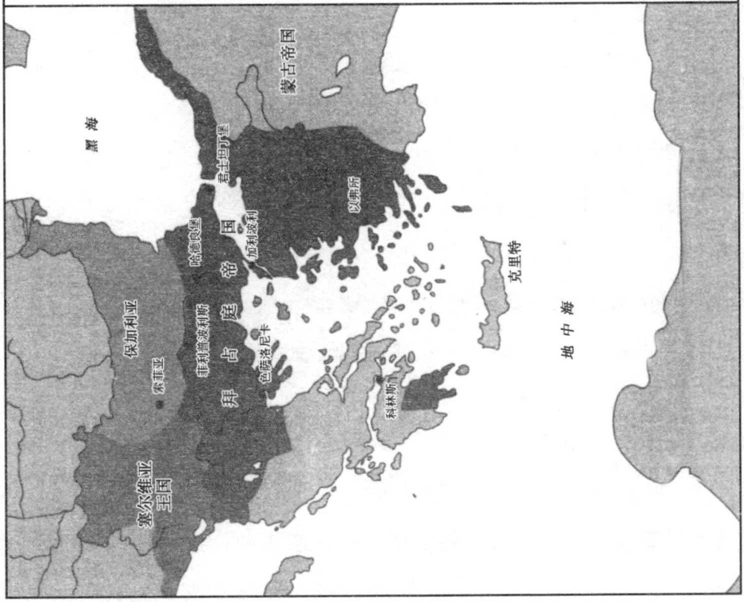

拜占庭帝国，公元 1265 年

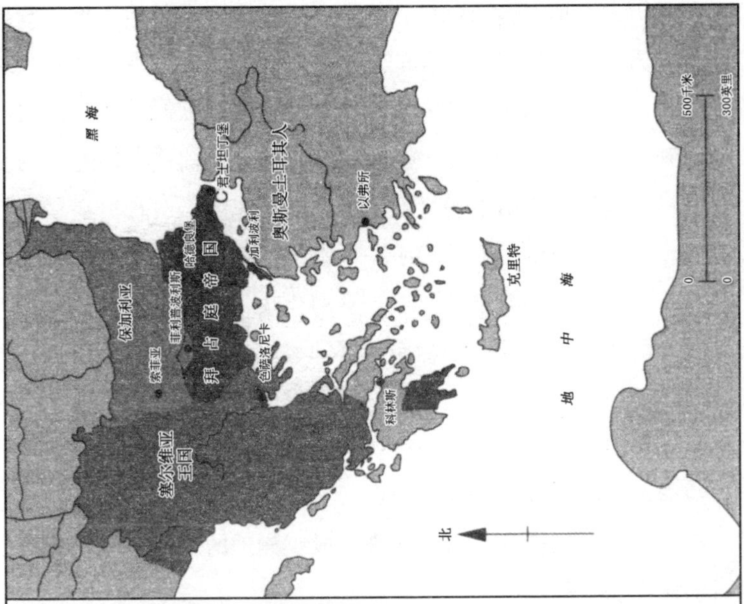

约公元 1354 年

安条克和亚历山大里亚落入阿拉伯人之手，罗马和君士坦丁堡的两极地位变得更为突出。基督教世界的双语体系逐渐走向终点，开始分化为拉丁化的西方与希腊化的东方。军队和司法部门抵制希腊文的时间最长，但到7世纪初，拉丁文也终于在这两处失去了官方语言的地位。官僚机构使用希腊语的意义至关重大。当东方教会在伊斯兰世界的传教工作遭到失败，他们开辟了一片新的传教区，并争取到很多北方的异教徒。最终，得益于君士坦丁堡的存在，欧洲东南部和俄罗斯也得到福音的泽被。从拜占庭的宗教导师那里，斯拉夫民族不仅从希腊经文中学到一种书面语，而且还学到了很多最基础的政治理念。除此之外，这一传教工作还带来了很多其他结果。由于信奉天主教，西
349 方与斯拉夫世界时而互有敌意，因此，斯拉夫民族逐渐对基督教世界的西半部产生深深的戒心。这对未来造成了深远的影响，但也超出了我们目前需要探讨的范围。

东方基督教传统的独特性质可以从很多方面加以展现。例如，与等级意识更为森严的罗马教廷相比，东方的修道院制度一直更接近初始形态，圣人也始终具有更重要的地位。此外，希腊文化似乎比拉丁文化更热衷于争论；早期教会的希腊文化背景一直鼓励思考，东方教会对东方的潮流和传统始终报以开放和接纳的姿态。但这无法避免解决宗教争端时的教条主义立场。

从现在的眼光来看，某些争议话题十分琐碎，甚至毫无意义。在如今这样的世俗时代，我们不可避免地感到，就算是其中最了不得的话题也很无稽，但这仅仅是因为我们缺乏他们对精神世界的那份感悟。要理解他们的心态，就要努力回想神学家的精妙定义和逻辑诡辩背后有着骇人的意义；其重要性不亚于从堕入地狱的危机中拯救世人。另一道理解障碍来自截然相反的原因，东方基督教会的神学差异和相关争论背后，其实质往往是政治和社会问题、民族和文化群体与当权者

的关系问题。这些问题的意义比粗看起来要更多，对世界史的影响很大，堪比军队乃至民族的活动轨迹。两大基督教传统缓慢走向不同方向的趋势具有极为重大的意义；起初这也许在任何意义上都不是神学分歧所造成的，但神学异见令两份道不同的宗教传统进一步不相为谋。环境受其影响，反过来又使得事态越来越必然地朝着这一方向发展。

有一段插曲是非常突出的例子，即关于基督一性论（Monophysitism）的争辩。该学说出现于5世纪中期左右，令基督教神学产生分化。对于我们这些后宗教时代的人来说，乍一看，这一神学话题并不显得多重要。此学说主张基督在人间的属性是唯一的、完全的神性，而非早期教会普遍宣扬的双性（即同时具备神性和人性）。该观点所引发的绵长辩论以及其中趣味盎然的微言大义，也许只能令人遗憾地在此略过。不过只需指出这场神学骚动的参与者包括基督肉身不朽论者（Aphthartodocetists）、基督肉身腐朽论者（Corrupticolists）和神亲自受苦论者（Theopaschitists）（仅举若干参与争论的派别），而背后有 350
重要的非神学背景，也就应当足够了。背景元素之一是，3个一性论教会从东方正教会和罗马天主教会脱离并缓慢定型的现实。它们分别是埃及和埃塞俄比亚科普特教会、叙利亚雅各派和亚美尼亚教会，并在某种意义上成为各自国家的国教。面对波斯和阿拉伯的先后威胁，为了竭力与此类团体达成一致以巩固帝国的统一，多位皇帝被拖入这场神学辩论。可以说，与君士坦丁主持尼西亚会议、首次肩负这一特殊职责时相比，这一次皇帝肩头的责任更重。例如，希拉克略皇帝尽其所能，在7世纪初达成一项妥协方案，让基督一性论的各异见派系实现和解。其形式是一份不久后被称为基督一志论（Monothelitism）的新神学定义。各方似乎一度就此达成了共识，不过到头来还是被斥为另一种新瓶装旧酒的基督一性论异端。

与此同时，该争论让东西方在实践中进一步疏远。尽管最后于公元681年[①]得出统一的神学结论，但讽刺的是，基督一性论从5世纪末就开始造成拉丁教会和希腊教会的分裂，并且长达40年。裂痕最终愈合，但希拉克略治下随即又出现了新的麻烦。帝国不得不任凭阿拉伯人在意大利予取予求，可教皇和皇帝都急于表明携手同心的立场。这部分解释了教皇批准基督一志论的原因（希拉克略特意征求教皇的看法，以平息耶路撒冷牧首对该神学问题的忧虑）。圣格利高利一世（Gregory the Great）的继任者、教皇洪诺留（Honorius）支持希拉克略，从而激怒了基督一性论的反对派，并因此在将近半个世纪后得到了罕见的待遇（对教皇而言颇不寻常），即在基督教大公会议[②]中遭到谴责，就连西方代表也支持这项决定。在这个危机重重的关键时刻，洪诺留的做法造成了很大的伤害；7世纪早期，很多东方基督教士因他有欠考虑的行动而与罗马进一步疏远。

拜占庭继承的遗产不仅来自帝国和基督教，也来自亚洲。这不单包括与异族文明的直接接触——其代表是沿丝绸之路到来的中国商人，而且还涉及继承希腊化东方文明的复杂过程。自然，拜占庭人怀有偏见，分不清“野蛮人”和不会说希腊语的人之间的差别，很多知识界领袖自认为拜占庭是希腊（Hellas）传统的所在地。但他们所说的希腊
351 语早就与世隔绝，唯一与外界相连的渠道就是希腊化的东方。当我们将目光投向那片文化区域，会感到，希腊文明在那里到底扎根有多深，以及该文明从亚细亚汲取的养分有多少，都难以估量。例如，小亚细亚地区使用希腊语的主要是为数不多的城市居民。另一个标志来自帝国重臣和名门望族。随着时间推移，其中出现了越来越多的亚洲名讳。帝国于5和7世纪遭受领土损失，空间不断被挤压，欧洲大陆部分仅

① 第六次合一会议，将基督一性论定为异端。——译者注
② 公元680年君士坦丁四世召开的第三届君士坦丁堡会议。——译者注

剩首都周围的逼仄之地，所以必然要把亚洲放到更重要的位置。此时，阿拉伯人又将拜占庭挤压到小亚细亚，南以高加索为界，北至托罗斯（Taurus）山脉。沿着这些山脊，划出了一条伊斯兰文化始终可以渗透的边界。那里的居民自然是生活在某种边境世界当中，有时也会表现出更深刻的外部影响痕迹，比拜占庭受到的影响还要显著。其中最沸沸扬扬的是拜占庭教会针对圣像破坏主义（iconoclasm）的争论，与几乎同一时期在伊斯兰文明内部发生的争论平行发展。

这一错综复杂的继承关系中，最具标志性的特征确立于7、8世纪，例如政府的贵族传统、罗马神话、东方基督教的护卫屏障地位及其实际上局限于东方世界的局面。发祥自罗马帝国晚期、在查士丁尼时代确立雏形的中世纪国家从那时开始涌现。但我们对这两个至关重要的世纪知之甚少。有人认为，鉴于史料如此贫乏，目前的考古学成果又如此肤浅，充分阐述那一时期的拜占庭史根本办不到。不过，在这段充满动荡的时期伊始，该帝国所握有的牌面还是足够明了：外交和官僚技巧的深厚底蕴、军事传统和巨大的声望。一旦能合理减轻负担，其潜在的税收资源和人力储备都相当可观。小亚细亚是一片征兵场，减轻了东方帝国对日耳曼野蛮人的依赖；过去，这些野蛮人在西方曾必不可少。该地具有出众的军事制造技术；有"希腊火"这类秘密武器，曾用来对抗可能入侵首都的舰只，并发挥强大作用。君士坦丁堡本身也具有军事价值，这座城市拥有建于5世纪的伟岸城墙，不太可能获得重武器的野蛮人很难从陆地攻破；而在海上，其舰队可以阻止敌人的登陆。

从长期来看，帝国的社会基础则没有那么牢靠。一直以来，帝国难以维持小农经济的规模，无力防止强大的行省地方地主蚕食土地。法庭始终无法锄强扶弱。皇帝本人也在教会财产的不断扩张下承受着经济压力。以服从兵役为条件赐予小农土地的帝政措施，也无法轻易抵 352

消这些趋势的作用力。但这些问题的广泛影响，只有历经数百年的光阴后才会暴露；而7、8世纪的眼前难题就足以令当时的皇帝操心了。

他们的实力已经捉襟见肘。公元600年，该帝国依旧包括北非沿海、埃及、黎凡特、叙利亚、小亚细亚，以及远至特拉布宗（Trebizond）以外黑海沿岸的大片地区、克里米亚沿岸和从拜占庭城一直延伸到多瑙河河口的地区。在欧洲，它拥有色萨利（Thessaly）、马其顿和亚得里亚海沿岸，穿过意大利中部的一条狭长领土，亚平宁半岛趾部和跟部的几块飞地，以及西西里、科西嘉和撒丁岛。考虑到该帝国的潜在敌人及其资源所处的位置，这种版图布局堪称战略上的噩梦。此后两百年的历史，将由一波又一波的入侵者写就。波斯人、阿瓦尔人、阿拉伯人、保加利亚人和斯拉夫人摧残着帝国的主干部分，同时，查士丁尼的将领所争回的西部领土几乎全都得而复失，很快落入阿拉伯人和伦巴底人手中。最后，西方世界也暴露出弱肉强食的本性；东罗马帝国数百年来承受了大量原本会落到西方的打击，却并没有得到西方的救援。于是，东方的帝国要面对持续不断的战火。在欧洲，战火一直烧到君士坦丁堡城下；在亚洲，他们被小亚细亚边境地带的拉锯战拖得心力交瘁。

面临这一挑战的拜占庭，在7世纪初时就已只能对领土保持松散的控制，其实力在很大程度上依靠影响力、外交、基督教和军事威望的辐射效应。也许可以从多种角度看出其与邻国的关系。在后世眼中，从查士丁尼到巴西尔二世（Basil Ⅱ）的每一位皇帝都被凶神恶煞的野蛮人勒索敲诈；而在罗马传统中，这却是给称臣的盟友和协约部落（*foederati*）①的慷慨惠赐。帝国内部的民族和宗教分歧被官方

① 拉丁语，在罗马共和国早期指受协约（foedus）约束的部落，不是罗马殖民地也不具有罗马公民资格，但有责任在发生危机时提供战力。——译者注

意识形态所掩盖，其希腊化的表象往往流于肤浅。很多叙利亚基督徒欢迎阿拉伯人的到来，就像后来也有很多安纳托利亚人欢迎突厥人那样。他们心甘情愿的态度揭露了事情的真相，这是宗教迫害所得到的报应。不仅如此，与盟友相比，拜占庭也并非强国。在困难重重的7、8 世纪，拜占庭最重要的友好势力是哈札尔汗国（Khanate of Khazaria）——一个巨大但松散的邦国，由公元 600 年统治了顿河与伏尔加河流域其他民族的游牧民族所建。他们的国家覆盖高加索山脉两侧，占据这一战略位置突出的地峡，挡住了波斯人和阿拉伯人两个世纪的前进脚步。疆域最辽阔的时候，哈札尔汗国把黑海变成了自己的内海，扩张至德涅斯特河，还将北方的伏尔加河上游和顿河都囊括 353
在内。拜占庭为了赢得哈札尔人的友好态度付出了极大的努力，似乎也尝试过让他们皈依基督教，但均以失败告终。其中的确切情况还是一个谜，不过，哈札尔领导人虽然容忍基督教和若干其他崇拜，却显然在公元 740 年前后皈依了犹太教。这可能是波斯被阿拉伯征服后从那里移民过来的犹太人所导致的，也可能是有意识的外交行为。作为犹太教的一员，他们不太可能纳入一个基督教帝国或哈里发王朝的精神或政治轨道；不过，他们却与双方都保持着外交和贸易往来。

希拉克略是拜占庭生存斗争中涌现出的首位伟大的英雄人物，他采取合纵连横与妥协让步并举的手段，勉力消解欧洲地区的威胁，从而得以腾出手来积极地与波斯人作战。尽管最终获得成功，但波斯人在被赶走之前已对帝国的黎凡特和小亚细亚地区造成可怕的打击。一些学者认为，他们是毁灭希腊世界那些伟大名城的真正元凶；考古学虽未能揭开谜底，但有迹象表明，希拉克略获胜后，那些名城已经沦为废墟，有一些只剩中央的卫城，人口也锐减。随后，就是在这样一种已经危如累卵的局面下，阿拉伯人大兵压境——而且将持续两个世纪。在希拉克略公元 641 年去世之前，他的军事成就已被彻底归零。

一些继承其血统的皇帝是有能之辈，但所能做到的也仅仅是不屈不挠地同压倒一切的历史洪流相抗争。公元643年，阿拉伯人攻陷亚历山大里亚，终结了埃及的希腊化统治。数年之内，北非和塞浦路斯也告失守。下一个十年间轮到了亚美尼亚这片古战场。最终，阿拉伯人对君士坦丁堡展开长达5年（673—678）的围攻，这标志着他们征服成就的最高点；而在阿拉伯人的舰队面前挽救了这座都城的，可能就是“希腊火”。此前，尽管皇帝亲征意大利，想收复被阿拉伯人和伦巴底人占领的意大利和西西里土地，但毫无进展。7世纪就这样过去，最后25年间还出现了另一波威胁：斯拉夫人南下马其顿和色雷斯；另一个民族保加利亚人——他们将来会被斯拉夫化——则跨过了多瑙河。

7世纪以一场军队叛乱和帝位易主作结。一切症状都暗示东罗马帝国将步西方帝国之后尘，帝位成了武人们待价而沽的商品。一系列野蛮或无能的皇帝在8世纪初相继登场，导致保加利亚人兵临君士坦
354 丁堡城下，最终又在公元717年引来阿拉伯人的第二次攻城。尽管这不是阿拉伯人最后一次现身博斯普鲁斯海峡（Bosphorus），但却是一次真正的转折点。公元717年，有安纳托利亚背景的利奥三世（Leo Ⅲ）已经登基，他是拜占庭最伟大的皇帝之一，曾担任行省官职，在其领地成功挡住阿拉伯人的进攻，后成为防区司令官，并迫使皇帝逊位，随即紫袍加身，获得神职阶层的广泛认可和热忱欢迎。伊索里亚王朝（Isaurian dynasty）就此建立，其名称来自发源地①；这一起源，预示了东罗马帝国的精英将逐步转型为拜占庭这一东方式王朝的上层阶级。

8世纪开启了一段恢复期，但也有倒退。利奥本人清除了安纳托

---

① 指伊索里亚，它位于欧亚交界处的亚洲部分。——译者注

利亚的阿拉伯人，而他的儿子将前线推进到叙利亚、美索不达米亚和亚美尼亚边境一带。自此以后，尽管每个交战季节都会发生边境劫掠和袭扰，拜占庭与哈里发帝国的边界比迄今为止都更加稳定。源于这一成就（当然，部分要归因于阿拉伯实力的相对衰退），一段前进和扩张的新时期开始了，并延续到 11 世纪早期。西方基本无所作为，拉文那沦丧，仅剩意大利和西西里的几处立锥之地。但在东方，帝国再次从其根据地和心脏地带色雷斯、小亚细亚向外扩张。一连串“军区”（theme）①，即行政区块，沿着巴尔干半岛的外沿建立起来。除此之外，帝国在那里没有任何立足点，这种情况延续了两个世纪。10 世纪，塞浦路斯、克里特和安条克都被收复。拜占庭武装一度穿过幼发拉底河，叙利亚北部和托罗斯一带的争夺也没有停止。帝国在格鲁吉亚和亚美尼亚的局势得到改善。

东欧保加利亚人的威胁在 10 世纪初发展到顶峰，此后终于得到控制，他们也已皈依基督教。巴西尔二世以“保加利亚屠夫”（*Bulgaroctonos*）之名载入史册，他在公元 1014 年的一场大战后摧垮了保加利亚人的实力，随后弄瞎 1.5 万名俘虏，将他们遣回故土，以震慑其同胞；据说保加利亚统治者被惊吓致死。② 不出数年，拜占庭将保加利亚收为行省，但始终未能成功地加以归化。不久之后，拜占庭完成最后的征服行动，将亚美尼亚纳入统治范围。

因此，这几个世纪从整体来看是一段扩张与收复的时期，是拜占庭文化最伟大的时期之一。公元 820 至 1025 年间，从政治方面看，总的来说，国家的朝纲得到遵循，因此内务也得到改善。伊索里亚王 355

① 取代原先的行省制，按部队驻地重新划分的行政区。——译者注

② 据传他让其中 150 人保留一只眼睛，担当引路人。看到这支盲人大军后，保加利亚统治者萨穆埃尔倒地不起，两天后中风而亡。——译者注

朝的结局很不光彩，继一名女帝①之后，是一系列短命的皇帝和不合体统的登基，直到弗里吉亚（Phrygian）王朝奠基人迈克尔二世（Michael Ⅱ）在公元820年成功谋害当时的皇帝为止。而他的家族在公元867年被马其顿王朝取代，拜占庭在该王朝治理下达到成功的顶峰。存在少数民族或宗教群体的地区设有共治皇帝，以保全朝纲的完整性。

该时期初始阶段，帝国内部分歧和困难的主要源头之一，就如过去经常发生的一样，是宗教问题。这又往往与政治和地方问题纠结不清，在帝国肆虐成患，拖慢了复原的速度。圣像破坏运动是其中突出的例子，造成了一百多年剑拔弩张的局面。

圣徒、圣母和上帝本人的画像及雕塑，已成为正教会潜心崇拜和布道的重要工具之一。古代晚期，此类画像或圣像在西方也有一席之地，但当时它们占据了正教教堂的特殊位置，安放在神龛内或画在特殊的屏布上展示，供信徒瞻仰和冥思。它们的意义远甚于装饰，因为其安置方式传达了教会的教导，而且如某著者所言，提供了“天堂与人间的交汇点”，虔诚的信徒身处圣像之间，可以感到被整个不可见的教堂所包围，被逝者、圣徒和天使，被基督和圣母所包围。圣像创作要专注于如此炙热的宗教情感，能在绘画或镶嵌画领域创造若干拜占庭（以及后来的斯拉夫）艺术的最高杰作也就完全不令人惊讶了。

6世纪，圣像已成为东方教堂中显赫的存在。接下来的两个世纪，人们继续对圣像报以崇敬，在很多地方，向它们祈祷的人越来越多，但随后其使用遭到质疑。有趣的是，在此之前，哈里发刚发起一场运动，反对在伊斯兰宗教仪式中使用画像和雕像。但也不能因此推断圣像破坏运动的理念来自穆斯林。圣像批判者声称它们是偶像，使

---

① 雅典的伊琳娜（Irene of Athens），公元797—802年间在位。——译者注

本应献给上帝的崇拜误入歧途，被凡人的造物所夺；他们主张破坏或抹除这些圣像，并拿起石灰水、刷子和锤子展开坚决的行动。

利奥三世支持这些人。关于帝国当局成为圣像破坏运动后盾的原因仍有很多不解之处，但利奥的行为是基于各方主教的建议，而且阿拉伯入侵和火山喷发无疑可以作为上帝不满的证据。因此，公元730年颁布了一道敕令，禁止在公共崇拜场所使用画像和雕塑。随后，抵制敕令的人遭到迫害。在君士坦丁堡，执行的效力始终比其他行省要明显。该运动在君士坦丁五世治下达到顶峰，并获得公元754年主教 356
会议的批准。迫害更为猛烈，出现了殉道者，尤其是在修士当中，他们通常比世俗教士更狂热地捍卫圣像。但圣像破坏运动始终要依靠帝室的支持，在下一个世纪也出现了起伏和反复。在利奥四世及其遗孀伊琳娜（Irene）统治时期，迫害的势头放缓，“爱圣像者”（iconophile）夺回一定空间，不过压迫行动又随之反弹。直到公元843年，大斋期（Lent）[①] 的第一个周日，圣像最终得到平反，这一天至今仍是东方正教会所庆祝的节日。

这段异常时期包含什么意义？有一种基于实用主义的解释，称基督徒崇拜圣像的行为令促使犹太人和穆斯林改教的工作更为困难。不过这还不能充分解决我们的疑惑。同样，宗教纷争不能脱离宗教以外的因素，但终极原因可能是出于某种宗教审慎意识。考虑到东方帝国发生的神学争议中经常表现出的狂热态度，这场辩论会染上怨恨和敌意也就不难理解了。有关艺术或艺术手法的质疑没有出现：拜占庭不是一个会为此起争执的国家。革命者的感受才是问题的焦点，他们认为希腊文明对圣像的极端崇拜（相对而言是最近发生的）堕入了偶像

① 从大斋首日到复活节前夕为期40天的斋戒和忏悔。一般不包括周日，有的教会连周六也不包括。——译者注

崇拜的泥淖，阿拉伯人入侵的灾祸是上帝震怒的第一声轰雷；而此时，如果有一位像《旧约》中的以色列王那样虔诚的国王来打破这些偶像，就还来得及拯救万民于罪恶的深渊。对于一种感到自身陷入绝境的信仰和精神世界而言，事态就更容易朝这一方向发展。值得关注的是，圣像破坏运动在军队中尤其强势。另一个有所启发的事实是，圣像往往以当地圣徒或圣人为原型，而取代他们的圣餐和十字架却是统一的、简单化的象征物，这多少预示了拜占庭宗教和社会从 8 世纪起将呈现出的同质化新形态。最后，圣像破坏运动的成因也有一部分来自怨气。过去很长一段时期中，舆论一直有利于那些在布道中给予圣像如此显赫地位的修士。因此，圣像破坏运动不仅是为平息上帝怒火而采取的深思熟虑的举措，也是代表中央集权的皇帝和主教对地方教士、独立城镇和修道院、圣人密宗团体的反击。

圣像破坏运动冒犯了很多西方教会人士，但比此前的一切事件都更清晰地表明了正教与拉丁基督教之间的鸿沟已大到何种程度。由于拉丁文化被日耳曼人掌控，西方教会也发生了变化，慢慢远离东方希腊教会的精神。圣像破坏运动者召开主教大会，冒犯了早已谴责过利
357 奥支持者的教皇。皇帝插足关乎信仰的事宜，令罗马教廷戒心顿起。于是，圣像破坏运动进一步加深了基督教世界两部分之间的分歧。文化差异已非常广泛和普遍——这不奇怪，因为从拜占庭走海路前往意大利要两个月，而陆地上则有斯拉夫各民族像楔子一般锲在使用两种语言的文化之间。

东西方在官方层面的接触不可能完全断绝。但历史在这方面也创造了新的分歧，特别是公元 800 年，教皇将一名法兰克国王加冕为“皇帝”。这对主张自己才是罗马传统继承人的拜占庭不啻是一种挑战。君士坦丁堡对于西方世界的多样性不太关心；拜占庭政府察觉到法兰克王国的威胁，于是不加区分地将所有西方人称为“法兰克人”，

这种称呼一直流传到中国一带。两国未能携手对抗阿拉伯人，还在敏感问题上互踏雷池。罗马为法兰克国王加冕这一行为本身，也许多少是为了回击伊琳娜登上君士坦丁堡的帝位；作为母亲，她形象不佳，曾弄瞎亲生的儿子。法兰克人的皇帝头衔只得到拜占庭短暂的认可，后来的西方皇帝都仅被视为国王而已。意大利也造成两个基督教帝国之间的分歧，因为拜占庭在那里余下的领土被法兰克人和萨克森人威胁，就如过去一直被伦巴底人所威胁一样。10 世纪的多名撒克逊皇帝操纵教皇，令情况雪上加霜。

当然，两方不会完全断绝往来。一名 10 世纪的日耳曼皇帝娶了拜占庭人为妻，10 世纪的日耳曼艺术也深受拜占庭主题和技巧的影响。但正是两个文化世界的差异令这类往来结出果实。随着世纪更迭，差异也越来越明显和可触。拜占庭古老的贵族世家逐步被纳入该国的其他家族所取代，他们身上具有安纳托利亚和亚美尼亚血统。最首要的是，帝国首都本身具有独一无二、辉煌壮丽和复杂多样的生活，宗教和世俗世界在那里仿佛完全融为一体。基督教年历与宫廷历法不可分割，两者共同为一番规模浩大、如戏如画的盛景确立了运转的节奏；在这番景象中，教会和国家的仪式典礼向万民展现着帝国的威仪。世俗艺术不是没有，但众人抬头可见的还是铺天盖地的宗教艺术。哪怕在最不堪的时节，表达上帝伟大和全在的活力也从不停歇，而皇帝就是上帝的摄政代理人。严格的宫廷礼节由仪式教条主义维持着，而那里也是宫廷标志性的邪恶阴谋的滋生之地。就连基督教皇帝 358
的公开亮相都与密宗里的神祇有几分相似；首先要升起数道帷幕，然后才惊艳登场。这是一个惊世文明的巅峰，在可能长达 500 年的时光中为半个世界展示了真正的帝国应该是什么模样。10 世纪，有一队俄罗斯异教使节为考察该地基督教的类别来到拜占庭，也观摩了别的东西，在圣索菲亚（Hagia Sophia）大教堂的所见所闻令他们惊奇不已。在报告中，他们只能如此表述："上帝与凡人同居于此。"

而另一方面，帝国基层究竟发生了什么则不易说清。人口在7、8世纪有所减少的迹象十分明显；这与战争和瘟疫的打击可能都有关联。同时，行省城市中鲜有新造建筑，铸币的流通量也变小了。这一切都暗示着经济的疲敝，以及国家对经济越来越多的干预。为了确保满足基本的民生需要，帝国官员采取直接征用生产劳动、设置特别机构来供给城市、把工匠和商人组织成官僚体制的行会和商行等措施。只有一座城市从头至尾保留了经济上的重要地位，那就是帝都本身；有着拜占庭帝国最登峰造极的辉煌盛景。帝国的贸易从未彻底枯竭，直到12世纪仍是亚洲和西方之间重要的奢侈品贸易中转站；其地理位置本身就可确保拜占庭占有重大的商业地位，并刺激手工业发展，为西方提供更多的奢侈享受。最后，这段时期中的每一部分都有证据表明，大地主的实力和财富都在不断增长，农民越来越不得翻身；在帝国晚期，还出现了以大量占有土地为基础、具有重要地位的地方经济实体，以及其他类似现象。

这种经济能够撑起拜占庭文明巅峰时期的宏伟壮丽，也能支撑9世纪诸皇帝收复领土的征伐用兵。两个世纪后，一系列不利因素的结合再次让帝国不堪重负，开启了一段漫长的衰亡时期。其开端是一些新爆出的内部和个人问题。两名女皇帝和若干短命的昏君弱化了中央的控制力。拜占庭统治阶级内部的两个重要集团之间的对抗开始失去控制；一个以地方行省为根基的宫廷贵族党派卷入斗争，与级别更高的终身制官僚展开角力。这场对抗也部分反
359 映了军方同知识界精英的斗争关系。不幸的是，作为斗争的结果，陆海军陷入嗷嗷待哺的境地，所需资金被文官剥夺，从而无力应付新涌现的问题。

在帝国的一端，问题是由西方最后一波野蛮人移民潮所导致的；

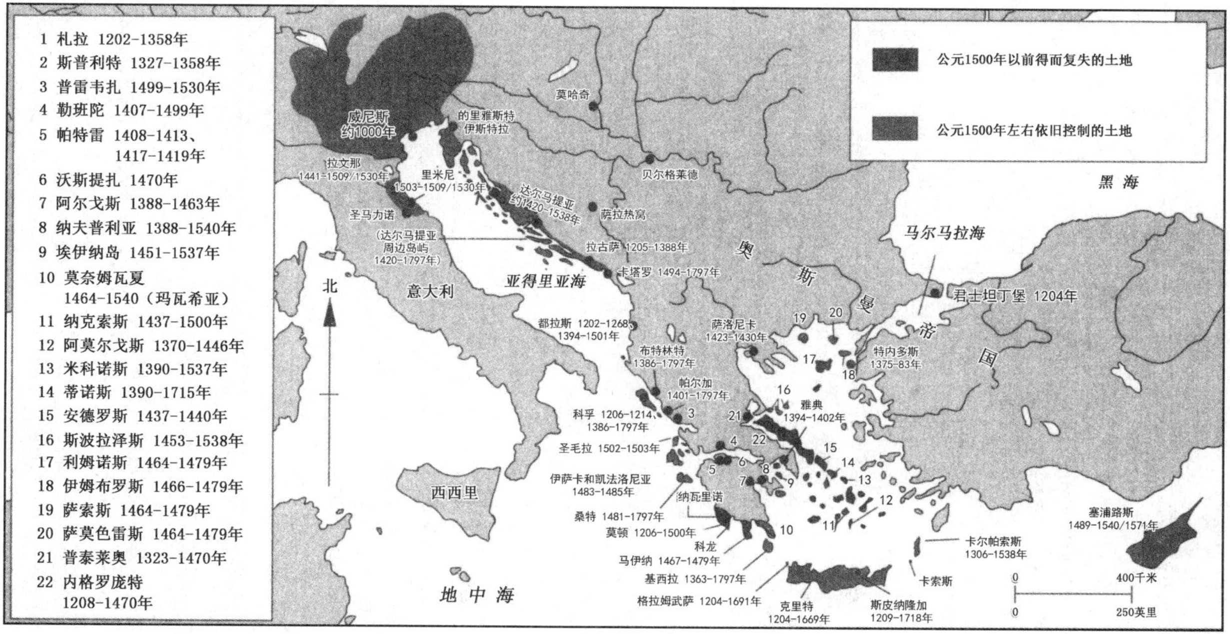

威尼斯崛起为地中海强大势力

这些信基督教的诺曼人正朝意大利和西西里南下。在小亚细亚，问题来自突厥人的压力。11世纪，帝国领土内部已建起一个名叫鲁姆（Rum）的突厥苏丹王朝（这也是其名称的由来，因为Rum就指Rome①），而阿拔斯帝国的控制权已经落入地方酋长之手。公元1071年，拜占庭在曼齐克尔特（Manzikert）败给突厥人，帝国根基为之动摇，随后实质上失去了小亚细亚，财力和人力资源也受到可怕的打击。皇帝们不得不习惯与之共存，但此后又出现了更凶狠的敌手。11和12世纪中，帝国内部发生了一连串保加利亚人的叛乱，中世纪最强大的正教异见运动鲍格米勒（Bogomil）异端②也在该省广泛流传。这一盛行的运动利用了人们对希腊高级教士及其拜占庭习气的憎恨。

一个新王朝——科穆宁（Comneni）——再度重整帝国，并又将边境线稳定了一个世纪（1081—1185）。他们驱逐了希腊的诺曼人，打退了来自南俄罗斯游牧民族佩切涅格人的新威胁，但无法击溃保加利亚人或夺回小亚细亚。而且，为了完成这些工作不得不作出重大让步。有些特许条款给了国内的门阀巨头；有些给了盟友——但后来他们还是成了帝国的威胁。

这些日后成患的盟友之一是威尼斯共和国，原本只是拜占庭的卫星城。授予该城特权的后果尤其险恶，因为其唯一目的就是在地中海东部进行扩张。威尼斯是欧洲与东方贸易往来的主要受益者，很早就赢得了得天独厚的地位。作为11世纪协助拜占庭对抗诺曼人的回报，威尼斯人获得了在帝国内自由贸易的权利，被视作皇帝的臣民而非异国人。威尼斯的海上力量急速增长，而由于拜占庭舰队落入颓势，更是愈发不可一世。公元1123年，威尼斯人歼灭埃及舰队，自此，宗

① “Rum”在阿拉伯语中意为罗马帝国。——译者注
② 糅合新摩尼教二元教义的基督教异端，盛行于10至15世纪的巴尔干地区，源自保加利亚。——译者注

主国再无力对其加以控制。他们与拜占庭也发生过冲突，但支持帝国对抗诺曼人、从十字军身上搜刮战利品，对威尼斯人而言更有利可图。这些成功带来了贸易特权和领土扩张，而前者最为重要。称威尼斯建立在帝国的衰亡之上，此言或许不假；在经济体系中，它是整个亚得里亚海地区的宿主，拥有巨大潜力——12 世纪中期，据说有 1 万名威尼斯人在君士坦丁堡生活，他们的贸易活动对该城极为重要。361
到公元 1204 年，基克拉迪群岛、爱琴海上很多其他岛屿和黑海大部分沿岸地区都属于威尼斯。此后的 3 个世纪中，还有数百个地方群体加入，成为威尼斯共和国的成员。自古雅典以来的首个贸易和海上帝国已经成型。

威尼斯的崛起和宿敌的存在足以令拜占庭诸皇帝难堪。更何况，他们还要面对国内的新麻烦。12 世纪，叛乱变得稀松平常。西方世界发起十字军东征，这场伟大而又千头万绪的运动搅乱了东方的局势，使叛乱的危险成倍放大。我们无需在此为西方人对十字军东征的看法大费笔墨；从拜占庭的观点来看，这些贸然闯入的西方人越来越像又一波入侵的野蛮人。12 世纪期间，他们在黎凡特留下 4 个十字军国家，在该地原来的主人拜占庭人的心头打下烙印——近东舞台上又有了一名新的对手。12 世纪末，当穆斯林武装云集于萨拉丁的旗下，保加利亚人又为独立揭竿而起，拜占庭帝国的伟大时代终于落下帷幕。

公元 1204 年，君士坦丁堡沦陷，帝国遭受致命打击。但破城者是基督徒，而非频繁威胁该城的异教徒。他们是第四次十字军东征中的一支基督教军队，原本要与东方的异教徒作战，后来在威尼斯人的唆使下掉头攻向拜占庭。这支军队在君士坦丁堡烧杀抢掠，使该城陷入恐慌（竞技场中的青铜群马就是在那时被劫走，最后安置于威尼斯圣马可大教堂前），还让一个妓女占据圣索菲亚大教堂的牧首宝座。东西方就以这种残酷至极的方式决裂。这次洗劫也遭到教皇的谴责，而在正教徒们的记忆里永远是一桩令人发指的丑行。这些希腊人眼中的“法兰克人”不把拜占庭视为自身文明世界一分子的心态，可谓昭然若揭；或许，他们也没有被视作基督教世界的一部分，因为宗教分裂局面实质上延续了一个半世纪。尽管他们后来放弃了君士坦丁堡，皇帝也于公元 1261 年归位，但直到新的征服者——奥斯曼帝国的土耳其人出现，旧拜占庭领土上的法兰克人才被肃清。虽然拜占庭还要存续两个世纪之久，但这个帝国已成了一具行尸走肉。直接的受益者是威尼斯人和热那亚人，他们吞并了拜占庭的财富和贸易，以此写下自己的历史篇章。

而另一方面，尽管东罗马帝国也许并不会为此产生太多自信或自豪，拜占庭的遗产（或者其中很大的一部分）已经不可磨灭，必将流传后世。它为斯拉夫诸民族播下了正教的种子，影响极为深远，我们
362 至今仍身处其中。如果起初没有被转为基督教国家，俄罗斯和其他现代斯拉夫国家就无法并入欧洲，也不会被视为欧洲的一员。

这一历史进程中仍有许多难以定论的疑团，关于基督时代以前的斯拉夫人，我们的认知中值得商榷之处甚至更多。虽然现代斯拉夫民族的总体框架大致和西欧在同一时间确立，但地理特征使他们的历史显得混乱无章。野蛮人社会在西方定型后，由于游牧族的入侵和毗邻亚洲的位置，斯拉夫人所占据的欧洲区域依然变幻无常。欧洲中部和东南部有大片山地，河流在那里纵横交错，成为易货贸易的通衢。另一方面，现代波兰和俄罗斯的欧洲部分则大多为广袤的平原，虽然曾长期被森林覆盖，但该地区的定居点既无天险保护，也没有无法逾越的屏障阻隔，千百年间，各方势力在这片幅员辽阔的大地上博弈、争利。最后，到 13 世纪初，若干斯拉夫民族在东方崛起，并在未来形成其独有的历史，当时定下的格局一直延续到我们所处的时代。

风格鲜明的斯拉夫文明也逐渐成型，但并没有完全包容所有的斯

拉夫民族；波兰和现代捷克及斯洛伐克两个共和国与西方的文化关联较之东方更为密切。一个个国家在斯拉夫世界中如走马灯般来而又往，但由波兰和俄罗斯民族逐渐发展起来的两个国家特别坚韧顽强，能够经受历史的考验，以成体制的形态生存下来。他们的生存将经受很大的考验，因为斯拉夫世界不时要承受来自东西两方的强大压力——特别是在13世纪和20世纪。西方世界的虎视眈眈是斯拉夫人保持强烈自我归属感的另一原因。

斯拉夫人的历史可以一直追溯到公元前2000年，东喀尔巴阡山脉一带是该族群最早出现的舞台。此后两千年中，他们的足迹朝东西两方缓慢延伸，但向东的势头特别明显，一直进入现代的俄罗斯地区。5至7世纪期间，东西两部的斯拉夫群体都开始往南迁移，进入巴尔干地区。他们的迁移方向也许从侧面反映了阿瓦尔人的强大。自匈奴大潮退去后，这支亚细亚民族沿顿河、第聂伯河和德涅斯特河流域一带展开，宛如一道宏伟的屏障，控制着远至多瑙河的俄罗斯南部大片土地，是拜占庭竭力拉拢的对象。

在其整个历史中，斯拉夫人展现出惊人的生存能力。俄罗斯不断遭到斯基泰和哥特人骚扰，波兰一带则有阿瓦尔人和匈奴的侵袭，可 363
他们依然牢牢守住了自己的家园，还能扩张疆土；可见他们必然是农耕民族，且拥有坚忍不拔的精神。从早期艺术来看，他们愿意吸收其他民族的文化和技术，也向统治民族学习，且最终比后者生存得更久。7世纪，他们和如日中天的伊斯兰势力之间隔着哈札尔和保加利亚这两个民族，该屏障具有重要的意义。这两个强悍的民族还对斯拉夫人逐步迁往巴尔干和爱琴海的南下趋势起到推波助澜的作用。随后，斯拉夫人在亚得里亚海岸纵横驰骋，直抵摩拉维亚、中欧、克罗地亚、斯洛文尼亚和塞尔维亚。到10世纪，斯拉夫人必定在人数上据整个巴尔干地区之首。

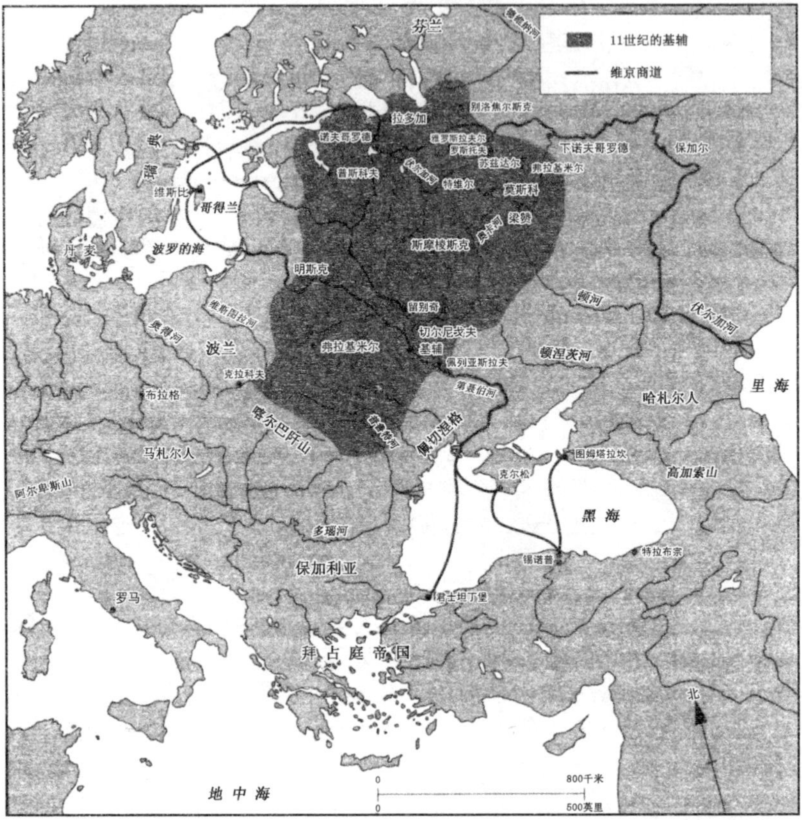

基辅罗斯

这一过程中，保加利亚是最早登上历史舞台的斯拉夫国家，但他们并非斯拉夫民族，而是发源于匈奴人所留下的部落。经过通婚和与斯拉夫人的接触，位于西部的保加利亚人逐渐被斯拉夫化，于7世纪在多瑙河一带建起国家。他们与斯拉夫民族联手，对拜占庭发起一系列大规模袭击；公元559年曾击破君士坦丁堡的周边防御，在城郊扎营。他们和盟友一样属于异教徒。拜占庭利用了保加利亚各部落之间的矛盾，还使其中一名统治者在君士坦丁堡受洗，拜皇帝希拉克略为教父。这名统治者借拜占庭盟友之手将阿瓦尔人赶走，夺回了原先属于保加利亚人的土地。保加利亚人的纯正性逐渐被斯拉夫人的血统和影响所稀释。7世纪末期，当保加利亚人的国家最终出现，我们可以视之为斯拉夫国家。公元716年，拜占庭承认该国独立；长久以来一直毫无争议的帝国领土上，非我族类出现了。虽然两国存在同盟关系，但保加利亚人依旧令拜占庭芒刺在背，也绊住了他们收复西境的脚步。9世纪伊始，保加利亚人在战斗中毙杀一名皇帝（还用其头骨为自己的国王打造了一樽酒杯）；自公元379年以来，还从未有拜占庭皇帝在战场上死于野蛮人之手。

保加利亚人皈依基督教是一个转折点——但非冲突的终结。有一小段时期，他们与罗马教廷虚与委蛇，试图利用教廷对抗君士坦丁堡；此后，另一名保加利亚国王在公元865年受洗，遭到了臣民的反对，但从此以后，保加利亚就是基督教国家的一员了。无论拜占庭政治家希望借此获得什么样的外交成果，施洗都远远不能解决保加利亚所带来的难题。尽管如此，保加利亚的皈依仍然意义重大，是斯拉夫民族基督化这一伟大进程中的里程碑。此事件也昭示了该进程实现的方式：自上而下通过统治者的皈依完成。

基督化进程的成败与否至关重大，决定了未来斯拉夫文明的本质。两名伟人在该文明成型初期发挥了主导作用，即圣西里尔（St. Cyril）和圣美多迪乌斯（St. Methodius）兄弟，他们至今仍受到正教群体的敬仰。西里尔曾随使节团出访哈札尔人并从事布道，要评价他们的工作必须考虑到当时拜占庭外交观念的大背景：正教传教士与拜占庭外交使节的身份总是有所重叠，这些教士身份的具体定位也很难明辨。但他们作出的贡献远甚于让一个危险的邻居改信基督教。西里尔发明的西里尔字母令其大名流传至今。该字母在斯拉夫民族中迅速传播，很快抵达俄罗斯，使基督教的扩张和斯拉夫文化的明确表述成为可能。由于拜占庭不是唯一的近邻，斯拉夫文化也对其他影响因素敞开大门，但影响最深刻的到头来还是东方正教。

365 从拜占庭的视角来看，此后还有一次意义更重大的皈依，不过要等一个多世纪才发生。公元860年，一支由200艘舰只组成的远征军突袭拜占庭。市民惊恐万状，聚集在圣索菲亚大教堂，一边颤抖，一边聆听牧首的祷告："一支异民族自北方掩杀而来……其心凶残不知怜悯，其声咆哮犹如惊涛……野蛮残暴的部落……毁灭一切，寸草不留。"这就好似西方教士祈求神佑，保护他们免受象征厄运的维京海盗船的荼害；这种相似性不难理解，因为这批入侵者跟维京人没有本质区别。拜占庭人把他们称作罗斯人（Rus/Rhos），这次袭击是俄罗斯军事力量的初次登场，与以后的规模相比，只能算是微不足道。

当时，这支舰队背后几乎没有任何可以称作国家的东西，俄罗斯依然没有脱离襁褓。其发端融合了多种元素，斯拉夫民族的贡献是其中的基础。数百年间，在各条汇入黑海的河流所构成的上游流域，东斯拉夫人的足迹遍布四处。这可能与他们原始的农耕方式有关，他们以砍伐焚烧来获取耕地，过两三年就会耗尽土壤的肥力，然后迁至别处。到了8世纪，这批东斯拉夫人应该已有不少的数量，因为有迹象表明，基辅附近的丘陵上存在相对稠密的居住地，也许可以称作城镇。他们以部落方式群居，经济和社会结构依然存疑，但这就是未来俄罗斯的雏形。其本地统治者的人选不为我们所知，但他们似乎用栅栏环成定居点的防线，并以此形成最早的城镇，从周边村落索取贡品。

此后，北日耳曼人（Norsemen）君临此地，成为斯拉夫部落的主人，或将他们作为奴隶贩卖到南方。这些斯堪的纳维亚人对土地极为渴求，在此激励下染指各种营生，包括贸易、海盗和殖民。他们带来了价值连城的商业技巧、了不起的航海术和战力可畏的海盗船队的管理方法，但似乎没带女性。与亨伯河（Humber）及塞纳河上的维京表亲类似，他们也利用河流深入腹地予取予求，而俄罗斯的河流更长也更深。有些人走得更远；据我们所知，公元846年的巴格达出现了一些被称作“瓦朗吉亚人”（Varangians）的北欧民族，他们在黑海四处出击，其中就有公元860年袭击君士坦丁堡的那次。他们必须在东部与哈札尔人对抗，也许起初将基辅设为根据地，这是向哈札尔纳贡的属地之一。但俄罗斯的传统历史始于诺夫哥罗德（Novgorod）据点的建立；在北欧传说中，该城称为霍姆格德（Holmgardr）。据说，公元860年，留里克（Rurik）国王与其兄弟在此立国。9世纪末，另一名瓦朗吉亚国王夺取基辅，将新王国的首都迁至此城。

新势力的出现使拜占庭感到惊惶，但也促使帝国展开行动。他 366
们以典型的拜占庭方式应对这一新的外交问题，从意识形态的角度作出对策，试图让部分罗斯人改信基督教。有一名公王也许还服从了。但瓦朗吉亚人依旧保留着北欧异教信仰——他们的神祇是托尔和奥丁；同时，其斯拉夫臣民也有自己信奉的神灵，可能有非常古老的印欧起源。不管怎么样，这些神总是随时光的流逝逐渐混为一谈，最后不分彼此。而瓦朗吉亚人和斯拉夫人的融合也在不断深化。很快，他们又与拜占庭进入敌对状态。10世纪早期的大公奥列格（Oleg）趁拜占庭舰队离开之际，再次攻打君士坦丁堡。据传说，他将己方的船只搁浅并装上轮子，以绕过被堵死的金角湾（Golden Horn）入口。不管用什么方式，他成功地在公元911年迫使拜占庭签订城下之盟，使罗斯人获得非同一般的贸易特权，这也表明贸易对这个新公国的巨大意义。传奇之王留里克之后，经半个世纪左右，一个沿河而生、类似于联邦的国家已然成型，以基辅为中心，将波罗的海和黑海连接起来。该国本属于异教，但因为易于同拜占庭往来，后者便成了年轻公国的文明和宗教之源，使这个起初在公元

945 年被称作罗斯的民族随着文明和基督教的降临而归化。当时，他们的联邦依然非常松散，因为维京人采纳斯拉夫民族的习规对遗产进行分割，使本就不甚严谨的体制进一步松动。统治罗斯的大公头衔往往在各个中心城市间易手，其中以基辅和诺夫哥罗德两城为主，但基辅家族仍是其中最重要的一支。

10 世纪上半叶，拜占庭和基辅罗斯的关系逐渐走向成熟。在政治和贸易层面以下，国家的定位正发生根本性的转变；基辅与斯堪的纳维亚渐行渐远，而对南方投以越来越多的关注。瓦朗吉亚人的压力看来已经式微，这和西方的北日耳曼人取得的成功似乎不无关系；其中一名统治者罗洛（Rollo）在公元 911 年争得一片土地①，即后来的诺曼底公国。但还要过很久，基辅和拜占庭才会结成更紧密的关系。拜占庭外交的谨慎态度是障碍之一；就像 10 世纪早期以浑水摸鱼的心态和佩切涅格人的蛮荒部落谈判时所抱有的谨慎那样，他们一边骚扰着罗斯人的领土，一边处心积虑地安抚他们。佩切涅格人已将马札尔部落赶到西边，这些部落原本是罗斯和哈札尔汗国之间的缓冲，所以产生更多麻烦是可以想见的。瓦朗吉亚人的骚扰也没有终止，但罗斯舰队在公元 941 年被“希腊火”击退，可以算作一个不大不小的转
367 折点。随后签署的条约显著削减了他们在 30 年前获得的贸易特权。不过双方的利益一致性也更为明显，哈札尔衰落后，拜占庭意识到基辅可以成为有价值的盟友，共同对抗保加利亚人。双方接触往来的迹象开始增多；瓦朗吉亚人出现在君士坦丁堡的禁卫军中，罗斯商人去那里的次数也更加频繁。因而，其中一部人受洗是可以想见的结果。

虽然基督教会时不时地鄙视商人，却常常跟随他们的脚步。基辅

① 是指他与法国国王“傻子”查理三世签订的《埃普特河畔圣克莱尔条约》。条约规定将纽斯特里亚的部分地区划给他；作为条件，他同意终止海盗活动。——译者注

在公元 882 年就已有一座教堂，可能是外国商人所建，但此后似乎没有进一步的动作。直到下个世纪中叶，俄罗斯才出现基督教存在的明证。公元 945 年，基辅大公的寡妇成为摄政，为继承人的儿子代理朝政。此人就是斯维亚托斯拉夫（Sviatoslav）之母奥尔加（Olga），她的儿子是第一个带斯拉夫而非斯堪的纳维亚名讳的基辅大公。公元 957 年，奥尔加在一个合适的时机前往君士坦丁堡进行国事访问。她之前也许已经秘密地受洗为基督徒，不过她是在此次出访的过程中公开正式受洗；皇帝亲自出席了位于圣索菲亚大教堂的受洗仪式。由于其中暗含外交意图，要洞察这一事件并不简单。毕竟，奥尔加也曾派使节拜访西方的一名主教，意图了解罗马教廷能开出什么样的价码。此外，受洗也没有带来立竿见影的实际效果。统治期为公元 962 至 972 年的斯维亚托斯拉夫后来成长为一名尚武的异教国王，与当时其他维京军事贵族没有太大差别；他是北日耳曼神祇的坚定信徒，成功洗劫哈札尔人的土地无疑令他的信仰更为坚定。不过，他与保加利亚人对抗的战绩相形逊色，最后死于佩切涅格人之手。

历史走到了关键时刻。罗斯公国依旧存在，但还是维京人的地盘，被基督教东西两派夹在中间。在这段关键时期，伊斯兰势力的西进脚步被哈札尔人所阻挡，但罗斯国可能已在逐步转向拉丁化的西方。波兰的斯拉夫人已经皈依罗马天主教，日耳曼主教区向东推进至波罗的海沿岸和波希米亚。两大基督教阵营的隔阂乃至敌对已成事实，罗斯则是一份巨大的战利品，将被某个阵营收入囊中。

公元 980 年，经过一系列宫廷斗争，弗拉基米尔（Vladimir）笑到最后，罗斯在他手中成为基督教国家。他可能从小受基督徒式的养育，但起初执拗地坚持异教信仰，并成为维京统帅。而后，他开始对其他宗教感兴趣，传说曾让各类宗教人士在他面前辩论短长；俄罗斯人对一宗他的轶闻津津乐道，称他拒绝伊斯兰教的理由是禁止饮酒。

他派出一队使节前去造访各地的基督教会。据使节团报告，保加利亚
368 教堂有股子异味，日耳曼教堂平平无奇，但君士坦丁堡使他们一见倾心。他们的话语经常被后世引用："吾等不知身处天堂抑或凡间，盖因凡间断无如此良辰美景，令吾等无言以表；唯知上帝与凡人同居于此。"于是弗拉基米尔就此定夺。大约在公元 986 至 988 年，他接纳正教，使其成为自己和臣民的信仰。

这是俄罗斯历史和文化的转折点，自那时以来的正教神父们也一直有同样的认识。大约半个世纪之后，某教士如此颂扬弗拉基米尔："于是，偶像崇拜的黑暗开始退却，正教的曙光初升。"不过，无论弗拉基米尔为臣民施洗的热情有多高（必要时还采取强迫手段），影响他的因素却不止宗教热情，也有外交考虑成分。弗拉基米尔过去一直为皇帝提供军事支持，现在还新纳一名拜占庭王女为妻，基辅大公的地位从未得到过如此高规格的认可。皇帝愿意让妹妹出嫁，是因为拜占庭需要罗斯盟友一同对抗保加利亚。当婚约出现波折时，弗拉基米尔占领帝国领地克里米亚，向拜占庭施压，于是婚礼完成。基辅也配得上成为拜占庭的联姻对象，不过弗拉基米尔这一选择的决定性意义远远超过外交本身。200 年后，其同胞承认了这一点，将弗拉基米尔封为圣徒。单单他作出的这一个抉择，对俄罗斯未来的影响比任何人的其他任何抉择都更大。

10 世纪的基辅罗斯文化可能在很多方面都比西欧更丰富。其城镇是重要的贸易中心，货物经此渠道通往近东；俄罗斯皮草和蜂蜡在那里可以卖出好价钱。这一重商主义反映出另一种差异：在西欧，封闭的、自给自足的采邑经济体制正承受着古典经济体系崩溃的重负。另外，如果没有西方的采邑制度，也就不会有西方的封建贵族。这样一来，俄罗斯将要耗费比天主教欧洲更长的时间才能形成手握封疆的贵族阶级；俄罗斯贵族会在一段很长的时期内继续担任军事领袖的跟

班和随从。部分俄罗斯贵族反对基督教，异教在北方还存续了几十年。就如保加利亚一样，基辅罗斯皈依基督教是一场政治行动，具有内外两方面的动机和影响。虽然基辅是一个基督教公国的首都，但整个国家尚未完全皈依，该城也算不上是一个基督教国家的中心。大公不得不坚定立场，抵御由贵族和异教组成的保守联盟的反对。在较低的社会阶层、城镇当中，新信仰逐渐生根，这首先要归功于保加利亚教士，他们带来了南斯拉夫教会的礼拜仪式和西里尔字母，使俄语成 369
为一种文学语言。在教会层面，拜占庭具有很强的影响力，基辅大主教通常由君士坦丁堡牧首任命。

一座座宏伟的教堂在基辅落成，使该城扬名；这是建筑史上的伟大时代，其风格表现出希腊化的影响。不幸的是，这些建筑均为木制，所以留存至今者寥寥。但追求艺术至上的盛名反映了基辅的富饶。“智者”雅罗斯拉夫（Yaroslav‘the Wise’）在位时期，对艺术的追求达到极致；一名西方游客认为基辅堪比君士坦丁堡。当时的俄罗斯就和此前几百年来一样，对外部世界的文化敞开大门。这部分体现了雅罗斯拉夫的军事和外交立场。他与罗马有外交使节往来，诺夫哥罗德也接纳来自日耳曼汉萨同盟（German Hanse）的商人。他本人娶了一名瑞典王女，将家族的女眷许配给波兰、法国和挪威的国王。一名落难的盎格鲁—撒克逊王族曾在他宫中避难。自他以后，基辅再没有同西方宫廷形成如此紧密的联系。文化方面，拜占庭在斯拉夫土壤里播下的种子也结出了第一批果实。教育基础和法律体系的创建反映了这些成果。最早的俄罗斯文学巨著之一《往年纪事》也诞生于这段统治期，从政治角度解读了俄罗斯的历史。和许多其他基督教早期的历史著述一样，该书试图以基督教和历史的视角对基督教列王所完成的事迹加以评判；此书中，这些事迹就是俄罗斯以基辅为中心走向统一的过程。书中强调俄罗斯的斯拉夫传统，为俄罗斯历史提供了一份基督教式的叙述。

基辅罗斯的弱点在于一成不变的继承法，几乎注定会在大公死后造成分裂和争斗。虽然 11 世纪的另一名大公得以巩固王权、挡住外敌进犯，但雅罗斯拉夫死后，基辅至高无上的地位还是渐渐消弭。北部公国领主表现出更大的自主权，莫斯科和诺夫哥罗德最终成为其中最重要的两座城市。不过 13 世纪下半叶，弗拉基米尔也形成一个可以和基辅比肩的“大”公国。这一俄罗斯历史重心的转移，可以部分反映来自南方正处于鼎盛时期的佩切涅格人的新威胁。

该变化意义重大。在这些北部公国，可以辨识出俄罗斯政府及社会未来趋势的发端。各王公的封赐使原先统帅型国王身边的追随者和密友慢慢转型为封地贵族。就连定居下来的农民也开始获得所有权和继承权。很多在土地上劳作的人是奴隶，但没有那种构成中世纪西方
370 领土社会形态的金字塔形效忠体系。虽然这些变化在当时的文化下才完全成型，但其大方向在俄罗斯历史的基辅时代就已经确定。

另一个岿然不倒的国家实体是波兰，与俄罗斯大约在同一时期形成明确的国家结构。其起源为一批 10 世纪首次出现于历史记载当中的斯拉夫部落，当时正与西方日耳曼人的压迫作斗争。所以，波兰首位载入史册的统治者梅什科一世（Mieszko Ⅰ）选择基督教的决定性因素很可能是政治原因。与俄罗斯不同的是，他并没有选择东方的正教，而是倒向罗马一边。于是，正如俄罗斯将一直和东方联系在一起，波兰的整个历史都将与西方相联。公元 966 年的皈依为这个新国家开启了一段半个世纪的急速巩固期。梅什科精力充沛的继承人开始创建行政体系，扩张疆土，北抵波罗的海，西吞西里西亚、摩拉维亚和克拉科夫（Cracow）。一名德意志皇帝在公元 1000 年认可他的统治权；公元 1025 年，他加冕为波兰国王鲍莱斯瓦夫一世（Boleslav Ⅰ）。政治阻力和异教反对使他的很多成果流于无形，未来也经历过挣扎的

时刻，但波兰从此成为历史中真实的存在。此外，波兰历史的三大主旋律也已经登场：反抗西方德国的蚕食，与罗马教廷保持利益一致，贵族对抗王室的派性和独立性。前两个主题包含波兰的大量血泪史，令波兰被来自各个方向的力量所撕扯。作为斯拉夫民族，波兰人守护着斯拉夫世界的缓冲地带，筑成抵挡条顿移民潮的防波堤。作为天主教徒，他们又是西方文明与东方正教对峙的前哨站。

在这些混乱的世纪中，斯拉夫民族的其他分支也曾推进到亚得里亚海沿岸，并进入中欧。其中涌现出了其他有着伟大未来的国家。波希米亚和摩拉维亚的斯拉夫人在9世纪被西里尔和美多迪乌斯劝服并归入正教，但后来又被德意志人改归拉丁基督教。信仰冲突在克罗地亚和塞尔维亚也有重要意义，另一个脱离东斯拉夫群体的分支在此定居并建立国家，首先是阿瓦尔人，然后是日耳曼人和马札尔人，他们自9世纪开始的入侵活动尤为重要，令中欧正教失去了拜占庭的支持。

因此，12世纪初的欧洲有一个斯拉夫世界。由于宗教、在彼此分隔的区域定居，这个世界确实四分五裂。从南俄罗斯翻越喀尔巴阡山来到此地定居的马札尔人则完全不属于斯拉夫民族。整片斯拉夫地区处于西方不断加大的压力之下，政治因素、十字军的狂热和敛地的 371
渴望，都让这片东方世界对日耳曼人产生不可抑制的诱惑力。最强大的斯拉夫势力是基辅罗斯，但未能发展出全部的潜力；该国自11世纪起被政治分裂拖了后腿，下一个世纪又苦于库曼人的骚扰。到公元1200年，基辅罗斯已失去对黑海上游流域的控制，退向北地，成为莫斯科大公国。一段艰难的时光即将到来。各种灾难如飓风般落在欧洲的斯拉夫民族头顶，也令拜占庭遭殃。公元1204年，十字军攻陷君士坦丁堡，维系正教的世界强权就此陨落。但这还不是苦难的尽头，36年后，基督教城市基辅落入可怕的游牧民族之手，他们就是蒙古人。

第 4 章 逐鹿近东

372 对于近东一带悄悄扩张的嗜血民族来说，拜占庭不是唯一的诱惑；实际上，在这些民族的虎视眈眈之下，老对头阿拔斯王朝灭亡得更早。阿拉伯帝国一泻千里、分崩离析，从 10 世纪开始，我们将踏入一段混沌的时代。对于当时发生的事件，任何简短的概述都是徒劳无果的尝试；任何可能形成持续发展的苗头——例如商业繁荣、在统治阶级和军事等级体制之外的富裕阶级的兴起——似乎都只是昙花一现。政府对收益的贪婪和恣意妄为也许能作为基本的解释，但纵使一波波统治者和入侵者来而又往，也没有什么能动摇伊斯兰社会的根基。有史以来第一次，从黎凡特到兴都库什山脉的整片地区完全被一种宗教占据，而且此状况将长期持续。在那片区域中，罗马基督教传统作为一种主要文化推动力的地位只保持到 11 世纪，而且被托罗斯山脉阻断，影响力局限于小亚细亚以内。此后，近东的基督教开始衰亡，成为仅靠伊斯兰教的容忍才能存续的区区社群。

伊斯兰社会和文化机制的稳定及根深蒂固具有极为重要的意义。当伊斯兰世界进入衰亡期，哈里发不复原本至高无上的地位，一个个自行其政的半自治型国家涌现，而社会和文化的稳定性远远压倒了这些国家的缺陷——主要是政治和行政方面的缺陷。关于这些国家我们无需赘言，虽然阿拉伯文化学者会感兴趣，但本文提及它们只为提供便于定位的标示，而非介绍其本身。其中最重要和强大的国家由法蒂玛王朝统治，控制着埃及、叙利亚和黎凡特的绝大部分地区以及红海沿岸。这片领土包括麦加和麦地那的圣地，因此该王朝控制着利润丰厚、事关重大的朝圣贸易。在安纳托利亚和叙利亚北部边界有另一王朝哈姆丹(Hamdanid)，处于法蒂玛和拜占庭帝国之间。同时，哈里发帝国的心脏地带，即伊拉克、伊朗西部和阿塞拜疆，则由白益王朝统治。最后，东北省份呼罗珊、锡斯坦（Sijistan）① 和河间地带（Transoxiana）② 已落 373
入萨曼（Samanids）王朝的掌控。仅列出这四个势力远远无法详尽表述10世纪阿拉伯世界动荡不安的复杂局势，但可以提供当前行文所需的一切背景，以铺陈两个新帝国在伊斯兰世界崛起的进程：其一以安纳托利亚为依托，另一个位于波斯。

这一进程的脉络可以从前文已经介绍过的中亚民族——突厥——身上找到。萨珊王朝在末期为一部分突厥人提供了家园，以回报他们给予的协助。那些岁月中，突厥“帝国”——如果以此形容他们的部落联邦也未尝不可——横贯亚细亚，这是他们的第一个伟大时代。事实很快证明，这段盛世与其他游牧民族的辉煌一样转瞬即逝。突厥处于内部部落对立和中国实力复兴的内忧外患之下，就是这样一个一盘散沙的民族，遭遇了所向披靡的阿拉伯铁蹄。公元667年，阿拉伯人入侵河间地带；下个世纪，他们最终撼动了突厥帝国在西亚所余下的基业。直到8世纪，阿拉伯人才被突厥民族的另一分支哈札尔人所阻止。但此前，东突厥联盟已经分崩离析。

尽管最终崩溃，突厥人取得的成就依然有非常重大的意义。这是游牧民族首次形成横贯亚洲、类似于国家政体的组织，并持续了一个多世纪。当时的四大文明古国——中国、印度、拜占庭和波斯，都感到与突厥可汗建立往来的迫切性，这些接触使突厥人受教良多。他们从中习得不少东西，其中就有文字书写的造诣；现存最早的突厥镌文

---

① 今伊朗东部和阿富汗西南部的边境地带。——译者注

② 阿姆河以东、锡尔河以西，大致相当于今乌兹别克斯坦另加土库曼和哈萨克的一部分。——译者注

属于 8 世纪早期。尽管如此，突厥历史中有不少长期的断层，我们必须依赖其他民族的记载和档案才能了解；因为似乎没有早于 15 世纪的突厥权威史料，考古资料也零散不全。

这一史料上的欠缺，加之突厥部落的分散状态，令其 10 世纪前的历史难以辨明。随后，中国唐朝走向灭亡，这一至关重要的事件给已经中国化的东方突厥人带来重大的机会。伊斯兰世界在这一刻也显出大量衰退的迹象，某个继承阿拔斯王朝衣钵的国家崛起就是迹象之一。突厥奴隶，又称“马穆鲁克”（Mameluke）[1]，长久以来一直在哈里发的军中服役；如今，他们被企图填补自身实力真空的各王朝征为雇佣兵。但突厥人本身也在 10 世纪又一次踏上迁移之路。期间，一个新王朝恢复了中国的实力和统一；这可能是决定性的推动力，让中亚各民族争先恐后地调转方向，再一次朝着遥远的他乡进发。无论是
374 何缘由，有一支称作乌古思（Oghuz）的突厥人，随着篷车队一同进入古代哈里发王朝在东北部的旧领地，并在那里建立起自己的国家。其中有一氏族名曰塞尔柱（Seljuk），他们已属于穆斯林，因此十分醒目。公元 960 年，当他们还位于河间地带时，就已经在萨曼传教士孜孜不倦的布道下皈依。

有很多新突厥政权的领导人过去是阿拉伯波斯帝国的奴隶士兵；迦瑟尼（Ghaznavids）王朝就是其中之一，曾一度控制直达印度的巨大区域（这也是阿拔斯王朝后首个推选将领为苏丹——即国家首脑——的政体）。但新的游牧族入侵者出现后，他们也遭到驱逐。抵达该地的乌古思人为数众多，足以令伊朗的民族构成和经济发生重大转变。他们的到来还以另一种方式带来了比以往都更为深刻的变化，

① 最早出现于 9 世纪，发起人是阿拔斯王朝的哈里发穆阿台绥姆（al-mutasim），他用掠夺或购买来的奴隶组成穆斯林军队的主干。——译者注

开启了伊斯兰历史中的一个新阶段。由于萨曼人的作为，部分乌古思突厥已是穆斯林，对该地的所见所闻怀有敬意。此后，阿拉伯和波斯的重要学术著作开始被翻译成突厥文，使突厥人前所未有地接触到阿拉伯的文明成果。

11 世纪早期，塞尔柱人也抵达乌浒河的对岸。这一动向将导致第二突厥帝国的诞生，一直延续到公元 1194 年；在安纳托利亚则持续到公元 1243 年。赶走伊朗东部的迦瑟尼王朝后，塞尔柱人把矛头指向白益王朝，攻占伊拉克，从而成为历史上首批打到伊朗高原另一侧的中亚征服者。也许因为他们是逊尼派，而白益王朝信奉什叶派的缘故，该王朝的很多旧臣民似乎很快就对他们报以欢迎。不过，他们此后创下的成就要伟大得多。征服叙利亚和巴勒斯坦后，他们入侵小亚细亚，在公元 1071 年的曼齐克尔特使拜占庭遭受历史上最为惨重的失败之一。塞尔柱人自认为继承了古代罗马帝国的领土，所以给他们在那里设立的苏丹王朝起了鲁姆这一响当当的名称。伊斯兰人在古罗马帝国腹地立足的状况引发了西方十字军东征的狂热，也为突厥人定居小亚细亚开启了大门。

所以，在很多方面，塞尔柱人扮演了极为突出的历史角色。他们不仅开启了小亚细亚从基督教转信伊斯兰教的过程，而且还招来十字军的东征，长期承受着抵御东征的重负，这令他们在其他战线上损失惨重。到 12 世纪中期，伊朗地区的塞尔柱势力已开始削弱。尽管如此，塞尔柱帝国仍延续了足够长的时间，伊斯兰整片核心地带得以凝聚出一种共有的文化和体制；而这一次，突厥人也包括在这种文化和体制之内。

塞尔柱帝国能够延续这么长的时间，其统治方式的创新不无裨 375
益，但更重要的原因是认识到社会层面（在伊斯兰世界就相当于宗教层面）的现实。塞尔柱体制结构的根本是朝贡关系，而非行政活动。

他们的国家是某种部落和地方邦联，对长期压力的承受力不比以往的朝代更强。帝国中枢就是军队和维持军队的能力；地方统治官是伊斯兰宗教领袖和导师，这些要人称作乌里玛（*ulema*）[①]，他们使地方权威和社会习俗得以巩固，在哈里发的中央政权垮台后依然能够延续，并将整个中东地区的伊斯兰社会结合在一起。直到 20 世纪国家主义思想出现之前，乌里玛一直掌管着地方事务。乌里玛内部虽然有各种学派分歧，但给地方层级带来了共有的文化和社会体系；不管顶层政体如何更替，哪怕还具有异族起源，也总能得到民众的效忠。该体系提供了能保证当地人满意的政治家，通过他们的支持，新政体得以坐稳江山。

这构成了伊斯兰社会和基督教社会之间最醒目的差异。宗教精英分子是乌里玛的关键组成部分，他们将以宗教为基础的地方社群组织起来，从而无需西方概念中的官僚体系。在哈里发的权力日趋衰亡的年代，在政治上缺乏统一的伊斯兰世界，是这些精英保障了社会的团结。塞尔柱模式扩散到阿拉伯世界，并被后续的帝国所沿用。对奴隶的利用是阿拉伯世界的另一种基本运作机制，有少数奴隶担当行政官，但大部分在军中服役。虽然塞尔柱帝国也向一些军事支持者封赐大片采邑，但给军队带来真正实力的是奴隶——往往是突厥人，而军队是其政体的倚靠。最后，在可以依靠地方王公贵族的情况下，帝国也依靠这些波斯或阿拉伯的门阀来维持统治。

塞尔柱帝国在衰亡阶段暴露出体制上的弱点。该帝国严重依赖那些得到部落忠心支持的有能之士。然而突厥人立足未稳，臣民又以成败论英雄，失败者将失去他们的忠诚心。当第一波进入安纳托利亚的穆斯林移民潮尘埃落定，那片区域的突厥人依然未能扎根，穆斯林城

---

① 教内的博学之士，广义上指一切有学识的穆斯林。——译者注

镇被语言不通的乡野所包围；当地的语言尚未如更南面那样实现阿拉伯化，希腊文明对这片区域的覆盖也进展得非常缓慢。再往东，穆斯林将失去他们的第一片土地，被 12 世纪的异教徒夺走；塞尔柱人的河间地带也被一名游牧族统治者攻占（根据西方脍炙人口的传说，他是祭司王约翰［Prester John］，一名基督教国王，自中亚发兵呼应十字军的东征时攻克该地）。

十字军运动的部分起因是塞尔柱势力的崛起。也许是皈依伊斯兰教较晚的缘故，突厥人没有阿拉伯人的容忍心，开始招惹前往圣地朝圣的基督徒。导致十字军东征的其他原因更属于欧洲史而非伊斯兰史的范畴，可在别的章节讲述；但到公元 1100 年，尽管法兰克人的威胁尚不严重，伊斯兰世界已然觉得处于只能招架的境地。而且，西方人重夺西班牙的战役已经打响，阿拉伯人业已丢失西西里岛。第一次十字军东征（1096—1099）正值穆斯林内部分裂的大好时机，入侵者得以在黎凡特建立 4 个拉丁化国家：耶路撒冷王国及埃德萨（Edessa）、安条克公国和的黎波里 3 片采邑。它们的未来并不长久，但在 12 世纪早期，其存在就是伊斯兰人的心腹大患。十字军的成功激起了穆斯林的反弹，一名塞尔柱将领攻占摩苏尔（Mosul），以此城为中心在美索不达米亚北部和叙利亚建立起一个新的国家。他于公元 1144 年重夺埃德萨；他的儿子觉察到基督徒粗暴对待当地穆斯林、导致人心背离的状况，认为可以加以利用。公元 1171 年在埃及夺权、宣告法蒂玛王朝灭亡的萨拉丁，则是这位国王的侄子。 376

萨拉丁是库尔德人。他重夺黎凡特，被穆斯林世界奉为英雄。即便缺乏浪漫情怀、好追根究底的学者孜孜不倦地揭露这位萨拉森（Saracen）[①] 骑士完美形象背后的真实，他也一直是后世津津乐道的

① 中世纪基督教用于指所有信奉伊斯兰教的民族。——译者注

对象。他令当时的基督教思想界痴迷不已，这份充满矛盾的感情必然具有切实的教化之力。他是异教徒这一点无可争议，但据说是个言出必践、处事公正的好国王，颇具骑士风度，却身处于不知骑士思想为何物的世界（一些法国人对此极为困惑，甚至不得不相信实际上曾有一名基督教俘虏为他行骑士礼，他临死前还为自己施洗）。让我们暂且回到较为平淡的历史话题，重夺耶路撒冷（公元 1187 年）是萨拉丁创下的第一份伟业，这引来了新一轮的十字军东征（第三次，1189—1192）。此次东征在他面前一无所获，徒然激化了穆斯林的怒火，开始对基督教表现出前所未有的憎恨和意识形态敌意。基督徒迫害运动随之而来，穆斯林土地上原本庞大的基督教人口开始缓慢但不可逆转的凋零。

萨拉丁建立了阿尤布（Ayyubid）[①] 苏丹王朝，统治着黎凡特（在十字军的势力圈之外）、埃及和红海沿岸。该王朝一直持续到被其禁卫军——突厥奴隶马穆鲁克——出身的统治者取代为止。这些奴隶出身的统治者毁灭了十字军征服者在巴勒斯坦的残余。此后，
377 哈里发政权在开罗（该城被赐予阿拔斯王室的一名成员）恢复统治，但其重要性不能与十字军王国的灭亡相提并论。尽管如此，哈里发政权的复兴还是明确了一点，只要伊斯兰文明占有实力优势和文化焦点的地位，埃及就也能显现出强盛和文明的光景。但收复巴格达始终未能实现。

当时，马穆鲁克还创下了另一桩伟大的成就。他们最终阻止了一波威胁远远超过法兰克人、肆虐了半个多世纪的征服浪潮，那就是大杀四方的蒙古人；编年记载和版图划分的研究手段在其历史面前都无能为力。这支游牧民族以惊人的速度席卷中国、印度、近东和欧洲，

---

① 原文 Abbuyid，误。——译者注

在身后留下不可磨灭的印记。然而，除了统帅扎营用的毛毡帐篷以外，其历史没有任何实物可供凭吊；他们如飓风般扫荡了五六个文明，带来死亡和破坏（只有 20 世纪才发生过规模能与之比拟的劫难），然后消失无踪，几乎和出现时一样突然。他们理应被单独视为最后也最恐怖的游牧族征服者。

要追溯蒙古人的起源，从 12 世纪开始说起就足矣。有一批使用蒙古语系的民族，长久以来都是中国朝廷关注的对象，并在中国周边
一带定居。中国往往会利用蒙古各族矛盾，以保障自身安全。他们是 378
野蛮人，但与已经跨过野蛮阶段的其他民族相比，文明程度的差异并不太大。其中有两个部落，一为鞑靼，另一个是蒙古的前身，他们相互竞争，鞑靼人整体占有上风。在鞑靼的逼迫下，有个年轻的蒙古人产生了极端的恨意和野心。其出生年份尚无定论，不过 12 世纪最后十年间他已成为该部落的可汗。数年后，他一统所有蒙古部落，获得成吉思汗（Chinghis Khan）这一尊贵的称号。由于阿拉伯人的误读，欧洲人称他为“Genghis Khan”。他征服了中亚的其他民族，公元 1215 年又于中国北部击败（尽管未能推翻）金朝。这仅仅是其军事征途的开始。公元 1227 年去世时，他已成为全世界有史以来最伟大的征服者。

他与以前所有的游牧军事统帅都不太一样。成吉思汗发自内心地相信，征服世界是他的使命。他的目标是征服，而非战利品或定居地；而对所征服的一切，他常常立即着手以系统化的手段进行安置。以这一方式所建立的体制，比大部分游牧族政体都配得上“帝国”之名。他相信鬼神，对不同于自身宗教信仰的其他宗教持宽容态度。据一名波斯历史学者所言，他“对于每个部落中受到爱戴和敬仰的贤达修士秉持敬意，认为这么做可以取悦天神”。实际上，他似乎认定自己就肩负着上天的使命。这种宗教折衷主义具有首当其冲的重要意

义；此外同样重要的是，与抵达近东时的塞尔柱人不同，他和他的追随者（除了一些加入该阵营的突厥人）都不是穆斯林。这不仅对基督徒和佛教徒意义重大（蒙古人当中既有景教徒也有佛教徒），而且还意味着蒙古的宗教与近东地区的主流格格不入。

公元 1218 年，成吉思汗剑指西方，从河间地带和伊朗北部开始，蒙古人入侵的时代来临了。他从不因一时兴起而采取无谋或欠缺考虑的行动，但其攻势很可能是因某个穆斯林国王的愚蠢行为所招致——他杀掉了成吉思汗派出的使节。自那以后，成吉思汗一路直捣波斯，所到之处生灵涂炭；接着挥师北上，打通高加索，进军俄罗斯南部，然后收兵回师，绕着里海扫荡了整整一圈。

这一切在公元 1223 年就完成了。他在攻陷布哈拉和撒马尔罕后放手屠城，以恐吓有心抵抗的其他民族（与蒙古人作战，投降一直是最安全的选择。此次屠杀后，若干降伏的少数民族所遭受的不幸不过
379 是纳贡和接受一名蒙古执政官的统治而已）。河间地带再也未能恢复它在伊朗的伊斯兰世界中的本来地位。公元 1221 年，格鲁吉亚人败于蒙古人之手。两年后，南俄罗斯的几名王公也步其后尘，令基督教文明领教了蒙古人高超的军事技能。而与之后的事件相比，这些危机也只能算是序曲。

成吉思汗死于公元 1227 年，当时身处东方。但其子窝阔台继承其位，在征服中国北部后又重返西方。公元 1236 年，他的大军如潮水般涌入俄罗斯，攻占基辅，并定居伏尔加河下游，在那里设置了一套朝贡制度，将那些尚未征服的俄罗斯公国也纳入帐下。同时，他还对天主教欧洲发动袭扰。条顿骑士、波兰人和匈牙利人都倒在其面前。克拉科夫被付之一炬，摩拉维亚成为焦土。有一支蒙古非主力部队插入奥地利；同时还有一路兵马追击匈牙利国王，穿过克罗地亚，最终抵达阿尔巴尼亚才被召回。

因为内部领导人分歧，又传来可汗去世的消息，蒙古人离开了欧洲。新任可汗[1]直到公元 1246 年才选出。一名方济各会修士作为教皇的使节参加了登基仪式；此外还有一名俄罗斯大公、一名塞尔柱苏丹[2]、埃及阿尤布苏丹[3]的弟弟、阿拔斯哈里发[4]的一名使节、亚美尼亚国王的代表和格鲁吉亚基督教王国王位的两名候选人出席。选出新可汗没能解决蒙古人内部分裂的问题，直到贵由的去世结束了其短暂的统治，下一任大汗[5]当选，蒙古人方才整顿好再次出兵的条件。

这一次的攻势几乎全都指向伊斯兰世界，令基督徒产生毫无根据的乐观情绪。他们还注意到，景教对蒙古金帐的影响力有所提升。这片地区名义上仍属于哈里发，在成吉思汗的铁蹄过后一直处于无序状态。鲁姆帝国的塞尔柱人于公元 1243 年败北，无力确立权威。在这片真空地带，规模相对较小的地方蒙古武装就足以应付；大量当地统治者中，有不少成为蒙古帝国的附庸，也是蒙古人征伐的主要依靠。

大汗的弟弟[6]受命指挥这一战役。公元 1256 年元旦，他发兵穿过乌浒河，在顺路消灭恶名远扬的阿萨辛派后挥师巴格达，向哈里发下了招降书。该城遭到猛攻后沦陷，末代阿拔斯哈里发被杀；据说他是被毯子裹起后纵马践踏致死的，因为按当时的迷信思想，让君王的血接触地面是对大地的不敬。这是伊斯兰历史上的黑暗时刻，而基督
徒则为之精神一振，期待穆斯林主子被推翻的时刻到来。次年，蒙古 380
人朝叙利亚发起攻势，大马士革降服，城中的穆斯林被迫在街上向十

---

① 贵由，公元 1246 至 1248 年在位的蒙古大汗。——译者注

② 当年刚刚去世的凯霍斯鲁二世（Kaykhusraw Ⅱ）7 岁的幼子阿拉丁·凯库巴德（'Ala al-Din Kayqubadh）。——译者注

③ 萨利赫·阿尤布（As-Salih Ayyub），其弟弟是阿勒迪二世（Al-Adil Ⅱ）。——译者注

④ 穆斯台耳绥木（al-Musta'sim）。——译者注

⑤ 蒙哥，公元 1251 至 1259 年在位。——译者注

⑥ 旭烈兀，公元 1217 至 1265 年。——译者注

字架俯首，一座清真寺被改建成基督教堂。当大汗去世时，埃及的马穆鲁克正是他要征服的下一个目标。西方的蒙古统帅支持蒙哥的弟弟、当时远在中国的忽必烈继位，但他要为其他事情操心，遂将大部分人马撤回阿塞拜疆以待时机。所以，公元 1260 年 9 月 3 日，当马穆鲁克人攻向拿撒勒附近的歌利亚之泉（Goliath Spring），他们所遭遇的是一支已经被削弱的军队。蒙古将领被杀，蒙古人不可战胜的神话破灭，这是世界历史中的一个转折点。① 蒙古的征服时代告终，从此进入巩固政权的新阶段。

成吉思汗的帝国不复统一。内战后，继承权被 3 名王子划分，名义上的最高统治者是成吉思汗的孙子、中国大汗忽必烈，他也是最后一名大汗。俄罗斯汗国一分为三：从多瑙河到高加索属于金帐汗国，其东北部是昔班尼（Cheibanid）汗国（以首任可汗之名命名），南部有白帐汗国。波斯汗国包括小亚细亚大半，其领土横跨伊拉克和伊朗，直抵乌浒河。更远处还有突厥斯坦汗国。这些国家之间的纷争令马穆鲁克人可以随意扫荡十字军的飞地，报复那些曾与蒙古人合作、自毁名节的基督徒。

回顾历史，要理解蒙古人为何能获得如此长久的成功依然殊为不易。在西方，没有一个强敌——就像曾经的波斯或东罗马帝国——与他们对抗；但在东方，败给他们的中国王朝却是不折不扣的大帝国。他们的敌人彼此不和，这也是有利的因素。基督教统治者想利用蒙古大军对付穆斯林，甚至其他基督教势力，结果玩火自焚；同时，基督教文明和中国联手对抗蒙古又毫无可能，因为蒙古人控制着双方沟通的渠道。除了与伊斯兰教不共戴天，他们一直容忍宗教多元化，这也

① 史称艾因扎鲁特战役（Battle of Ayn Jalut）。艾因扎鲁特即“歌利亚之泉”。马穆鲁克人以 12 万人对阵怯的不花率领的 1 万蒙古军。——译者注

是蒙古人的优势，令不战而降者无所惧怕。有心抵抗者有布哈拉和基辅的废墟、或是原先的波斯城池中堆积如山的骷髅作为前车之鉴；蒙古人的成功在很大程度上必然归因于敌人的极度恐惧，使他们未战先败。不过，哪怕上述因素都不能发挥作用，军事技能本身也可以解释他们胜利的原因。蒙古士兵坚韧、强壮、训练有素，将领善于充分利用机动力强大的骑兵能够获得的一切优势。在一定程度上，这种主观 381
能动性是开战前注重侦察和情报工作的结果。他们精通攻城战的要旨（但蒙古人尽量避免攻城），骑兵军纪严明，这使他们比一群游牧族强盗所组成的乌合之众要可怕得多。而且，随着征服的进程，蒙古军队还任用俘虏中的专业人才；到13世纪中期，已有很多突厥人在蒙古军中效力。

尽管军队所需不多，成吉思汗的帝国是一个覆盖巨大区域的行政实体，其继承人的国家也只是稍显逊色。成吉思汗的首要创新之举是减少蒙古语在书面语中的使用，改换突厥文字。这一工作由俘虏完成。蒙古统治者始终愿意吸纳征服对象的技术。中国文官被用来组织管理征服领地，以提供财政收入；中国的纸币系统在13世纪被蒙古人引入波斯经济体系，导致了贸易崩溃的灾难。但瑕不掩瑜，他们在利用外来技术方面依旧取得了惊人的成就。

对一个如此庞大的帝国，通信是成败的关键。沿主干道构成的驿站网络，为往来飞奔的信使和使节提供照料，同时也有利于贸易，无论对敢于抵抗的城市多么残酷无情，蒙古人通常会支持重建和商业复兴，以便从税收中获取财源。亚洲经历了一段所谓蒙古强权下的和平时期。蒙古人维持治安，使商队免受游牧族盗贼的侵袭；这些原先的偷猎者摇身一变，成了猎场的看守人。作为最成功的游牧民族，他们不想让其他游牧族毁掉自己到手的猎物。在蒙古人时代，中国和欧洲之间的陆上贸易和任何时期一样便利。马可·波罗是13世纪前往远东的欧洲访客中最著名的一个，他抵达时，蒙古人已统治中国。但他出生前，其父亲和叔叔就曾长年游历亚洲，他们都是威尼斯商人，生意很是兴隆，刚返回欧洲就会立即再次动身，并带上了年轻的马可·波罗。通过波斯湾上的霍尔木兹岛（Ormuz），海路也连接着中国和欧洲的贸易；但将大部分丝绸和香料送往西方的是通往克里米亚和特拉布宗的陆路，这条路线也是拜占庭帝国最后几个世纪中主要的贸易渠道。陆上交通的通畅有赖于各汗国，商人始终是蒙古政权的强力支持者，这一点意义非凡。

在与世界其余势力的关系方面，蒙古人帝国的基本思维模式表现出受中国影响的痕迹。可汗是天神腾格里（Tängri）在世间的代表，
382 其至高无上的地位必须获得承认。虽然这并不表示无法容忍其他宗教的实践活动，但确实意味着西方意义上的外交对蒙古人而言是不可理喻的。正如他们取而代之的中国皇帝一样，可汗自视为普天之下惟我独尊的君王，任何来访者都必须拿出觐见上国的姿态。使节就是来纳贡的，而非具有同等地位的势力代表。公元 1246 年，当罗马使节传达教皇对蒙古蹂躏基督教欧洲的抗议，并建议他受洗时，新任大汗的回答非常干脆："如果你们不遵从神的旨意，如果你们无视我的命令，我就与你们为敌。我会让你们明白这一点。"至于受洗一事，教皇反倒被要求去亲自服侍可汗。这类情况不止一次，次年，另一任教皇从波斯的蒙古统治者那里得到了同样的答复："如果你还想保住自己的土地，就必须亲自到我这边来，服侍人世的主宰。否则，我不知道会发生什么。只有上天知道。"

对蒙古统治者及其周围人士造成文化影响的不止是中国。有很多证据表明景教在蒙古金帐中的重要地位，令欧洲人兴起和可汗重修旧好的希望。在觐见过可汗的西方人当中，有一人非常出名，他就是方济各会修士——罗布鲁克的威廉（William of Rubruck）。公元 1254 年

元旦刚过，有一名亚美尼亚僧侣告诉他，大汗会在数日后受洗，但此后什么也没有发生。不过，威廉随后在大汗面前与伊斯兰教和佛教代表展开舌战，捍卫了基督教信仰，赢得了这场辩论。实际上，当时的蒙古正在积蓄实力，准备对中国宋朝和伊斯兰这两大势力发动攻势；直到公元 1260 年才在叙利亚被马穆鲁克人阻止。

这场失利也没有让蒙古人终止征服黎凡特的尝试。但他们的出征无一成功。蒙古内部纷争给了马穆鲁克人太长的自由行动时间。旭烈兀是最后一名在数十年间对近东造成实质性威胁的可汗，对于他的死，基督徒自然会感到沮丧。一连串伊儿汗——即“从属的可汗”——在他死后上台，都因为和金帐汗与白帐汗的纷争而无暇他顾。波斯逐步从他们手中收复了该世纪早期在蒙古入侵中失去的土地。就和东方一样，蒙古人通过任用地方行政官进行统治，对基督徒和佛教徒给予宽容，但起初对穆斯林并不客气。当伊儿汗开始向教皇提出联手对抗马穆鲁克人的意向，蒙古与欧洲的相对立场发生改变的事实就昭然若揭了。

忽必烈在公元 1294 年死于中国，令本就寥寥无几、得以维系蒙 383
古帝国整体性的纽带又少了一条。次年，一位名叫合赞（Ghazan）的伊儿汗成为穆斯林，严重颠覆了蒙古的传统。自那时起，波斯的统治者一直都是穆斯林。但此事件没有带来所有希望中的结果，合赞汗英年早逝，很多问题依然未能解决。接纳穆斯林信仰的大胆举措造成了重大反响，但仍然不够。很多蒙古人被激怒，无计可施的合赞汗只能将他的军事长官作为最后的依靠。尽管如此，马穆鲁克人还没有放弃斗争。在一次最终并不成功的军事行动中，合赞汗的军队于公元 1299 年占领阿勒颇（Aleppo）；次年，他在大马士革的伍麦叶清真寺接受了祝祷。蒙古半个世纪前定下了征服近东的计划，而他是最后一名试图将之变为现实的可汗，最后受挫于马穆鲁克人。公元 1303 年，蒙古人对叙利亚的最后一次入侵被他们击败。这名伊儿汗死于次年。

与在中国的情况一样，蒙古对波斯的统治很快就开始动摇，其稳固的地位宛如暖秋一般短暂。合赞是最后一名地位显赫的伊儿汗，其继任者对领土以外地区的影响力微乎其微。蒙古的旧盟友、信仰基督教的亚美尼亚慑于马穆鲁克人的淫威，安纳托利亚成了各突厥王角逐的舞台。欧洲人也指望不上，十字军东征的梦想早已化为泡影。

虽然蒙古实力日衰，但还是出现一名征服者，让西方人最后一次经历过去的恐怖；从表面上看，他甚至能与成吉思汗比肩。公元1369年，有跛脚者（Lame）别名的帖木儿成为撒马尔罕的统治者。此后30年，伊儿汗国的历史由内战和继承纠纷所书成。帖木儿于公元1379年征服波斯，与成吉思汗一较风骚是他的野心（得益于马洛的创作①，他以滕伯兰［Tamberlane］之名成为英语文学中的角色）。就征服地域之广、行为之凶残而言，他确实做到了；甚至连领袖气质或许都同样杰出。然而，他欠缺其前任的政治家素养，创造力也很贫瘠。虽然他肆虐印度、攻克德里（他对基督徒和追随自己的穆斯林一视同仁地严酷）、踏平金帐汗国、击败马穆鲁克和突厥人、吞并美索不达米亚和波斯，但为后世留下的东西很少。他的历史地位几乎无足轻重，只有两点除外。其中之一是令景教和雅各派这两种亚洲基督教形态几乎完全绝迹。这是负面意义上的成就，也与蒙古传统格格不入。但帖木儿的突厥血统丝毫不亚于其蒙古族基因，他对成吉思汗发迹的中亚地区的游牧民族生活方式一无所知，也同样不具备这种生活
384 方式所带来的宗教宽容意识。他唯一具有积极意义的成就是令拜占庭的灭亡延后了一小段时间。而这也是无心插柳，且并不长久。公元1402年，他大败安纳托利亚的突厥人，即奥斯曼人，使他们一时无

① 即《帖木儿大帝》，马洛根据其生平事迹所写的上下两部悲剧。——译者注

法终结那个东方帝国。

这就是自蒙古人无力压制安纳托利亚的塞尔柱人以来近东历史的走向。蒙古的军事扩张规模惊人，从阿尔巴尼亚一路延伸到爪哇，直到帖木儿去世都难以感觉到其实力的消退；但此后就很明显了。在那之前，中国的蒙古政权已经被推翻。帖木儿本人打下的基业也分崩离析。尽管其继任者一度维持着对波斯和河间地带的统治，但美索不达米亚最终成为突厥埃米尔的领地，其夺占者名称读来有趣，是黑羊王朝（Kara Koyunlu）。① 到 15 世纪中期，金帐汗国的没落已经一目了然。尽管他们还能震慑俄罗斯，但蒙古对欧洲的威胁早已远去。

那时的拜占庭已是气若游丝。两个多世纪以来，该帝国一直进行着一场节节败退的生存之战，其对手不仅包括强大的伊斯兰邻邦，而正是西方世界首先令拜占庭丧失大半领土，并攻陷其首都。经历了公元 1204 年的致命伤后，拜占庭成了巴尔干地区的蕞尔小国。一名保加利亚国王把握时机，在当年宣布独立；但和另外几个继承拜占庭领土的新国家一样，最后只是昙花一现。此外，拜占庭的统治地位崩溃后，其废墟上建起了新的西欧海上帝国威尼斯；这个起初靠行贿成为拜占庭盟友的城邦最终鸠占鹊巢。到 14 世纪中期，这个原先的附庸国已接管拜占庭在整个爱琴海岛链上的所有权益，包括罗德岛、克里特岛、科孚岛和希俄斯岛。那一时期，威尼斯还一直与热那亚针锋相对，在商业和政治领域展开激烈竞争。热那亚在公元 1400 年得到克里米亚南部沿海地区的控制权，也一并掌控了该地区同俄罗斯内陆利润丰厚的贸易。

---

① 大约公元 1375 至 1468 年间统治阿塞拜疆和伊拉克的土库曼部落联盟。——译者注

公元 1261 年，在安纳托利亚突厥势力奥斯曼（Osmanlis）的帮助下，拜占庭从法兰克人手中夺回首都。当时，有两个因素也许依然有利于帝国：蒙古扩张的危机时段已经过去（但拜占庭几乎一无所知，蒙古人依旧在发动攻势，而承受其兵锋的也依然是拜占庭和蒙古之间的缓冲地区）；俄罗斯境内有强大的正教势力，可以提供支援和财力。但由于新出现的威胁，局势反而更为险恶。拜占庭 13 世纪晚期的欧洲复兴很快遭到一名觊觎帝国王位的塞尔维亚国王的挑战。他去世时尚未完成攻占君士坦丁堡的大业，但拜占庭只余下首都
385 周边的中心地带和色雷斯的一小片土地。为了对抗塞尔维亚人，帝国再度寻求奥斯曼人的帮助。这些突厥人已经在亚洲一侧的博斯普鲁斯海峡沿岸站稳脚跟，又于公元 1333 年获得加利波利（Gallipoli）作为在欧洲的立足之地。

在这些状况之下，末代王朝帕里奥洛加斯（Palaiologos）的 11 名皇帝纵然竭尽全力，也只能做到且战且退。公元 1326 年，他们在小亚细亚地区余下的领地落入奥斯曼人之手，就此酿成致命的祸端。黑海以东，他们尚有希腊帝国特拉布宗作为盟友——这个强大的贸易国家在拜占庭灭亡后很快步其后尘。但在欧洲，他们没有可以寄托希望的对象。威尼斯人、热那亚人（他们当时甚至垄断了君士坦丁堡的贸易）和那不勒斯国王的野心，使拜占庭毫无喘息之机。有一名皇帝在无计可施之下接受了教皇首席权①，与罗马天主教重归一统；该政策毫无效果，徒然激起本国教士的敌意，而其继任者随即放弃。基督教世界中依然存在宗教分歧。

进入 14 世纪后，拜占庭的孤立感逐年递增。他们觉得自己成了

① 主张圣彼得继承者具有统治整个基督教世界的神圣权威，世俗权力应当服从于教会，只有服从教皇的人才能得到拯救。由教皇卜尼法斯八世在公元 1302 年首次提出。——译者注

弃儿，基督教世界坐视他们被异教徒宰割。他们试图使用西方的加泰罗尼亚雇佣兵，但没有成效，反而引火烧身，君士坦丁堡遭到这些雇佣兵的攻击，又一个从其国土中分裂出的国家——加泰罗尼亚的雅典公国（Duchy of Athens）于公元 1311 年形成。收复某座岛屿或某个省份的零星胜利无法阻挡这些事件所带来的普遍趋势，也无法弥补偶尔的帝国内乱所损伤的元气。希腊人对传统忠贞不贰，哪怕在如此极端不利的状态下，某些内斗还是因神学争论而起。公元 1347 年的瘟疫又雪上加霜，使帝国余下的人口锐减三分之一。

公元 1400 年，当皇帝出访西欧各国宫廷寻求援助（全部的收获只有一点点金钱）时，他的统治地区仅剩下君士坦丁堡、萨洛尼卡和摩里亚（Morea）①。很多西方人对他的称谓发生了重大改变，称他为“希腊人的皇帝”，忘了他依旧是名义上的罗马帝王。突厥人将首都团团包围，也发动过第一波攻势。第二波攻势起于公元 1422 年，约翰八世作出最后的尝试，力图打破牢不可摧的壁障，实现与西方的合作。他于公元 1439 年前往佛罗伦萨参加普世教会大公会议，在会上接受了教皇首席权，同意归入罗马教廷。西方基督教世界一片欢腾；钟声响彻英格兰的每一座教区教堂。但东方正教世界对此怒目相向，大公会议的决议是对其传统的根本性颠覆，阻力无处不在——关于教皇的权威、双方主教的平等地位、仪式和教义。最具影响力的希腊教士拒绝参会；除一人之外②（引人注目的是，他后来被封为圣徒），所有与会的东方主教都在归一决策上署名，但很多人回国后就撤回了原先的决定。某个拜占庭显贵称：“宁可看到戴头巾的突厥人在本城得势，也好过让头顶三重冠的拉丁人耀武扬威。”对大部分希腊人来 386

① 拜占庭皇帝约翰六世在 14 世纪建立的希腊封地。——译者注
② 以弗所的马克（Mark of Ephesus）。——译者注

说，归顺教皇是一种背叛行为；被罗马教廷否定的正教才是真正的基督教会，保存着真正的基督教传统。在君士坦丁堡城内，接受会议决策的教士遭到冷遇；皇帝本人忠于决议，但过了整整 13 年后，他们才敢于在君士坦丁堡公开宣布宗教归一。向罗马低头换来的唯一好处，是教皇对发动最后一次十字军东征（在公元 1441 年以惨败收场）的支持。最终，东西方还是无法为同一个目标联手。到当时为止，异教徒所撼动的还只是西方世界最外围的防线。法兰西和德意志埋首于自家事务；威尼斯和热那亚从突厥人身上看到的潜在利益共同点丝毫不比对立面来得少。就连受鞑靼人骚扰的俄罗斯也对拜占庭爱莫能助，因为两者直接沟通的渠道被阻断。凭借帝都之外所剩无几的领

386

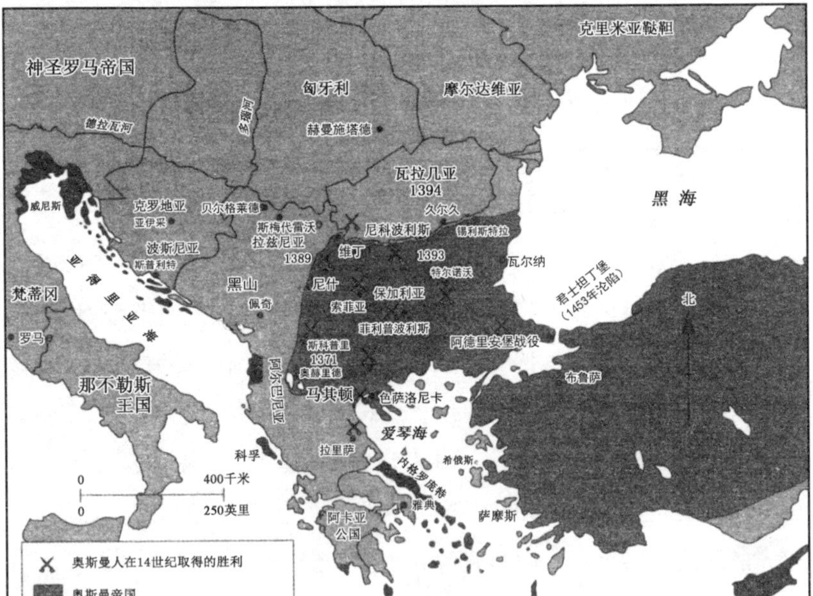

公元 1400 年左右的东南欧

土，还有纷争未平的内部环境，拜占庭将孤身迎来奥斯曼帝国的致命一击。

后来被欧洲人称作“Osmanlis”的奥斯曼人是一支从崩溃后的鲁姆苏丹王朝中崛起的突厥民族。当塞尔柱人来到此地，他们发现业已解体的阿拔斯哈里发王朝和拜占庭帝国之交的边境地带有若干名为加齐（*ghazis*）① 的穆斯林地方诸侯所领导的小王国，其中有的属于突厥族；这些加齐独立且不受约束，最终必然从昔日霸主的衰落中受 387
益。他们的存在朝不保夕，10 世纪复兴阶段的拜占庭帝国曾兼并其中若干国家，但难以对他们加以控制。当君士坦丁堡在拉丁人手中时，蒙古人消灭塞尔柱，使很多熬过塞尔柱统治时代的小国家得益。其中有一名叫奥斯曼（Osman）的突厥加齐，也许曾是乌古思的一员，展现出的领导力和进取心使人们纷纷前来投效。他的特质可以从“加齐”一词的转变中看出——该词后来代表“捍卫信仰的战士”之意。追随他的人都是狂热的边境开拓者，其特别之处是具有某种精神上的巨大动力（élan）；其中一部分人受到一种特别的伊斯兰神秘主义传统的影响。他们还发展出特有的、特征鲜明的体制结构，其军事组织形式类似中世纪欧洲的行会或宗教团体；西方可能是从奥斯曼人那里学到了此类模式。他们处于两种文化的交界——半是基督徒，半是穆斯林。这种引人入胜的文化形态必然会激起人们的好奇心。无论最初源自何方，他们惊世骇俗的征服史可以与阿拉伯人和蒙古人相提并论。最后，奥斯曼皇帝一人之下的领土比古代东罗马帝国还犹有过之。

第一个取得苏丹头衔的奥斯曼人出现在 14 世纪早期，即奥斯曼的孙子奥尔汗（Orkhan）。对征服领地的殖民工作在他的治下开始，

---

① 是很多奥斯曼国王的名号，意指具有坚定穆斯林信仰的战士。——译者注

最终成为奥斯曼军事实力的基础。和他为了满足在欧洲作战需要而新组建的步兵团“奥斯曼禁卫军”（Janissaries）一样，这一变化标志着奥斯曼帝国进化过程中的重大阶段，原先的游牧族战士转变成天生的骑兵。奥尔汗还发行了最早的奥斯曼铸币，这是国体趋于稳定的另一个标志。他去世时统治着后塞尔柱时代最强大的亚细亚国家，还占有一些欧洲的土地。拜占庭皇帝曾三度向他求援，并将姊妹许配给他为妻，奥尔汗的重要地位可见一斑。

他的两名继承人稳步蚕食巴尔干，征服了塞尔维亚和保加利亚。公元1396年，在击溃另一波针对他们的“十字军”后，乘胜追击并占领希腊。对君士坦丁堡的围攻始于公元1391年，并持续6年之久。与此同时，他们通过战争和外交手段兼并了安纳托利亚。败给帖木儿是唯一的挫折，导致王位继承危机，几乎令奥斯曼帝国解体。此后他们恢复了前进势头，威尼斯帝国也开始遭殃。但是，这本质上是一场宗教战争，对拜占庭和土耳其①人皆然；其核心是基督教千年圣都君士坦丁堡的归属。

388 在征服者穆罕默德二世（Mehmet Ⅱ）率领下，土耳其人于公元1453年攻克君士坦丁堡，令西方世界为之胆寒。尽管拜占庭已是强弩之末，这依然是一场伟大的胜利，也是穆罕默德个人的伟业，因为他不屈不挠地克服了一切障碍。当时早已进入火药时代，他让一名匈牙利工程师造出一门极其笨重的巨炮，需要100头牛才能拉动，一天只能开七炮（基督徒曾拒绝这名工程师的开价，而穆罕默德给了他四倍于此的酬劳）。这一巨炮战术并不成功，但穆罕默德凭传统的一贯方式取得了更大的成果；他铁面无情地促喝士兵向前，将畏敌不战者

---

① 突厥和土耳其是两个不同概念，一般认为土耳其人是奥斯曼帝国的后代，而奥斯曼可能具有部分突厥血统。所以在本书中，对于“Turk”一词，与奥斯曼帝国有关的译作“土耳其”，其余译作“突厥”。——编辑注

就地正法。最后，他经陆路将 70 艘战船搬到金角湾内，从背后包抄守湾的帝国禁卫军。

最后的进攻始于公元 1453 年 4 月初。近两个月后的 5 月 28 日晚，罗马天主教徒和正教徒齐聚圣索菲亚大教堂，两派实现了以往只存在于幻想当中的团聚，举行了最后的游行。君士坦丁十一世——作为伟大的初代君士坦丁之后拥有此名讳的第十八代皇帝，参加过圣餐仪式后冲向战场，以不负其身份的方式慷慨赴死。没过多久，一切都尘埃落定。穆罕默德入城后径直前往圣索菲亚大教堂，设起凯旋者的御座，曾经作为正教核心标志的教堂被改为清真寺。

如此伟大的成就也只是奥斯曼人成功进程中的一步，他们将把胜利的旗帜扬得更高。公元 1459 年，征服特拉布宗后没多久，他们就侵入塞尔维亚。尽管这样说也许会令当地居民不悦，但假如该地不是希腊文明硕果仅存的残余，那么其灭亡就只配出现在土耳其人征服史的脚注当中。1461 年，在这个黑海东南沿岸的偏远一隅，亚历山大大帝的征服大业所造就的希腊城邦世界咽下了最后一口气。这标志着一个新的纪元，和君士坦丁堡的陷落一样具有决定性意义，被深受人文主义影响的教皇①哀叹为“荷马和柏拉图的第二次死去”（他并没有光说不做，后担任一支十字军的统帅，但未等军队离开位于安科纳②的据点就撒手人寰）。土耳其人的铁蹄从特拉布宗踏向四面八方。同年，他们占领伯罗奔尼撒，两年后取下波斯尼亚和黑塞哥维那。阿尔巴尼亚和爱奥尼亚的岛屿在此后的 20 年间相继沦陷。公元 1480 年，他们攻克意大利港口奥特朗托（Otranto），并控制该城将近一年。公元 1517 年，叙利亚和埃及被征服。拔掉威尼斯帝国的

① 庇护二世。——译者注
② 原文 Ancoma 为谬。——译者注

余下据点耗去了他们更长的时间，但到16世纪之初，土耳其骑兵已离维琴察不远。公元1521年，贝尔格莱德落入他们手中，罗德岛也在次年易主。公元1526年，土耳其人在莫哈奇（Mohács）一役中扫平匈牙利国王的军队，这次惨败至今仍作为匈牙利历史中黑色的一
389 天而被人铭记。3年后，他们对威尼斯城发动首次攻击。公元1571年，他们夺取塞浦路斯；又在将近一个世纪后拿下克里特。至此，他们已经刺入欧洲腹地。17世纪，他们再次攻打威尼斯，虽然两度遭受失败，但这标志着土耳其征服的最高潮。而且，晚至公元1715年，他们仍然在地中海征服新领地，同时从波斯人手中夺走库尔德斯坦（Kurdistan）；自从该地公元1501年出现新王朝以来，双方的纷争就几乎不曾停止。此外土耳其人还向南方派出一支远征军，一直抵达亚丁。

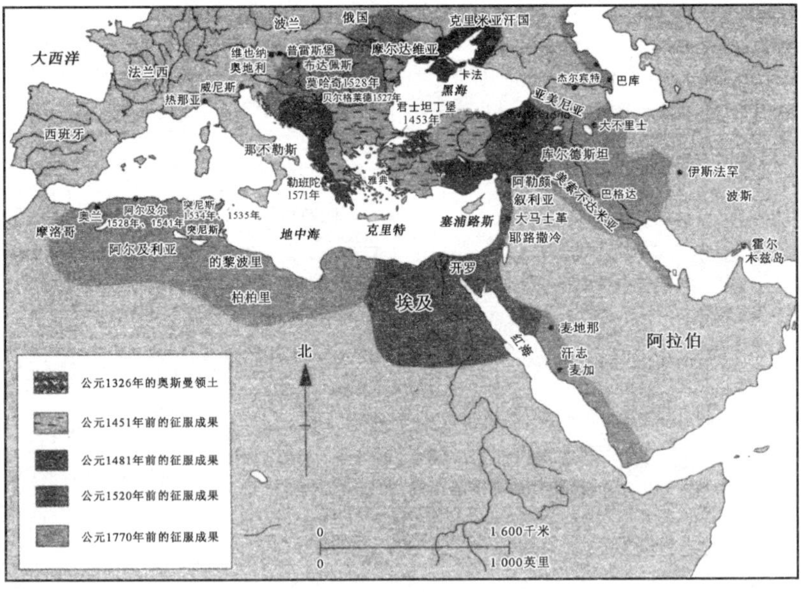

奥斯曼扩张

奥斯曼帝国将成为欧洲最举足轻重的势力。这是其东半部和西半部的历史截然不同的巨大差异之一。奥斯曼帝国容忍教会的存续，个中意义十分重大，为其治下斯拉夫臣民保留了拜占庭的遗产（也终结了来自天主教廷或巴尔干地区民族正教团体的、对于君士坦丁堡牧首最高权力的任何威胁）。前帝国境外，重要的正教中心只剩下一个——俄罗斯教会接过了正教传统的旗帜。奥斯曼帝国建立后，一度切断了从欧洲到近东和黑海的路线，因此在很大程度上使欧洲与亚洲的路上交通断绝。欧洲人确实怨不得别人；他们从未（后来也一直没有）有效地联合起来对抗土耳其人。拜占庭被弃之不顾，只能自生自灭。“谁能让英国人喜欢上法国人？谁又能让热那亚 390
人和阿拉贡人联手？”有位教皇绝望地发问。没过多久，某个后继教皇就谈论起利用土耳其人对抗法国人的可能性。但这场危局也激起另一类的反应。早在君士坦丁堡沦陷之前，葡萄牙船只就在南方开辟前往非洲的航道，以寻找获取东方香料的新航线，顺便看看能否结交到非洲盟友，从南部打击土耳其人的侧翼。从13世纪以来，人们急于找出绕开伊斯兰壁垒的方法，但长年不见成效。作为历史的嘲弄，他们即将发现新航路之时，也正是奥斯曼帝国如日中天、威胁极盛之际。

一个新的多民族帝国在奥斯曼境内组织起来。穆罕默德虽然喜怒无常，但兼容并蓄，土耳其人后来都很难理解他对异教的宽容。他曾因为行淫被拒就杀害皇帝尚未成年的教子，也会在君士坦丁堡陷落后放一队不肯投降的克里特人扬帆而去，只因钦佩他们的勇敢。创建一个宗教多元化的社会也许是他的希望。他将特拉布宗的希腊人带回君士坦丁堡，并任命新牧首来管理希腊人，最终让他们获得某种程度的自治权。根据史料，土耳其人对犹太人和基督徒的所作所为，要好过西班牙基督徒对犹太人和穆斯林犯下的罪行。君士坦丁堡依然是一座宏伟的世界性大都市（公元1600年人口达70万，远远超过位于欧洲地区的其他任何城市）。

就这样，奥斯曼人在地中海东部重建起一个强大的势力，16世纪是伊斯兰帝国历史中的一段伟大时光。但旧帝国的复兴不仅出现在欧洲和非洲，当奥斯曼人再次形成类似拜占庭帝国的规模时，一股波斯崛起的势力也能让人忆起其往昔的峥嵘。公元1501至1736年间，萨非（Safavid）王朝统治波斯；自阿拉伯入侵者推翻萨珊王朝以来，首次实现所有波斯人的大一统。和过去的王朝统治者一样，萨非人本身不属于波斯。萨珊王朝没落后，各类统治者在此兴衰交替。同时，依托文化和宗教，波斯的历史仍在延续。波斯的定义来自地理、语言和伊斯兰教，而非民族王朝的存续。萨非人原先是类似奥斯曼加齐的突厥人，也和后者一样成功地将潜在敌手抛到身后。他们带给波斯的第一位统治者是伊斯梅尔（Ismail），乃14世纪教团首领的后裔；该教团的名号也是这一王朝名称的由来。①

起初，伊斯梅尔只是若干突厥尚武部落中最成功的领导人；就和那些更靠西面的部落一样，通过相似的机遇逐利。帖木儿打下的基业
391 从15世纪中期就开始分崩离析。公元1501年，伊斯梅尔击败史称白羊王朝的突厥人，进入大不里士（Tabriz），自封为沙（shah）②。不到20年，他缔造了一个稳固的国家，也成为奥斯曼人长年的对手。为了对付他们，奥斯曼人甚至还向神圣罗马帝国寻求支持。萨非王朝的崛起在宗教上具有一定影响，因为该王朝信奉什叶派，也将之定为波斯国教。16世纪早期，奥斯曼人接过哈里发的头衔，从而获得逊

---

① 指信奉沙斐仪（Shafi'iyah，767—820）学说的萨非教团（Safaviya），其父亲就是创建者和教长。另外原文是“tribe”而非“教团”，可能是误读，因为“shaikh”（教长）一词也指酋长。——译者注

② 伊朗或波斯国王的称号。——译者注

尼派穆斯林的领导权，因为该派认为哈里发拥有信仰的正统解释权和管理权。什叶派随即成为反奥斯曼势力。于是，伊斯梅尔在波斯建立的教派给波斯文明带来了新的与众不同之处；历史将证明，他保全这一宗教派别的功绩具有十分重大的意义。

公元1555年实现停战之前，他的几名继位者不得不数度击退土耳其人，使波斯领土保持完整，为波斯朝圣者打通前往麦加和麦地那的道路。期间还有国内的麻烦和王位争夺，不过公元1587年，最贤能的波斯统治者之一沙阿拔斯大帝（Shah Abbas the Great）君临波斯。萨非王朝在他的统治下达到极盛。他在政治和军事上都非常成功，击败了乌兹别克人和土耳其人，曾削弱其前任实力的古代部落也被他驯服并向他效忠。奥斯曼人还要顾及西方，俄罗斯的潜在实力被内部纷争所局限，印度的莫卧儿王朝已过巅峰期，这一切都给他带来极大的优势。他有足够的智慧，看得到号召欧洲共同对抗土耳其的可行性。但尽管同时具备多种有利的国际因素，他也没有画下征服世界的蓝图。萨非王朝不走萨珊的老路，除收复早期失地以外，他们从不主动进攻土耳其人，也没有取道高加索向北方的俄罗斯推进或越过河间地带的边界。

阿拔斯沙在伊斯法罕（Isfahan）建起新都，该城的美丽和奢华令欧洲游客瞠目结舌。他的统治期间，波斯文化璀璨一时，文学欣欣向荣，惟有宗教问题令人不安。国王一意孤行，要放弃此前一直是萨非王朝特征之一的宗教容忍政策，强迫人们接受什叶派的宗教观。虽然不容异端的体制并没有立即成型，要到以后才出现，但这意味着波斯萨非王朝朝着衰亡和神职人士揽权的方向迈出了重大的一步。

阿拔斯沙于公元1629年去世，此后，波斯帝国的形势急转之下。他那配不上王位的继承人对此一筹莫展，宁可躲进后宫纵情享乐、逃避现实。在富丽堂皇的传统的遮掩之下，萨非王朝开始朽坏。公元

392 1638年，土耳其人再夺巴格达。公元1664年，哥萨克人开始骚扰高加索，第一批俄罗斯使节抵达伊斯法罕，新威胁的征兆出现了。西欧早就习惯和波斯共存。公元1507年，霍尔木兹岛出现了一批葡萄牙人，伊斯梅尔要求他们缴纳贡金。公元1561年，一名英国商人取道俄罗斯的陆路抵达波斯，开通了盎格鲁—波斯贸易。到17世纪早期，阿拔斯沙已建起丰富的人脉，当时还有英国人为他效力。这是阿拔斯鼓励与西方发展往来所产生的结果，而此政策的动机是赢得支持并用以对抗土耳其人。

对于英国势力的不断坐大，葡萄牙人无法甘之如饴。当东印度公司开业时，他们向公司代理商发起攻击，但成效甚微。不久之后，英国人和波斯人联手将葡萄牙人赶出了霍尔木兹岛。此时，其他欧洲国家也对该地贸易产生兴趣。17世纪后半叶，法国人、荷兰人和西班牙人都企图从波斯贸易中分一杯羹。但波斯国王没有利用这一良机挑拨各国之间的关系。

18世纪初，波斯突然陷入腹背受敌的困境。阿富汗人爆发起义，建起一个独立的逊尼派国家；宗教对立是这场叛变的重要成因。公元1719至1722年间，萨非末代国王①一直在与阿富汗人交战，他于公元1722年退位，阿富汗人马哈茂德（Mahmud）登基，终结了什叶派在波斯的统治地位。但这篇故事还要延长一小段，因为俄国人早就开始有所图谋地关注萨非王朝的衰亡进程。俄国统治者曾在公元1708年和1718年分别派遣使节前往伊斯法罕。到了公元1723年，他们以干涉王位继承为借口侵占杰尔宾特（Derbent）和巴库（Baku），从败北的什叶派身上榨取的好处更是多得多。土耳其人决定也要分一

① 苏丹侯赛因（Sultan Hosein）。——译者注

杯羹，在占领提弗里斯（Tiflis）[①] 后，于公元 1724 年和俄国达成了瓜分波斯的协议。曾经的一大强国以噩梦般的方式走向末日。在伊斯法罕，一名发疯的波斯国王下令屠杀同情萨非王朝的嫌疑分子。不久之后，在亚细亚最后的伟大征服者纳迪尔·卡利（Nadir Kali）的领导下，波斯还将迎来最后一次复兴。然而，他只能部分复兴波斯帝国。伊朗高原曾是一大霸权的宝座，可以决定远在天外的局势，但那样的时代已经结束，直到 20 世纪才又一次到来，而此时，军队已不再是伊朗人参与博弈的资本。

---

① 第比利斯的旧称。——译者注

第 5 章　欧洲的形成

393 如果和拜占庭或哈里发的帝国相比，易北河以西的欧洲在罗马崩溃后的几百年间几乎是世界历史长河中一潭无足重轻的死水。其居民只有少数在城市生活，而所谓的城市都建在罗马人遗留的废墟里；没有一个能接近君士坦丁堡、科尔多瓦、巴格达或长安的富丽堂皇。若干欧洲民族的领袖人物觉得自己的臣民都是些走投无路的渣滓，就某种程度来说，此言不虚。伊斯兰势力切断了他们前往非洲或近东的道路。阿拉伯人在南部沿海骚扰，令他们苦不堪言。从 8 世纪开始，我们称作维京人的北日耳曼人表现出无理可循的暴力特质，如连枷般反复抽打北部沿海、河流流域和岛屿。9 世纪，东部边境被马札尔异教徒侵扰。欧洲不得不在一个充满敌意和异教信仰的世界中寻找自我。

新文明只能以野蛮和蒙昧为基础，可以教化和培养的人少之又少。欧洲将长年担当文化引进者的角色。要再过成百上千年，其建筑才能与往昔的古典世界、拜占庭或亚细亚帝国一较高下；而这一艺术上的崛起也借用了意大利的拜占庭风格和阿拉伯人的尖顶式样。在同样长的时期内，西方没有任何能够与亚洲人或西班牙的阿拉伯人比拟的科学和学术成果。西方基督教会也无法促成像东方帝国和哈里发王朝那样有效的政治统一或神权主张。几百年间，哪怕最伟大的欧洲国王也不比蛮族酋长强多少；人们聚集到蛮族酋长身边寻求保护，唯恐落得更悲惨的下场。

倘若新的欧洲文明来自伊斯兰世界，就很有可能产生更好的结果。有些时候，这一设想看起来绝非天方夜谭，因为阿拉伯人不仅在西班牙，也在西西里、科西嘉、撒丁岛和巴利阿里群岛（Balearics）立足；他们也许会更进一步是欧洲人长年以来的恐惧。相比斯堪的纳维亚的野蛮人，阿拉伯人能带来更丰富的东西，但最终还是北欧人在早期移民所建立的各王国留下了更深刻的印记。至于斯拉夫基督教文明和拜占庭，两者同天主教欧洲之间存在不可逾越的文化隔阂，无法 394
为后者提供丝毫贡献。但他们形成一道缓冲带，恰好使欧洲不必承受东方游牧民族和伊斯兰的全部冲击。如果俄罗斯是伊斯兰国家，西方的历史将会截然不同。

笼统地说，公元 1000 年以前的西方基督教文明世界包括半个伊比利亚半岛、现代法国全境、德国易北河以西部分、波希米亚、奥地利、意大利的欧陆部分和英国。在该区域边陲有爱尔兰和苏格兰这两个信仰基督教的蛮族，以及斯堪的纳维亚诸王国。从 10 世纪开始，“欧洲”一词被用来指代这一地区；一部西班牙语编年史甚至将公元 732 年的大捷[1]宣称为“欧洲人的”胜利。他们占据的土地都是内陆；尽管大西洋畅通无阻，但自从冰岛被挪威人定居后，取道大西洋几无可能；西地中海虽是前往各大文明世界以及建立贸易往来的通衢，却是阿拉伯人的内海。仅有一条狭窄的海路可以和日渐疏远的拜占庭往来，使欧洲这种内向和狭隘的状态稍稍得到缓解。人们习惯在穷困而非良好的环境中成长，他们在战士阶级的统治下聚集成众，也需要该阶级的保护。

事实上，最坏的时代终于 10 世纪。马札尔人的势头受阻，阿拉伯人开始在海上遭到挑战，北方的野蛮人走上了基督化的道路。公元 1000 年的到来对绝大部分欧洲人并不是什么恶兆；他们对此毫无意识，因为以耶稣诞辰为元年的纪年方式当时还完全不占主导地位。尽管如此，也不管千年之交的那一天在那个时代的意义有多么重要或多

① 指法兰克人击败伍麦叶王朝萨拉森人的普瓦捷之战。——译者注

么匮乏，那一年还是可以作为一个纪元的界标——只是非常粗略。不仅欧洲所受的压力开始缓和，而且后来那个不断扩张的欧洲的轮廓已经开始定型。其政治和社会的大量基本结构已经成型，基督教文化的大量独特属性也已经具备。11 世纪将开启一个革命与进步的纪元，该纪元发展所需的原始素材来自有时被称作黑暗时代的几个世纪。要理解这一切是如何发生的，从地图开始着手是不错的方式。

早在公元 1000 年以前，三个意义重大的变化就已发生，最后形成我们所知的欧洲版图。文化和心理认同的对象从地中海这一古典文明中心转移到别处是其一。5 至 8 世纪间，欧洲人——如果当时确有所谓欧洲一说——的生活中心迁至莱茵河及其支流流域。伊斯兰势力也施加推力，在 7 至 8 世纪经海路劫掠意大利，同时让拜占庭无暇他顾，从而令西方世界退居到这片未来欧洲的心脏地带。第二个变化更
395 为积极，是基督教和殖民者在东方的逐步推进。虽然基督教大业在公元 1000 年还远未完成，但基督文明的先遣已抵达旧罗马边境之外很远的地区。第三个变化是蛮族带来的压力减轻。马札尔人的扩张脚步在 10 世纪受阻；最后一波斯堪的纳维亚扩张在 11 世纪初进入末期，随这一扩张而来的北日耳曼人最终将为英国、法国北部、西西里和若干爱琴海国家带来统治者。西欧不再是纯粹的猎物。诚然，甚至到 200 年后，在蒙古人所带来的恐惧之下，都断难感受到这一点。但至少，当公元 1000 年到来之际，欧洲已不再完全任人摆布。

西方基督教世界可以分成三个大区。莱茵河流域周边一带属于中央区域，未来的法国和德国将在这里崛起。接着是西地中海沿岸文明区，起初包括加泰罗尼亚、朗格多克（Languedoc）和普罗旺斯。随着时间的推移，当意大利告别野蛮人统治的时代并逐渐恢复元气，这一区域进一步向东方和南方延伸。第三部分是差异化比较明显的西部、西北部和北部边界，其中有起源于西哥特时期西班牙北部最早的

一批基督教国家；英格兰及其独立的凯尔特半蛮族邻邦爱尔兰、威尔士和苏格兰；最后是斯堪的纳维亚诸国。对于这一划分，我们切不可过于绝对。有些区域未必能明确地归入某个大区，例如阿基坦（Aquitaine）和加斯科涅（Gascony），有时还包括勃艮第。尽管如此，各大区间的差异还是切切实实的，故而了解这一布局也不无裨益。不同区域之间因历史经历、气候和种族的缘故而存在显著差别，当然，其中生活的大部分人并不知道自己身处哪个区域；相比本区人和邻区人的差别，他们对本村人和邻村人的差别更感兴趣。他们对自己身处基督教世界的事实略知一二，但在这个令人安心的观念之外，那片巨大而狰狞的未知世界中究竟存在什么，哪怕略微接近真实的设想都少之又少。

中世纪西方的发源地和心脏地带是法兰克人的领地。其城镇比南方要少，也可有可无；当贸易崩溃，巴黎这类定居点所面临的困难总比像米兰之类的大城市要小。生活围绕土地展开，贵族本是功成名就的战士，后转为地主。以这片地区为根基，法兰克人开始对德意志殖民，保护教会，灌输和强化王国的传统；这份传统源自墨洛温王朝统治者宛如魔法一般的权力。但几百年来，国家体制脆弱不堪，依赖于强有力的国王，治国是一种非常个人化的行为。

法兰克人的制度和模式对此状况于事无补。克洛维之后，王朝虽得以延续，但一连串的国王境况不佳、软弱无力，拥地自重的贵族因此更不受管束，靠财富换取实力，彼此乱战不休。一个来自奥斯特拉西亚（Austrasia）① 的家族崛起，令墨洛温王族的统治岌岌可危。铁锤查理（Charles Martel）诞生自该家族，他是公元 732 年在图尔击退阿拉伯人的勇士，也是日耳曼福音传播者圣卜尼法斯（St Boniface）② 的支

---

① 位于东法兰克的中世纪王国，相当于今法国东北部和德国中部。——译者注

② 公元 675—754 年，中世纪初期的日耳曼大主教，是向日耳曼人传播福音的最重要人物。——译者注

持者。他的这两桩成就都给欧洲史留下深刻的印记（圣卜尼法斯表示他的成功离不开查理的支持），也确保了查理家族与教会的联盟关系。公元751年，他的次子“矮子”丕平被法兰克贵族选为国王。3年后，教皇前往法国，就像撒母耳为扫罗和大卫涂膏并封他们为国王那样①，为他涂膏封王。

396

查理曼时期的欧洲

① 出自《旧约·撒母耳记》。——译者注

教廷需要一个强大的伙伴。君士坦丁堡皇帝自封的权威没有根据，在罗马教廷眼里他已堕入异端，别的姑且不提，接受圣像崇拜是不可容忍的。教皇史蒂芬为丕平授予尊位，这对罗马的无上权威是不折不扣的打击，但伦巴底人正令罗马面临恐慌，教廷只能出此下策，也几乎马上就取得了回报。丕平击败伦巴底人，在公元 756 年把拉文那“献给圣彼得”，由此建立了未来的教皇国。这是教廷长达 1100 年的世俗权力的起点，教皇有了自己的领地，可以像任何统治者那样行使世俗统治权。罗马—法兰克轴心也就此成立。法兰克教会改革、日耳曼殖民和传教事业的进一步开展（在那里对萨拉森异教徒发动了数场战争）、将阿拉伯人打退到比利牛斯山另一侧、征服塞蒂马尼亚（Septimania）和阿基坦，都是在这一轴心下形成的结果，也让教会得到了巨大的利益。所以，教皇哈德里安一世不再用拜占庭皇帝的帝国历给官方文书标注日期，还以自己的名义铸币，就完全顺理成章了。教廷的独立有了新的基础。在涂膏加冕这种点石成金的新法术面前，国王不是唯一的受益者。虽然这一神奇的手段可以取代或弱化原有的墨洛温神迹，让国王凌驾于常人之上，获取他们自身所不具备的权力，但教皇掌握了授予圣膏的权力，也就以某种微妙的方式获得了幕后的权威。 397

像所有法兰克国王一样，丕平在死时将土地分给不同的继承人，但到公元 771 年，他的长子再次统一了所有的法兰克领地。他就是公元 800 年加冕的查理曼。在后世所称的加洛林王朝中，他是最伟大的君主，也很快成为传说描述的对象。但这也增加了考证其生平的难度，何况在中世纪历史中要摸清一个人的生平向来困难重重。查理曼的行为表明他一直特别关注某些问题。很明显，他依然是法兰克传统式的尚武国王，征服和战争就是他的事业。比较新奇的是，在履行国王之职时，他还一丝不苟地追求基督的圣化和恩典。他也严肃对待扶持学术和艺术的职责，希望让宫廷充满基督徒治学的痕迹，以此彰显其华贵和权柄。

查理曼是伟大的领土开拓者，推翻了伦巴底人在意大利的统治，成为他们的国王，也将他们的土地收归法兰克人所有。30 年间，他在萨克森公国东部边境区领地历战无数，凭借武力实现了萨克森异教徒的皈依。他与阿瓦尔人、文德人（Wends）和斯拉夫人作战，赢得卡林西亚（Carinthia）和波希米亚，以及经多瑙河前往拜占庭的通路，后者的重要性也许不亚于前者。为控制丹麦人，他在易北河两岸建立丹麦边境领（Dane Mark，“Mark”是“March”的古拼法）。9 世纪早期，查理曼向西班牙推进，沿比利牛斯山两侧建立西班牙边境
398 领，直抵埃布罗河（Ebro）与加泰罗尼亚沿海一带。但他没有向海洋进军，自西哥特人以来，西欧尚无海上强国。

由此，自罗马以来，他拼起了一块大于西方任何国家的版图。从那时起，关于教皇在公元 800 年的圣诞日为查理曼加冕的真实性以及他荣登皇帝宝座的真正意义，历史学者的争论几乎从未停止。仪式中有“至虔至诚的奥古斯都，缔造和平的伟大帝王，上帝授予他王冠”这段诵词。但当时已有一位皇帝拥有这样的地位，也得到世人认可，他就在君士坦丁堡。出现第二位同样头衔的统治者，是否意味着，就如罗马帝国后期那样，有两名皇帝瓜分基督教世界？显然，大批民众都要臣服于这一权柄。查理曼称，凭此头衔，他已不仅仅是法兰克人的统治者。这一问题的解释也许对意大利关系重大，因为意大利人与帝国过去的纽带是其凝聚力的来源之一，而其他地方或许都不是这样。教廷的感激之情（或权衡利弊后的考虑）也促成了他的加冕，利奥三世刚依靠查理曼的士兵光复其都城。但据说，查理曼曾表示，如果他事先知道教皇意欲何为，就不会进入这座圣彼得的城市①。或许

① 指梵蒂冈。——译者注

他是嫌恶教皇倚权卖威、隐隐透出傲慢的态度，抑或是预见了君士坦丁堡会对加冕一事不满。他一定心知肚明的是，对于自己的法兰克臣民和很多北方的臣民而言，比起罗马帝国皇帝后继者这一身份，他们更容易接受的是作为传统的日耳曼尚武国王的形象。但不久之后，其帝国玉玺上就有了新罗马帝国的字样，此举是为了刻意重建与往日辉煌的传承和联系。

事实上，查理曼与拜占庭的关系确实不太和睦。不过数年后，他在西方的合法地位获得承认；作为交换，威尼斯、伊斯特拉半岛（Istria）和达尔马提亚被割让给拜占庭。与另一个伟大的国家——阿拔斯哈里发王朝，查理曼建立了比较正式也并无敌意的关系；据说，哈伦·拉西德曾赠他一个杯子，上有霍斯鲁一世的肖像——萨珊王朝实力和文明处于巅峰时的一位国王（对于双方的这些接触，我们的了解来自法兰克人的史料；阿拉伯编年史家似乎觉得这些事件不值得花费笔墨）。西班牙的伍麦叶王朝则有所不同，他们离得太近、足以构成威胁，所以被基督教统治者定性为敌手。捍卫信仰、抵御异教徒的入侵，是基督教君主的部分职责。但教会有赖于他的大力支持和保护，也坚决服从查理曼的权威。他主持法兰克主教会议，像查士丁尼那样以权威的身份对教义问题发表看法，似乎还希望对法兰克和罗马教会进行 399
统一改革，推行圣本笃的规章（Rule of St Benedict）。他的这套做法衍生出了后世欧洲的一个观念，即基督教国王的责任不仅包括保护教会，而且还包括提升其领地内宗教生活的质量。查理曼也把教会当作执政工具，借主教之手推行统治。

宗教对查理曼的意义特别重要，他在亚琛宫廷中的生活格调就是另一个证明。他竭尽所能，用建筑物和贵重的饰品来装点宫廷的外观。当然，需要操心的政务有很多。经济生活和识字率进步缓慢，表明加洛林宫廷与拜占庭相比还很原始。也许，哪怕和那些愿意受开化世界影响的早期蛮族王国相比都要逊色，例如，可资为证的是，早期野蛮人艺术中就出现过科普特式主题。查理曼的手下从拉文那带来各种有形的物件和无形的思想，将亚琛装扮得美轮美奂；与此同时，拜占庭艺术也更自由地向北欧传统渗透，当地艺术家至今仍受古典范式的影响。但最给查理曼宫廷增辉的还是学者和文士，那里是思想界的中心，向四面八方辐射出被称为“加洛林小草书体”的新书写潮流，各地都以这种式样优雅的革新字体来誊抄文本。该字体是西方文化发展的重要工具之一，而且最终成为一种现代字体。查理曼曾希望用该字体为其领土上的每一座修道院誊抄一份圣本笃会规章的善本，但这一字体为手稿誊抄事业带来的新潜力，还是在《圣经》的抄写工作中首次见到真章。这项工作不仅有宗教目的，因为对《圣经》故事的解读也要给加洛林王朝的统治提供依据。虔诚且被涂圣膏的尚武国王充斥着《旧约》中的犹太史。《圣经》本就是修道院藏书中的主要文本，此时开始在所有法兰克人的土地上批量成册。

自从源于亚琛的始推力发出后，文本誊抄和传播持续了一个世纪，这是现代学者所称的“加洛林文艺复兴”的核心。虽与后来的一次文艺“复兴”用了同样的词，却没有后一次所蕴含的异教内涵——以过去的古典时代为关注对象。因为加洛林文艺复兴是一场毫无疑问的基督教复兴，除了训练教士、提高法兰克教会的水平、将信仰带往东方以外，没有其他目的。这些神圣的知识刚开始传播时，领导者并不是法兰克人。亚琛的宫廷学院里有一些爱尔兰人和盎格鲁—撒克逊人，阿尔昆（Alcuin）是其中尤为杰出的人物。这位教士来自英国的博学之地约克，有不止一个声名响亮的学生，最出名正是查理曼本人；他还管理宫廷藏书馆。除著书立说之外，他
400 在图尔开办了一所学院，成为院长，向将要执掌法兰克教会的下一

代人讲解波伊提乌[①]和奥古斯丁的学说。

阿尔昆的突出地位见证了欧洲文化重心从古典世界向北方的转移，和其他证据一样引人注目。不过，参与教学和誊抄、在东西两边更遥远的地方建起修道院的人不止是他的同胞，还有法兰克人、西哥特人、伦巴底人和意大利人。其中，有一名叫作艾因哈德（Einhard）的世俗人士撰写了一部皇帝生平记，使我们得以获悉美不胜收的人性细节。例如，查理曼有时过分健谈，热衷打猎，其一大爱好是在温泉里游泳和泡澡——这也解释了他选择亚琛为居所的理由。查理曼在艾因哈德笔下栩栩如生。著者告诉我们，皇帝也具有一定文化修养，拉丁语跟法兰克语一样流利，还能理解希腊语。我们还从中得知皇帝曾尝试写作，枕下一直放着笔记本，以便在床上动笔，这使以上记述更具可信度。“然而，”艾因哈德称，“尽管他非常努力，惜乎起步太晚。”

在这份记述和他本人的事迹中，一个极具尊荣和威严的形象跃然纸上：勉力使自己从一介武夫转变成一个基督教大帝国的帝王，也在有生之年取得了惊人的成功。显然，他的外表不同凡响（可能比大部分随从都更高大），在人们眼中具有和蔼、开朗、公正、慷慨和宽宏的形象，也是诗人和吟游诗人将会千百年传颂的圣武士般的英雄人物。在这片蛮族遍布的土地上，他的权威前所未有地更具王者气象。登基之初，他的宫廷尚无定所，只是一年年不断进驻新蚕食的土地。查理曼去世时，他留下了一座皇宫，还有陵墓所在地的一座宝库。他改革度量衡，为欧洲定下将 1 磅白银分成 240 便士（第纳尔［*denarii*］）的规矩，此后在英伦三岛沿用了 11 个世纪。但他的能量也是非常个人化的。从他试图阻止手下贵族确立自身的世袭地位以成

① 公元 480—524 年，最后一位古罗马文学家和演说家，也是希腊哲学的评注家。——译者注

为改头换面的部落统治者这一点，或许可以得出上述结论；这也可以从他反复向臣子发布“法令”（capitulary）的事实中见到端倪（表明其意愿未获执行）。纵然强如查理曼，到最后也只能依赖私人统治；也就是说，君主只能依靠自己的领地和产出，其余土地要交给关系足够密切的大人物代为监管。这些封臣通过尤为郑重的誓言与他建立依附关系；但当他逐渐衰老，就连这批人也开始造成麻烦。

401 查理曼以法兰克人的传统方式对待领土继承问题。他本打算将领地分割后传给子嗣，但其他儿子相继死去，于是帝国在公元 814 年完整地传到幼子“虔诚者”路易（Louis the Pious）手中，连带皇帝头衔（查理曼让给儿子）和政教联盟关系。继位两年后，教皇为路易举行了第二次加冕仪式。但这只能延缓分裂的到来。查理曼的继承人们既没有他的权威也没有他的经验，或许还对控制分裂势力兴致寥寥。各个地方只效忠于本地权贵，一连串的分裂最终导致查理曼的 3 个孙辈在公元 843 年签订《凡尔登条约》，将帝国一分为三。此事具有极为重大的后果。该条约将莱茵河以西的法兰克核心领地交给保有帝号的洛泰尔（Lothair，因此该地史称洛泰尔王国［Lotharingia］），其中包括查理曼的都城亚琛，另外还包括意大利王国。在阿尔卑斯山以北，这片领土覆盖普罗旺斯、勃艮第和洛林，也涵盖须耳德河（Scheldt）与默兹河（Meuse）之间、索恩河与罗讷河之间的土地。第二片领土位于东部，是莱茵河与日耳曼边境区之间的条顿语区；划给了“日耳曼人”路易（Louis the German）。最后，包括加斯科涅、塞蒂马尼亚和阿基坦，另加大致相当于现代法国余下部分的西方大片土地，归两人的异母弟弟“秃头”查理[①]所有。

① 但各种史料显示他并不是秃顶，因此这一名号属于戏谑，也有可能是暗讽他起初名下没有土地。——译者注

这次分割没有带来多久的太平时光，但对于一个重要的大趋势起到了决定性作用——西法兰克和东法兰克边境的确定之日，就是法国和德国形成政治差异的开始之时。第三个政治实体位于两者之间，其语言、民族、地理和经济的统一程度都远远落后。洛泰尔王国出现的部分原因是有三个子嗣需要王权。很久以后的法兰西—日耳曼史，将是一部记述该地如何被环伺觊觎的邻国你争我夺，也因此出现内部分裂和对立的历史。

没有哪个王室可以接连不断地养育出贤能的国君，也不能一直靠赐予土地来收买人心。就和以前的朝代一样，加洛林王朝逐渐衰亡。国家解体的征兆频现，独立王国勃艮第出现，人们开始缅怀查理曼的光荣岁月，这是衰败和不满的显著症候。东西法兰克的历史越来越分道扬镳。

“秃头”查理之后，西法兰克的加洛林王室血统只持续了一个多世纪。在“秃头”查理的统治期结束时，布列塔尼（Brittany）、佛兰德斯和阿基坦实质上都已经独立。于是，西法兰克君主只能以弱小的姿态迈入10世纪，而且还得应付维京人的入侵。公元911年，查理三世无力驱逐北日耳曼人，便向他们的首领罗洛割地，这片土地就是 402
后来的诺曼底。次年受洗后，罗洛开始构建公国，为此确实对加洛林王朝恭维有加；10世纪末之前，一直有他的斯堪的纳维亚同胞前往那里定居，不过很快在语言和法系上向法国靠拢。此后，西法兰克以更快的速度分崩离析。在继承纷争的乱局中，一名巴黎廷臣之子最终脱颖而出，他以法兰西岛（Île de France）的领地为中心，稳步构筑家族势力。该地区将成为未来法国的心脏地带。当西法兰克的末代加洛林皇帝于公元987年去世，此人的儿子于格·卡佩（Hugh Capet）被选为国王，其家族的统治将延续近400年。余下的西法兰克分成十多块领地，分别由各据一方的独立门阀贵族统治。

于格登基的支持者中也包括东法兰克的统治者。在莱茵河对岸，继承者分割领土的事件反复上演，很快对加洛林王朝形成致命打击。公元 911 年，东法兰克末代加洛林皇帝去世，政治分裂随即甚嚣尘上，成为日耳曼地区的标志性特征，一直延续到 19 世纪。地方门阀的妄自尊大与比西部更强的部落忠诚心结合，形成了近 10 个强大的公国领。令人多少有些吃惊的是，其中一名统治者法兰克尼亚大公康拉德（Conrad of Franconia）被其余大公选为国王。他们想要一名强大的领导者，以便共同对抗马札尔人。由于王朝更迭，新君主的统治被赋予一些特殊的依据是明智的做法，因此各路主教在康拉德的加冕典礼上为其涂膏。他是东法兰克首位获此待遇的君主，也许这可以视作日耳曼国家脱离法兰克加洛林王朝自立门户的开端。但康拉德并没有成功击退马札尔人；他作战失利，无法夺回洛泰尔王国的领地，还在教会的支持下一味给自己的王室和官僚歌功颂德。各路大公几乎当下开始整顿人马，保护自身的独立地位。对自身独特和独立性最为看重的 4 个群体是萨克森人、巴伐利亚人、士瓦本人（Swabian）和法兰克尼亚人（即当时对东法兰克人的称法）。地区差异、血缘关系和大贵族油然而生的权力诉求，给康拉德统治时期的日耳曼打下深深的印记，定下了长达千年的历史基调：一场中央政权和地方势力之间展开的拉锯战，而且没有像别处那样以中央权力的占优告终；不过 10 世纪有一段时期，中央政权确实显出坐稳江山的迹象。面对大公的叛乱，康拉德指定一名反叛者继位，并获得其他大公的认同。公元 919 年，萨克森大公“捕鸟者”亨利①登基为王，他和他的后代统治东法兰克至公元 1024 年，史称萨

① 据说他得知当选国王的消息时正在架设捕鸟的陷阱，因此得名。但该说法没有根据。——译者注

克森王朝或奥托王朝（Ottonian）。

“捕鸟者”亨利回避了教廷的加冕。他有大片家族领地和萨克森 403
部落的效忠，并展现出军事上的才能，从而赢得门阀的支持。他从西法兰克人手中夺回洛泰尔王国，战胜西斯拉夫人后沿易北河建起新的边境区，将丹麦纳为属国并对该地开展传教工作，而且最终打败了马札尔人。于是，其子奥托一世（Otto Ⅰ）继承了可观的实力，也对此善加利用。他延续了父亲的做法，对各路大公进行约束。公元955年，他使马札尔人遭受惨败，彻底根除了这一大患。查理曼的东部边境区奥地利被重新殖民化。虽然也面对若干敌手，但奥托得到日耳曼教会的忠心辅佐；这是萨克森王朝列帝的一项优势，因为在咄咄逼人的非教会人士面前，日耳曼教士更偏向于寻求君主的保护。他新建总主教教区马格德堡（Magdeburg），向斯拉夫地区成立的各主教区发布指示。奥托的到来终结了前文所述的中欧无政府时期；毫无疑问，对于他的统治，我们第一次感受到某种或可称作“德意志”的概念。但奥托的野心不止于此。

公元936年，奥托在查理曼的旧都亚琛加冕为国王。他不仅接受了被其父亲回绝的教会仪式和涂膏礼，而且随即举办加冕宴，日耳曼各大公在宴会上向他称臣。这是古老的加洛林做派。15年后，他入侵意大利，与某个意大利王位争夺者的寡妇成婚，并以此黄袍加身。但教皇拒绝把他加冕为皇帝。10年后的公元962年，应教皇的求助，奥托再次回到意大利，这一次获得了教皇的加冕。

于是，罗马和加洛林的王冠再次加诸一人头顶，德意志和意大利王位再度统一；将来的某一刻，这一国家会被称为神圣罗马帝国，并延续将近千年。但其幅员之辽阔不如查理曼的王国，奥托对教会的统治力也不似查理曼那般说一不二。尽管实力如日中天（他曾废黜两名教皇并指名新的人选），奥托只是教会的保护者而非统治者，他的所作所为都是为教廷的最大利益着想。帝国的体制也不十分稳固；依赖于对地方门阀的政治手腕而非行政管理。

尽管如此，奥托帝国的成就依然巨大。奥托之子、未来的奥托二世娶了拜占庭的王女。他和奥托三世在位时都遇到叛乱的麻烦，但仍成功维护了奥托大帝创立的基业，维持着阿尔卑斯山以南的势力范围。奥托三世立自己的堂兄①为教皇（他是坐上圣彼得宝座的日耳曼
404 第一人），此后还任命了第一位法兰西教皇。他仿佛对罗马着迷，并定居此城，和自己的直接继承人一样以奥古斯都自称；此外，其玉玺上重现了传说中的“新罗马帝国”字样——和基督帝国别无二致。他有一半拜占庭血统，自视为君士坦丁第二。在一本福音书中有一幅大约绘制于10世纪末的折合式双连画②，展现了他治国的形象——头戴王冠，手持权杖，接受4位顶冠女子的致敬：分别象征斯卡尔沃尼亚（Sclavonia，即欧洲的斯拉夫民族）、日耳曼、高卢和罗马。他设想中的欧洲组织结构是各国国王为皇帝效力的等级体制，但这一理念是东方式的，是妄自尊大和发自内心的宗教信念的结合；奥托真正的实力基础是他的日耳曼王国，而非令他着迷且拖他后腿的意大利。虽然迷恋意大利，但公元1002年去世之后，他的遗体还是按其遗嘱被带回亚琛，葬在查理曼的墓旁。

奥托三世没有留下后代，但萨克森王朝的直系血脉没有断绝；经过一场继位斗争后，“捕鸟者”亨利的曾孙亨利二世当选。他在罗马加冕，但这丝毫不能掩盖事实的真相——从心底里，他是日耳曼统治者，而非西方世界的皇帝。其帝玺镌文为“新法兰克王国”，其关注的焦点是日耳曼东部的平定和皈依。虽然三度出征意大利，但亨利控

---

① 卡林西亚的布鲁诺（Bruno of Carinthia），史称格利高利五世。——译者注
② 有两个平面、中间以铰链组合的艺术品。——译者注

404

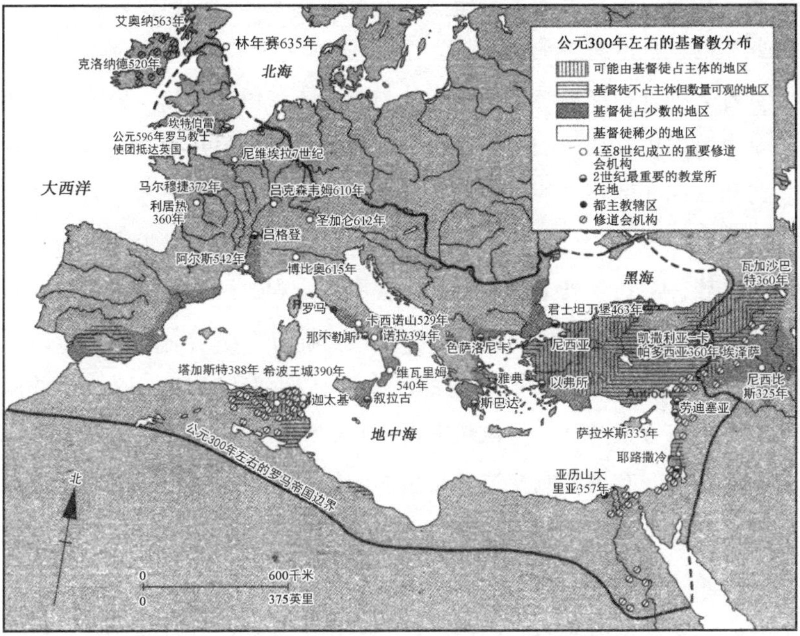

伊斯兰教征服前的基督教文明世界

制该地区的主要方式不是政府体制，而是政治手段，即挑拨各派系自 405
相残杀。在他的治下，奥托帝国的拜占庭格调开始消泯。

于是，当 11 世纪到来时，君主们依旧为构筑西方帝国的理想痴迷，但加洛林王朝的后裔早已跌入历史的尘埃。他们确定了欧洲历史在以后几个时代中的走向。日耳曼的国家概念几乎还不存在，但已具备现实的政治实体性，尽管还未完全成形。后来的神圣罗马帝国源自中世纪日耳曼，具有不寻常的联邦制结构，将成为西方帝国理念硕果仅存的栖息地。同时，法兰西未来的大框架也已经设定，虽然当时还无法看清头绪。西法兰克解体，形成 10 多个主要派系，令卡佩王朝的宗主权长期处于岌岌可危的状态；但其掌握着位于中央的王室领地，包括巴黎和重要的奥尔良（Orléans）教区，以及与教会的友好关系，在能力出众的国王手中，这些都能成为优势，而这样的国王将在此后的 3 个世纪中现身。

意大利曾是加洛林王朝遗产的另一个主要组成部分。后来，它与阿尔卑斯山以北地区的关系越来越疏远。自 7 世纪开始，其演化进程就与和欧洲北部整合的可能性渐行渐远，走向作为欧洲地中海一国而崛起的旧路。8 世纪中期，伦巴底人已征服意大利的大半土地。这些野蛮民族一度在半岛上安家，也学会了意大利的语言，但始终是少数民族，也不改彪悍之风，其社会存在由内而外的张力需要以频繁的征服战争来释放。他们根据自身的需求和体制对天主教加以改造并采纳。尽管东方皇帝理论上依然存有合法的统治权，但在 8 世纪以前的意大利，唯一有可能制衡这些野蛮人的势力是教廷。在一名积极进取的君主领导下，伦巴底人的各块领地开始统一，教廷也不足以与其抗衡，于是转向与加洛林王朝联手的外交方针。虽然加洛林王朝式微后，教皇必须面对意大利门阀贵族和内部罗马贵族势力的崛起，但自从查理曼消灭伦巴第王国后，教皇国在半岛上再无敌手。当时，西方教会正处于凝聚力和团结的最低谷，奥托王朝对待教廷的方式可以表明其实力有多么微不足道。这一状况导致的另一个结果是意大利的无政府状态。北方是零星的封建小国，只有威尼斯格外成功；200 年
406 间，该国一直在亚得里亚海扩张，其统治者刚获得公爵头衔。也许威尼斯更应被看作黎凡特和亚得里亚海势力，而非地中海国家。南部有位于加埃塔（Gaeta）、阿马尔菲（Amalfi）和那不勒斯的共和制城邦国家。教皇国则横贯半岛中部。伊斯兰势力来袭的阴云笼罩北至比萨（Pisa）的整片半岛；9 世纪，埃米尔的军队还出现在塔兰托和巴里一带。这些攻势并不持久，但阿拉伯人于公元 902 年攻克西西里，并持续统治了长达一个半世纪，造成相当深远的影响。

阿拉伯人还大致决定了欧洲西部地中海沿岸其他地区命运的走

向；他们不仅在西班牙站稳脚跟，甚至在普罗旺斯都有半永久的据点（其中包括圣特罗佩［St Tropez］）。地中海沿岸的欧洲居民与阿拉伯人的关系必然相当复杂；后者既是盗匪也是商人，这种多元的角色与从维京后裔身上看到的特征不无相似，但有一点除外，即阿拉伯人不愿在此定居。法兰克人继哥特征服之后来到法兰西南部和加泰罗尼亚，但很多因素使他们与北方的法兰克人产生差异。其中之一是这些地区有地中海农业和为数众多的罗马古迹；另一个与众不同的特征是南部的罗曼语族，其中，加泰罗尼亚语和普罗旺斯语的生命力最为持久。

如果以基督教作为划分的依据，公元 1000 年时的斯堪的纳维亚依然在欧洲北部边境之外。传教工作已经开展许久，但直到 10 世纪才出现第一位基督教君主，而所有斯堪的纳维亚国王都皈依基督教还要等到下个世纪。但此前，北日耳曼异教徒早就改变了不列颠群岛和基督教世界北部边陲的历史。

从 8 世纪起，斯堪的纳维亚人开始向外移民。和很多其他民族的流动一样，其成因无法判明，但根源可能是人口过剩。他们拥有两种精良的技术装备，一是配备划桨和船帆的海盗船，可以穿越海洋，也能驶入浅河；二是结实的货船，可以容纳大量族人、货品和牲畜，坚持 6 到 7 天的海上航行。凭此利器，他们在 400 年间纵横水路，最终打下一片西起格陵兰、东至基辅的文明版图。他们各族的追求不尽相同。挪威人以殖民为目的，涌向冰岛、法罗群岛（Faroes）、奥克尼群岛（Orkney）和遥远的西方。瑞典人深入俄罗斯腹地，作为瓦朗吉亚人被载入史册，他们的贸易活动更为频繁。令维京人被世人所铭记的劫掠和海盗行径，大多是丹麦人所为。但斯堪的纳维亚移民的所有活动都互相交织、彼此融汇，没有一支能垄断其中的任何一项。 407

对偏远岛屿殖民是维京人最杰出的成就。他们完全取代了奥克尼群岛和设得兰群岛（Shetland Isles）上的皮克特人（Picts）[①]，并从那里进一步扩张到法罗群岛（之前无人居住，只有寥寥无几的爱尔兰修士和他们的羊群）和马恩岛。维京人从9世纪开始向苏格兰和爱尔兰殖民，而在两岛的近海一带，他们的定居点更持久，影响也更深远。爱尔兰语沿用了北日耳曼的贸易词汇，至今仍见证着他们的重要地位；爱尔兰版图上的都柏林也是标志之一，由维京人建成，并很快成为重要的贸易港。最成功的殖民地是冰岛，那里原本也有隐居的爱尔兰人，直到9世纪末维京人才大量抵达。到公元930年，大约已有1万北日耳曼冰岛人，他们靠农耕和打渔生活，一部分自给自足，一部分制成咸鱼之类可用来贸易的商品。那一年，冰岛国成立，议庭（Thing，后世某些浪漫主义的古方志学家视其为最早的欧洲“议会”）[②] 也首次召开。这更像社群中大人物的议事会，而非现代的代表制团体；也以挪威人过去的习俗为准绳，但从中依然可以看出冰岛悠久的历史传统。

随后是10世纪殖民格陵兰；那里的北日耳曼人延续了500年后消失，可能是被因冰盖扩张不得不往南移动的爱斯基摩人所灭。至于更西部的发现和殖民，我们的所知要少得多。中世纪冰岛英雄史诗沙迦告诉我们，北日耳曼人发现并探索了一块长着野生葡萄的土地——他们称之为“葡萄之地”（Vinland）[③]，还有一个孩子在那里出生（其母亲随即返回冰岛，作为朝圣者前往异乡，远达罗马，最后回到故土，带着极为神圣的身份度过晚年）。有相当可靠的证据表明，在纽芬兰发现的一处遗址属于北日耳曼人。但在此，我们无法太过详细地

---

① 凯尔特人部落联邦，自罗马征服不列颠的时代起生活于苏格兰东部和北部。——译者注

② 原始的自由民大会，在冰岛为全国性质，定期召开。古英语中，“thing”指“集合”，后来才演变成现代的含义。——译者注

③ 另一种解释称此为“牧草之地”。——译者注

揭示这些哥伦布先驱者的足迹。

西欧传统中，维京人的殖民和贸易活动从一开始就被他们作为强盗的恐怖震慑力所掩盖。他们确有一些非常邪恶的习俗，但大部分野蛮人不外如是。而且，尤其考虑到我们的主要证词来自教会成员的记载，其中必然有一些得到默许的夸大之词。他们既是基督徒也是受害者，所以对教堂和修道院遭受的蹂躏感到成倍的恐慌；在那些场所，信仰异教的维京人当然看不出成堆的贵金属和食物中有何特殊的神圣 408
之处，而且觉得这些目标尤为诱人。何况，最早将爱尔兰的修道院付之一炬的也不是维京人。

不过，就算将这些因素考虑在内，维京人对基督教世界的北部和西部造成非常巨大和恐怖的冲击依然是无可争议的事实。他们于公元793年首次侵入英格兰，林赛岛（Lindisfarne）① 修道院成为第一个牺牲品，令教会上下大为震动（但该修道院又存续了80年）。爱尔兰在两年后遭袭。9世纪前半叶，丹麦人开始骚扰弗里西亚（Frisia），并发展成年复一年的例行事件，同一座城镇反复遭受洗劫。法国沿海此时也受到攻击；公元842年，南特沦陷，并伴随一场大屠杀。不出数年，法兰克编年史家就开始哀叹“维京人仿佛无穷无尽的洪涛，一浪高过一浪，从不停歇”。巴黎、利摩日（Limoges）、奥尔良、图尔和昂古莱姆（Angoulême），这些远离海岸的内陆城市也遭到攻击。维京人已成为职业海盗。接着马上轮到西班牙，阿拉伯人也吃了苦头。公元844年，维京人将塞维利亚（Seville）毁于一旦。公元859年，他们甚至入侵尼姆（Nîmes）、洗劫比萨，但在回程中被一支阿拉伯舰队截击，损伤惨重。

---

① 英国东北部沿海的潮滩，又名圣岛（Holy Island），是一个著名的教区。其名称源自传说，称该岛最早的住民是来自林赛（Lindsey）王国的旅行者。——译者注

一些学者认为，情况最严重的时候，维京入侵几乎毁灭西法兰克的文明；可以肯定的是，西法兰克人必须忍受的痛苦超过他们的东方表亲。维京人对于未来法国和德国差异的形成起到了推波助澜的作用。在西方，他们的破坏行径令地方门阀必须承担起新的责任；同时，中央和王室的控制力逐渐瓦解，人们越来越依赖于地方领主的保护。于格·卡佩登基时，他在很大程度上可以被看作一个大体成型的封建社会中的第一领主（*primus inter pares*）①。

面对维京人的威胁，各国国王的对策并非尽遭失败。诚然，查理曼和“虔诚者”路易无需像他们继任者那样应付如此沉重和持续的压力，但确实不失实效地护住了易受攻击的港口与河口。如果把维京人诱入大军团决战的战场，就可以打败他们，也确实打败过；而且，虽然有戏剧化的例外情况，西方基督教世界主要中心地区的防守总体上是成功的。无法防范的是对沿海地区的小规模反复骚扰。维京人学会避免正面交锋后，收买他们成了唯一的对策；“秃头”查理开始支付贡金，好让臣民太平度日。

英国人所称的丹麦金（Danegeld）就是从那时开始征收的。他们的岛屿很快成了一大目标，维京人开始前来定居，也做些打家劫舍的勾
409 当。日耳曼人的入侵使那里出现一批为数不多的王国；7世纪，有很多罗马-不列颠后裔与新来的定居者一起生活，其余则已被驱赶到威尔士和苏格兰山岳的另一侧。爱尔兰传教士不断散播基督教思想，他们来自设立于坎特伯雷的罗马教团。基督教与更古老的凯尔特教会竞争，直到具有关键意义的公元664年，一名诺森伯里亚（Northumbria）②国王在位于惠特比（Whitby）召开的教士会议上宣布采纳罗马教廷设

① 该拉丁文短语原意是“同辈或同类中的翘楚”，在本文中是指他本质上也是地方领主，只是比别人更成功。——译者注

② 盎格鲁—撒克逊时期英格兰的主要王国之一，位于亨伯河以北。——译者注

定的复活节日期。这一抉择具有象征意义，确定了未来的英格兰将秉持罗马而非凯尔特传统。

随着历史的演进，各个英格兰王国的实力此消彼长，某个国家强大到足以对别国施加影响的情况反复出现。但自公元 851 年起，丹麦人发动如潮的攻势，占领全英格兰三分之二的土地；只有一个王国成功顶住了压力，那就是为英格兰带来首位民族英雄（同时也是著名历史人物）阿尔弗雷德大帝（Alfred the Great）的韦塞克斯（Wessex）王国。

年仅 4 岁时，阿尔弗雷德被父亲带到罗马，教皇授予他执政官的荣誉地位。韦塞克斯王国与基督教和加洛林王朝治下的欧洲有着解不开的关联；其他英格兰王国在入侵者面前屈服，只有其在异教面前捍卫信仰，也在异族面前保护英国人民。公元 871 年，阿尔弗雷德使丹麦军队在英格兰首次遭受决定性的失利。数年后，丹麦国王不仅同意撤离韦塞克斯，还改信了基督教。这一事件意义重大，决定了丹麦人会留在英格兰的状况（他们已经定居北部），而且证明其内部也会分裂。阿尔弗雷德很快成为英国所有残存国王的领袖，最终也只有他的王国幸存。伦敦被他收复。公元 899 年他去世时，丹麦入侵最严重的时期已经结束，他的后代将掌管一个统一的国家。就连丹麦区（Danelaw）的居住者也接受了其统治；该区域是阿尔弗雷德划定的丹麦人殖民区，至今仍有斯堪的纳维亚地名和口音。阿尔弗雷德的成就还不止如此。他建成一系列要塞（“伯格”［burghs］），打造出以地方税为基础的新国防体系①；它们不仅为继位者提供了进一步

① 这一体系可能是最早的纵深防御范例。据说共建成要塞 30 座，大多跨河而建，以阻挡维京人的海盗船，而且彼此之间相互呼应；全国任何地区周边 20 英里内必有一座要塞。但此系统耗资巨大，尤其是卫戍部队的维持费用，所以阿尔弗雷德向地方领主和地主征收高额税金。——译者注

削弱丹麦区的活动基地，而且大体上确立了中世纪英格兰城市化的模式；这些要塞上建起的城镇至今仍有人居住。最后，尽管资源十分紧张，阿尔弗雷德还是特意为其臣民开展文化和知识的复兴事业。就像查理曼身边的学者一样，他的宫廷学者从事誊抄和翻译工作——盎格鲁—撒克逊贵族和教士都希望能用本地英语研读比德（Bede）和波伊提乌。

410 阿尔弗雷德的创新是富有创意的行政措施，在欧洲独一无二。这些举措标志着英格兰伟大时代的开端。郡制结构成型，各郡边界确定，这一体系一直持续到公元 1974 年。英国教会很快会经历修道院制度的飞速兴起，丹麦人将在一个联合王国中经历半个世纪的风雨动荡。直到阿尔弗雷德家族血统中的才能枯竭，盎格鲁—撒克逊王国才陷入困境，维京人才发起新的攻势。英国人一直支付巨额的丹麦金，直到一名丹麦国王（如今是基督徒）推翻英格兰国王为止；他随即去世，留下年轻的儿子掌管征服的果实，他就是受人称颂的克努特[1]（Canute），在他的统治下，英格兰只是伟大的丹麦帝国（1006—1035）的一部分。公元 1066 年，挪威人最后一次大规模入侵英格兰，但在斯坦福桥（Stamford Bridge）战役中溃败。那时，所有斯堪的纳维亚君主都已是基督徒，维京人在他们的基督教形态中融入了自己的文化。在凯尔特和欧陆艺术中，该文化留下很多能证明其独特性和表现力的痕迹。在冰岛和其他岛屿上，其教会体制存续至今。斯堪的纳维亚人的遗产在数百年历史中留下深刻的印记，体现在英国语言和社会模式中，也促成了诺曼底大公领的崛起，而最重要的表现则是沙迦文学。然而，北日耳曼人一旦进入有人定居的土地，就会逐渐融入其余民族。当罗洛及其追随者的后代在 11 世纪调转船头开始征服英格

---

① 即克努特一世，又称克努特大帝。——译者注

兰，他们已是货真价实的法兰西人；他们在黑斯廷斯战场上所唱的战歌，讲述的也是查理曼和法兰克十二武士的传说。在他们所征服的英格兰，丹麦区的居民当时已经是英格兰人。类似地，基辅罗斯和莫斯科大公国的维京人也丧失了作为民族群体的独特性。

除维京人之外，11 世纪早期唯一值得一谈的西方人是西班牙北部的基督教诸国，因为他们的未来非同一般。地理、气候和穆斯林内部分歧，都有利于基督教在该半岛上存续，也一定程度上限定了基督教的生存范围。直到 8 世纪早期，基督教国王或酋长依旧出没于阿斯图里亚斯（Asturias）和纳瓦尔（Navarre）地区。在巴塞罗那伯爵的统治下，查理曼设立的西班牙边境区获得发展；以此为助力，又趁伊斯兰世界忙于内战和宗教分歧的良机，他们逐渐蚕食了西班牙的伊斯兰势力范围。莱昂王国在阿斯图里亚斯崛起，与纳瓦尔王国比肩而立。然而到了 10 世纪，基督势力相继衰亡，阿拉伯人再一次大举入侵。最黑暗的时刻属于该世纪末，伟大的阿拉伯征服者艾哈迈德·曼苏尔（al-Mansur）攻占巴塞罗那和莱昂；公元 998 年，圣地亚哥-德孔波斯特拉（Santiago de Compostela）的圣祠也告沦陷，那里据说埋葬着使徒圣詹姆斯的遗骨。这一胜利并不长久，因为历史证明，此地 411
为建立基督教欧洲所打下的基础同样无法抹消。不出几十年，基督教统治下的西班牙走向联合，而伊斯兰人的西班牙领地陷入分裂。伊比利亚半岛和其他地方一样，以这一实力的此消彼长作为序幕的基督教扩张时代属于另一个历史纪元，而与另一种文明几百年来的直面交锋构成了这一时代的基础。对西班牙而言，最为重要的是，经历基督教这座熔炉的锤炼，民族共同体得以诞生。

伊比利亚的例子表明，欧洲版图与宗教版图之间有着多么千丝万缕的联系，但仅仅强调传教的成功和该地区与强大君主的关联会产生误导。早期基督教时代的欧洲和基督徒的生活远远不止如此。西方教会的成功是历史上最伟大的传奇之一，但从古代末期到 11 或 12 世纪这段漫长的年月中，其领导者长期处于孤立无援的境地，被异教徒或准异教徒重重围困。与东方正教的芥蒂不断加深，双方最终基本断绝往来。所以西方基督教会发展出一种咄咄逼人的强硬姿态一点也不让人惊讶，这几乎是一种防卫性的本能反应，也是其缺乏安全感的另一种症候。而且威胁到它的敌人不仅来自外部，在西方基督教世界内部，教会也感到孤掌难鸣、四面楚歌。教会在依然处于半异教状态的人群中勉力挣扎，以保持其教义和实践的完整性；同时尽其所能地为一种不得不与之共存的文化打上基督教的痕迹，锱铢必较地计算究竟能向地方习规或传统让步到何种程度，同时还要保留自身的独特性，避免在原则问题上作出致命的妥协。而必须完成以上所有艰巨使命的是一个教士群体，其中很多人（或许大部分）都没有学养，操练不足，精神境界也堪虞。或许并不令人惊讶的是，教会领袖有时会忽略他们所享有的巨大资本：自从穆斯林被“铁锤”查理赶走之后，他们在西欧不用面对任何精神领域的对手；他们必须对付的只有异端和迷信的残余，而且也懂得如何利用这些元素。同时，世界各地的伟大人物环伺着这个教会世界，有时带来帮助、有时对其怀有希望；对教会必须竭力守护的脱离于社会的独立性，他们始终是潜在的威胁，而且往往会转变为实实在在的压力。

教廷史最终无可避免地占据了历史的大幅篇章。教廷是教会的核心，也是史料档案最完整的教会机构。教廷会得到如此多的关注，相关文献丰富是部分原因。具备大量文献的事实自然会引来人们求知欲，想对几百年间的宗教一探究竟。虽然教廷实力兴衰起伏的波动之大令人不安，但古帝国的分裂表明，西方世界的某处还有一名宗教利益的捍卫者，那就是罗马，因为不存在与之对抗的教会体系。继大格
412 利高利（Gregory the Great）之后，维护“一个帝国、一个基督教会”

的理论显然行不通，哪怕拉文那有帝国都主教（exarch）[①] 坐镇。公元663年，东罗马皇帝最后一次抵达罗马；公元710年，教皇最后一次前往君士坦丁堡。随后发生了圣像破坏运动，使意识形态的分歧进一步加深。当拉文那被再次发难的伦巴底人夺走，教皇斯蒂芬没有去拜占庭，而是前往丕平的王宫。教廷无意与东方帝国决裂，但法兰克军队可以提供再也无法从东方获得的保护。而且教廷需要保护，因为阿拉伯人从8世纪初就对意大利虎视眈眈；而随着伦巴底霸权的衰微，意大利门阀贵族也越来越难以管束。

丕平加冕后的两个半世纪中，有过若干非常黑暗的时刻。罗马教廷手中的牌已所剩无几，有时只得寄人篱下，主子换了一个又一个。教皇首席权只是出于对圣彼得遗骨守护者的尊重，以及罗马是西方唯一基督教廷这一无可争辩的事实——只关乎历史，与真正的实力无关。教皇长年无法实行有效的统治，哪怕在他们的世俗领地也是如此；因为既没有足够的武力，也没有民事行政体系。身为堂堂的意大利大领主，他们对掳掠和敲诈毫无招架之力。关于教皇和皇帝的相对立场，若干皇帝以教会保护人的身份向教廷点明了他们的看法，查理曼只是最早的一位，或许也是最高尚的一位。奥托王朝则对教皇人选有着翻手为云覆手为雨的控制力。圣彼得的后继者们无法撕破脸面，因为他们承担不起。

然而，计算教廷的得失时还要考虑另一面，虽然其意义充分显现的过程非常缓慢。丕平赠予教廷的领土逐渐成为一个强大的意大利领邦的核心。在为皇帝加冕的行为背后，或许隐藏着教皇确立皇帝合法性的权力。随着岁月的流逝，在皇帝加冕仪式（以及英格兰和法兰西国王的加冕仪式）中，教皇不再使用司铎和主教的授圣职礼上所用

① 正教中地位低于牧首、管辖范围大于教区的主教。——译者注

413

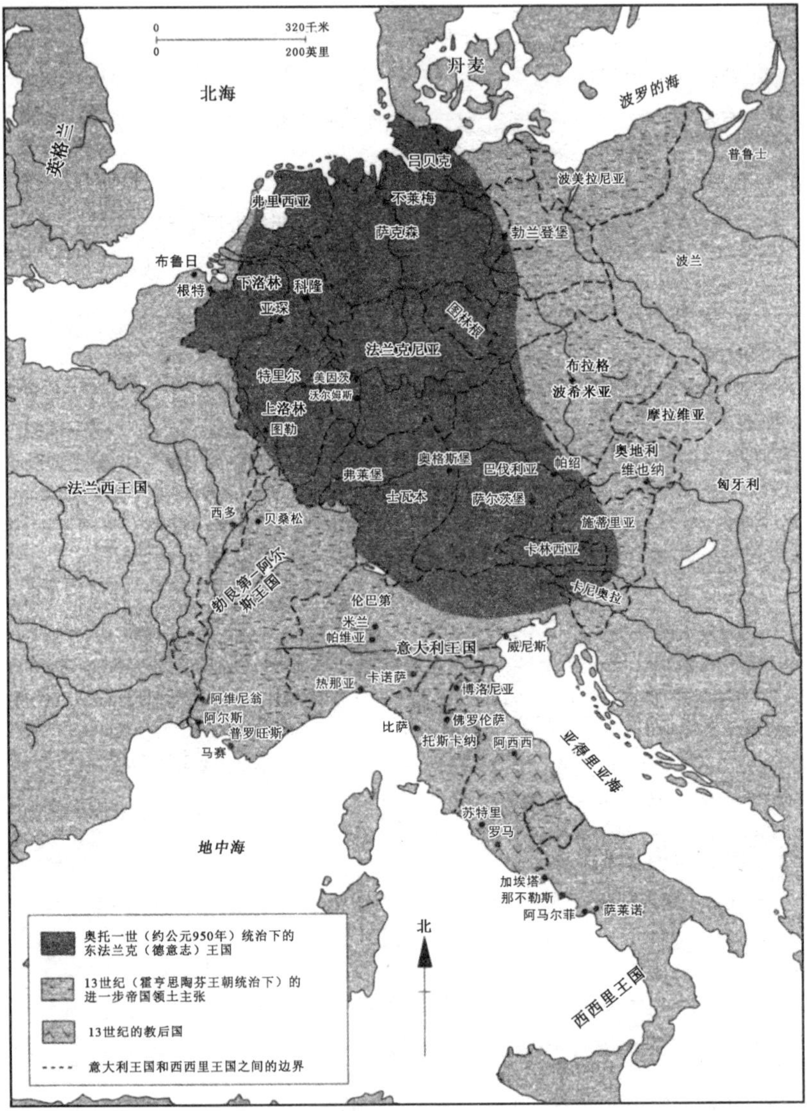
0 320千米
0 200英里
北海
丹麦
波罗的海
英格兰
普鲁士
吕贝克
波美拉尼亚
弗里西亚
不莱梅
萨克森
勃兰登堡
布鲁日
波兰
根特
下洛林
科隆
亚琛
图林根
法兰克尼亚
布拉格
特里尔
美因茨
波希米亚
沃尔姆斯
上洛林
摩拉维亚
图勒
奥地利
奥格斯堡
帕绍
维也纳
巴伐利亚
弗莱堡
匈牙利
法兰西王国
士瓦本
萨尔茨堡
西多
贝桑松
施蒂里亚
卡林西亚
勃艮第—阿尔斯王国
卡尼奥拉
伦巴第
米兰
帕维亚
意大利王国
威尼斯
热那亚
卡诺萨
博洛尼亚
阿维尼翁
阿尔斯
佛罗伦萨
比萨
普罗旺斯
托斯卡纳
阿西西
马赛
亚得里亚海
苏特里
罗马
地中海
加埃塔
那不勒斯
萨莱诺
阿马尔菲
北
奥托一世（约公元950年）统治下的东法兰克（德意志）王国
13世纪（霍亨思陶芬王朝统治下）的进一步帝国领土主张
13世纪的教后国
意大利王国和西西里王国之间的边界
西西里王国

中世纪帝国

的、以橄榄油和香脂混合而成的圣油，而用单纯的橄榄油取代。这一变化意义重大，表明了被长久掩盖但在一个对象征物习以为常的时代很容易领会的事实：向皇帝授予皇冠和上帝认可的印记的是教皇而非圣油。所以，他这么做也未必是无条件的。就像斯蒂芬加冕丕平，利奥为查理曼加冕可能只是权宜之计，但播下的种子却长成了参天大树。君主无能和继承纠纷经常使法兰克王国陷入混乱，而罗马就能趁机扩张势力。

在更直接和实际的层面上，为了改革地方教会和支持东方的传教事业，强大国王的支持也是需要的。无论其他地方教士如何嫉妒，法兰克教会乘势脱胎换骨；10 世纪，教皇的言论在阿尔卑斯山以北有举足轻重的分量。8 世纪，协约（*entente*）签订以后，一种观念逐渐形成，即教会的政策应由教皇定夺，地方教会的主教不应曲解和捏造。一种重大的标准化机制正在锻造之中。当丕 414
平动用法兰克国王的实力对臣民的教会进行改革，让臣民对罗马的仪式和教义亦步亦趋并远离凯尔特宗教的影响时，这一机制已经大体成型。

神权与世俗的实力此消彼长、长年摇摆不定，教皇能有效控制的领地时大时小。直到加洛林王朝又一次经历继承分裂、意大利脱离洛泰尔王朝之后，圣尼古拉一世（Nicholas Ⅰ）在主张教廷权威的事业中取得了最大且意义深远的成果。一个世纪前曾有一道著名的伪造敕令“君士坦丁惠赐书”，佯称君士坦丁大帝已将帝国原本在意大利的领地赐给罗马主教。按圣尼古拉与各国国王和皇帝对话的口吻，就仿佛西方无人不把这一敕令奉为圭臬。据说，他给后者们的信函读来“仿佛他就是世界的主宰”，提醒他们，他可以任命国王，也有能力废黜国王。他还援引教皇首席权的大义反对东方皇帝、支持君士坦丁堡的牧首。这是教廷觊觎权柄的最高潮，但无法长期维持，因为事实很快就明朗化；虽然教皇号称具有授予帝位的权力，而真正决定帝位归属的还是足以掌控罗马的实力。圣尼古拉的继任者也是首位遭到谋杀的教皇，其中不无深意。尽管如此，虽然随后没有频繁出现同类情形，9 世纪还是开创了此类事件的先河。

尤其是当教廷权威在 10 世纪崩溃，王位成为意大利各派系逐猎的对象，其纷争偶尔因奥托帝国的干涉消停片刻之时，守护基督徒利益的日常工作就只能依赖地方教会的主教了。而他们又不得不尊重各派势力。为了寻求世俗统治者的协作和帮助，他们经常陷入与王室仆从别无二致的境地。他们对世俗统治者惟命是从，就如牧区教士往往唯地方领主马首是瞻，而且不得不奉上一部分教会收入。这一屈辱的依附关系后来将导致教廷对地方教会的若干起极为激烈的干涉事件。

主教们也做了大量有益的工作，尤其在鼓励传教方面。其中有一定的政治因素。8 世纪，本笃会在英格兰已根深叶茂。这是一场伟大的盎格鲁—撒克逊传教运动，其中的杰出人物是弗里西亚的圣威利布罗德（St Willibrord in Frisia）和在德意志地区活动的圣卜尼法斯。盎格鲁—撒克逊教会在很大程度上独立于东方的法兰克主教，坚持罗马至高无上的地位；因此，他们的信徒倾向于直接将圣彼得宝座上的教
415 皇视为宗教权威。很多人前往罗马朝圣。在向东方传播福音的后期阶段，因为日耳曼列帝及其主教直接插手宗教工作，这一重视教廷的风气逐渐式微，或者说不再如此醒目。传教活动与征服相结合，新的主教区组织起来，成为政府的统治工具。

另一场具有创造力的伟大运动是 10 世纪的改革，部分功劳应归于各主教，但与教廷毫无关系。这是一场修道院运动，获得了若干统治者的支持。其本质是隐修理念的复兴；若干贵族成立了新的修道会，旨在将堕落的修道院制度恢复成本来面貌。其中大部分位于古老

的加洛林中央地区，从比利时一直延伸到瑞士，西抵勃艮第、东临法兰克尼亚；改革的原动力就从这片区域发散至四面八方。10 世纪末，国王和皇帝也开始给予支持。他们的扶持最终引来恐惧，害怕这些宗教方面的外行随意插手教会事务。但终究这令教廷得以复苏，不再是意大利境内一个全无王朝气象的蕞尔小国。

其中最受人称道的是勃艮第的克吕尼（Cluny）修道院。它创建于公元 910 年，有将近两个半世纪占据着教会改革的核心地位。其僧侣遵循经过修订的圣本笃规章，并演化出一些颇为新颖的元素——这个宗教团体不单纯依靠千人一面的生活方式，而且还依赖于中央化的组织结构和统一的修行戒律。以往的本笃修道会全都是独立的社会群体，但新成立的克吕尼修道会完全服从修道院长克吕尼本人；他是一支修士大军的统帅，其规模最终达到数千之巨，而成员只有在主会经过一段时间的修行后才能加入各自的分会。在其实力最为鼎盛的 12 世纪中期，整个西欧有 300 多家修道院（甚至巴勒斯坦也有若干）遵从克吕尼的指引；他的修道院中有西欧基督教世界第二大的教堂，仅次于罗马圣彼得大教堂。

现在就谈到 12 世纪有些太早。不过，哪怕早期阶段，克吕尼修道会也在向整个教会传播新的教习和思想。虽然要确定中世纪早期基督教生活的方方面面很不容易，但这能够让我们确实把握教会的体制和法度。宗教史特别容易被官方档案所歪曲，有时要从官僚文献中甄别出精神层面的内容非常困难，但从中可以明显看出，教会独一无二、无可匹敌，渗透到社会的所有肌理之中，有些类似于文化垄断。由于野蛮人的入侵和早期基督教会避世灵修的顽冥态度，古希腊罗马的遗产遭到可怕的打击和削弱。“雅典与耶路撒冷有何关系？”德尔图 416
良（Tertullian）曾如此诘问，不过这种顽固已经慢慢消解。到了 10 世纪，往昔古典世界尚且留存的遗产已被教会人士保护起来，其中最首要的保护者就是本笃会的成员和宫廷学院的誊抄员，他们不仅传播《圣经》，还传播关于希腊学术的拉丁文集。通过他们所抄写的普林尼和波伊提乌著述，中世纪早期的欧洲与属于亚里士多德和欧几里得的时代建起了细若游丝的联系。

教士与非文盲、文盲与非教士本质上属于同义词。过去的罗马人可以将法律写在铜板上，置于公共场所，对于公民的阅读能力毫不担心；可到了中世纪的中后期，就连国王都普遍不识字。教士实质上垄断了所有此类文书事宜。在一个没有大学的世界，能得到教士的私人辅导只是寥寥个例；除此之外，只有宫廷或教会学校能提供识字的机会。这一局面对艺术和知识领域的所有活动都造成了深远影响——文化不仅与宗教有关，更以压倒一切的宗教前提为唯一的土壤。俗话说“艺术归艺术”，而再没有哪个时代比中世纪早期更能令这句话显得苍白无稽。历史、哲学、神学、彩绘，都为维系圣事文化发挥了自己的作用；但是，无论有多么狭隘，只要不属于犹太文化范畴，它们所传承的遗产就都是古典文化的一部分。

如此登峰造极的文化趋同性令人瞠目，不过可资慰藉的是，教会的所作所为之中，与文化事务相比，究竟有哪些在神学和统计学两方面都有重要得多的意义，我们所知极少——事实上，究竟什么最为重要，我们也无从知晓。这些事务包括日复一日的劝诫、教诲、婚嫁、施洗、忏悔和祈祷，包含世俗教士与普通信徒的所有宗教生活；以主要圣礼为核心，也承蒙其泽被。教会在这几百年间运用实力所达成的事迹往往会被信徒误认作魔法。利用这种状况，教会给一个野蛮人的世界带来文明。这是一桩巨大的成就，然而关于其进程，我们几乎没有直接的信息来源，只有最戏剧性的时刻、非同一般的皈依或受洗事件例外。这些事件得到记载本身就能说明其与众不同，让我们知道，非比寻常的历史时刻就在自己眼前。

关于教会的社会和经济现实，我们所知要多得多。教士及其依附者人数众多，教会控制着大量社会财富，还相当于大地主。支持其运转的财力来自土地，一家正典修道院或小教堂也许拥有极大的地产。教会深深扎根于日常经济，首先必须承认，这种现象暗示着某些非常 417
原始的元素。

尽管很难明确衰退的程度，但古代末期的西欧确有大量经济衰退的症候。并非所有人都感受到同样程度的困境，最发达的经济领域也萧条得最为彻底。易货制取代了货币，货币经济的再度复苏也显得步履迟缓。墨洛温王朝开始铸造银币，但长期以来，进入流通的铸币数量一直不多——特别是小额铸币。香料从日常饮食中消失；葡萄酒成为昂贵的奢侈品；大部分人靠面包、麦片粥、啤酒和水来充饥解渴。文书工作改用可以在当地获得的羊皮纸，取代了变得稀缺的纸莎草纸；这也是一次进步，因为羊皮纸上可以写小体字，而纸莎草纸不行，必须用浪费油墨和纸张的粗大笔画。但无论如何，这还是反映了地中海古代经济的内部困境。虽然萧条局面经常证明独立城堡实行自给自足经济模式的正确性，但它让城镇陷入绝境。贸易体系也屡屡因战争支离破碎。7、8 两个世纪，当阿拉伯人占据北非沿岸，虽然与拜占庭和遥远亚洲的往来得以维持，但西地中海的商业活动凋零。后来，同样出自阿拉伯人的手笔，商业活力有所恢复（生意兴隆的奴隶贸易是标志之一，很多奴隶来自东欧的斯拉夫民族，成了各形各色强制苦力的代名词）。北方也有一定规模的商品交换，其对象是斯堪的纳维亚人，他们都是了不起的商人。但这与大部分以农业为生活基础的欧洲人无关。

很长一段时期，生存下来几乎就是他们唯一的指望。把这看作中世纪早期经济的主要追求，可以算作少数几个没有以偏概全之虞的论点之一。长期以来，动物粪肥或开辟更肥沃的新土地就是提高产量的仅有手段，而这些产量以现代标准来看不值一提；只有通过几百年的辛勤耕耘才能改变这一切。本身营养不良、发育不足的动物在贫困交加、坏血病横生的低矮棚户区中与人类混居，较为幸运的农户靠养猪获取油脂，在南方则靠橄榄。直到 10 世纪引入高蛋白作物之后，土壤所产出的能量才开始提高。技术创新也有一些，磨坊的普及和采用
418 更先进的犁是其中的佼佼者，但产量提升大部分还是来自新开垦的耕地。当时还有大片土地尚待开发，法兰西、日耳曼和英格兰大部分地区依然被森林和荒地覆盖。

古代末期的经济倒退使城镇繁荣的地区所剩无几。意大利是一大例外，那里始终与外部世界保持着一定程度的贸易往来。其他地区直到公元 1100 年以后才开始较大规模的城镇扩张。即便如此，西欧还要等待漫长的光阴，才会出现能够媲美古典伊斯兰和亚洲世界伟大文明中心的城市。在几乎整个西方世界，自给自足型农庄统治经济达几百年之久。这种经济养活和维持了一定的人口，也许少于同一地区的古代人口，但准确的估值几乎不可能给出。不管怎么说，11 世纪之前，即便人口没有减少，其增长速度也非常缓慢，没有任何证据可以否定这一推断。当时西欧的人口可能有 4 000 万——比今日的英国更少。

在这个世界中，是否拥有土地、是否能够获取土地，是决定社会等级的最高标准。西方社会的大人物依旧保持着野蛮社会时期一贯的勇武之名，但也以某种方式成了地主。这是一个缓慢但合乎逻辑的过程。再加上教会权贵和他们的国王，就形成了统治阶级。拥有土地不单能收取租金和税款，而且还能获得司法权和劳力。地主就是领主，在成为贵族的各项要素中，世袭身份的作用逐渐膨胀，而实际作战才能和技艺不再（但理论上长期）具有突出的地位。

有些领主的土地是国王或大贵族赐予的。作为回报，他们要在

后者需要时提供军事服务。不仅如此，帝国时代终结后，行政必须去中央化；蛮族国王不具备拥有官僚技能和读写技能的人力资源，而这是直接统治广大区域所必需的。所以，授予有利可图的经济物产以换取具体的效忠义务，是非常普遍的做法，这一概念是“封建制度”的核心；后世的法学界人士在回顾中世纪欧洲时，就选择这一概念作为理解“封建制度”的关键。这一现象广泛传播，但并非举世皆然。

大量贡品和纳金滚滚而来。罗马和日耳曼习俗都偏好这一概念的复杂性和精巧性。在帝国后期，或者是墨洛温王朝的高卢人陷入困境的时期，这种体制也有所帮助，人们普遍“投身”大领主以寻求保护，并献上专属的忠诚和效劳作为回报。这是一种易于和日耳曼社会惯例同化的做法。加洛林王朝统治下，开始出现“封臣”向 419
国王表忠心的惯例；也就是在别具一格、往往公开举办的仪式上，承认他们身负为国王效劳的特殊责任。国王是他们的领主，他们是国王的手下。野蛮人时代依靠共同出生入死所建立起来的旧式忠诚，开始同封建君臣的概念混合，产生了关于忠诚、可靠和互惠责任的新道德观。封臣之下还有封臣，领主的下属可能又是别人的领主。义务和私人效忠关系环环相扣，理论上可以一路延伸，从国王、权贵及其侍从一直串到最底层的自由民。当然，这会造成复杂和矛盾的命令体系。一名国王的部分土地可能来自另一名国王，所以也就是后者的封臣。奴隶比自由民地位更低下，在南欧的数量可能比北方要多，但无论何处的奴隶都表现出向农奴进化的趋势，虽然速度极为缓慢。农奴没有自由，生来就不能离开其主人的土地，但也不至于丝毫没有任何权利。

按后来有些人的说法，仿佛主从关系可以解释中世纪社会的一切。但事实从来不是这样。虽然欧洲的大片土地被划成采邑——“封

11世纪的基督教世界

420　建主义”（feudalism）一词就来自 *feuda*①——即附带条件的地产权、需对某个领主承担责任，但始终有一些重要的地区，尤其是欧洲南部，以日耳曼方式为表、罗马方式为里，“混合”出一种不尽相同的体制。意大利、西班牙和法兰西南部的大片地区不是这一概念上的“封建采邑”。而且，就连“封建”色彩较浓的地区，也总有一些永久性的地产主，形成一个重要的阶级，在某些国家比其他阶级人数更多。他们完全拥有土地，但无需为任何人效劳。

尽管如此，就整体而言，以土地为基础、契约式的义务关系依然

① 采邑的拉丁语复数格，原型为“feudum”。——译者注

是中世纪欧洲文明的主要基调。群体也能像个人一样成为领主或封臣。一批佃户可以向一名修道院院长（包括女修道院院长）宣誓效忠，以获取修道院庄园内的租地；一名国王可以让某个座堂圣职团(cathedral chapter)① 或僧侣群体成为自己的封臣。“封建体制”可以容纳极为复杂和模棱两可的关系，但中心要素是上下等级之间的责任交换；这种责任交换贯穿整个结构，比其他的一切都更能帮助现代人理解该体系的要旨。领主和下属有彼此扶持的誓约：“农奴，你要带着恐惧和战栗服从你世间的主人；领主，你要正义且公平地对待你的农奴。”这句法兰西教士诵读的训令，简洁扼要地概括了该原则在具体情况下的体现。以此为逻辑出发点，一个越来越复杂的社会建立起来，也能够在很长的时期内维系自身的理论和存续。

这套体制还使武士阶级榨取农民财产维持自身开销和建筑城堡的行为获得正当立场，从中产生了欧洲的封建贵族群体。这套体系的军事职能长期处于至高无上的地位，也是贵族统治的依靠。哪怕实际战斗不需要农民参与，而由封臣的麾下士兵（后来转为依靠封臣付钱雇来的士兵）承担，这一职能依然至关重大。在军事技术方面，最受敬仰（因为最有效）的是顶盔贯甲、骑马作战的能力。7 世纪或 8 世纪的某一时刻，马镫得到采用；从那时起，重装骑士可以在大部分战斗中所向披靡，直到能够制约他们的武器出现为止。这一技术优势孕育出职业骑兵所组成的骑士阶级，他们由领主直接供养，或是受赐领地用来养活自己和马匹。他们是中世纪武士贵族和此后几百年间欧洲价值观的源头。但有一段很长的时期，这一阶级的定义相当模糊，加入和退出都很寻常。

政治现实往往会撕破理论。在无数臣属关系所组成的错综复杂的

---

① 为主教提供进言的教士团体。——译者注

大网中，国王对封臣的控制力可能还不及封臣对下属的掌控。在当地
421 普通人的生活中，比起远在天边、可能从不得见的国王或亲王，大领主（无论是教会外的封建门阀还是地方主教）必然总是显得更为高大和重要。在10和11世纪，国王明显受制于地方豪强的例子随处可见。受此问题困扰最小的国家似乎是盎格鲁—撒克逊人的英格兰，那里的君主制传统和民族认同感比其他地方更强。但只要国王够精明，即便他很弱小，地方领主的施压也不总是起效；毕竟，他还有其他封臣，如果够聪明，也不会同时与所有人为敌。另外，国王的身份与众不同，教会的涂膏礼确立了其神圣的克里斯马权威（charismatic authority）①。在大部分人眼里，国王被特别的排场和仪式所包围，因而与众不同；这些排场和仪式在中世纪政府中发挥重要作用，一如我们今日的官样文书。如果国王还拥有大片自有领地，那就很有机会把握主动权。

虽然在技术和法律意义上并不始终如此，但在普遍和日常的意义上，国王和大门阀贵族是中世纪早期社会唯一享有较多自由的人。然而，就连他们的生活也处处受制，欠缺我们习以为常的很多便利和自由；毕竟，除了祈祷、战斗、打猎和管理地产，能做的事实在不多；除了教会职务，男子也没有可以从事的职业，日常生活方式和内容出现创新的可能性很小。女性的选择范围更加有限，处于社会底层的男性也是如此。只有当经济逐步扩张、贸易和城市生活逐步恢复活力，这一切才会随之改变。显然，人为地给这类过程划分时段几乎没有意义，但公元1100年是一个例外，是至关重要的经济发展起步的分水岭；只有此时，我们才能感受到，这片大陆的大片地区脱离了半蒙昧的社会状态，有了自诩为文明的资本。但也仅此而已。

---

① 马克斯·韦伯的3种权力定义之一，其权力来自人们“对卓尔不凡的圣洁、英雄气质或突出人格”的忠诚。——译者注

第6章 印　度

虽然亚历山大大帝身边不乏鸿儒名士，也能得到他们的慧见，但他对印度只有模模糊糊的概念；他似乎觉得印度河是尼罗河的一部分，河的另一侧依然属于埃塞俄比亚。长久以来，希腊人对印度西北部的了解相当丰富——那里是波斯行省犍陀罗的所在地。但更远处的地区都是不为人知的黑暗世界。从政治地缘学的角度来说，这种不为人知的状态一直延续着；亚历山大入侵该地时，恒河流域各国的相互关系及其本身的性质依旧难以捉摸。位于下游的摩揭陀王国对恒河全域拥有某种程度的支配权，在两个世纪或更长的时期中曾是这片次大陆最重要的政治实体，但我们对其体制或历史所知不多。印度文献对亚历山大攻入印度只字未提；而由于这位伟大的征服者从未染指比旁遮普更遥远的地区，在与他同时代的希腊人的记述中，我们也只能了解他推翻西北部若干小王国的经过，而无法一窥印度心脏地带的势力。 422

塞琉古王朝统治下，关于旁遮普以外区域的情况，有更多可靠的信息流入西方世界。这些新知出现的时段大体上与孔雀帝国这一印度新势力的崛起同步，也是印度历史记载的真正开端。我们的信息部分来自希腊使节麦加斯梯尼（Megasthenes），他在大约公元前300年被塞琉古国王派往印度，并记下了自己的所见所闻，其中有些片段一直流传下来，被后世作者大段引述。他一路行至孟加拉和奥里萨（Orissa），因拥有外交官和学者这两种受人尊敬的身份，从而可以同很多印度人结识和攀谈。一些后世作者觉得他缺乏怀疑和求证的精神，其记录也不甚可靠，因此总是盯着他的某些叙述夸张不放，例如，麦加斯梯尼称有人无需饮食、只靠气味生存，又有人形似独眼巨人，或是脚大如椽、可以拿来遮阳，还有侏儒、无嘴人，等等。这类记述当然是天方夜谭，但也未必毫无来由。雅利安印度人也许觉得他们的邻人或中亚及缅甸丛林的远亲与自已存在某种身体特征上的差
423 异，而这些夸大很可能是他们充分意识到这些差异的表现。在印度人眼里，他们的有些特征看起来必然非常怪异，而且某些行为也无疑非常古怪。另一些离奇之说可能隐约反映了印度教苦行修炼的状况。这些修行始终让外来人为之称奇，也往往令传闻越来越夸大。此类传闻并不至于使讲述者的可信度受疑，也不代表他所记录的其他事必然为谬。如果它们间接体现了为麦加斯梯尼提供信息的印度人看待外部世界的方式，那甚至还有一定的正面价值。

他描述了一位伟大的印度统治者、孔雀王朝的奠基人旃陀罗笈多（Chandragupta）。其他原始史料中也有关于他的情况。古人相信，他年轻时曾亲眼见到亚历山大大帝征服印度时的英姿，从而燃起了征伐四方的雄心壮志。无论是真是假，旃陀罗笈多于公元前 321 年篡夺摩揭陀的基业，在那个王国的废墟上建起一个国家，其幅员不仅包括印度河与恒河两大流域，而且还涵盖大半个阿富汗和俾路支（Baluchistan）。他定都巴特那（Patna），并住进一座富丽堂皇的木质王宫。对于印度史的这一阶段，考古学依然不能为我们揭示太多情况。从麦加斯梯尼的记述来推断，旃陀罗笈多也许实行某种君主统揽式的统治；但印度史料所揭示的似乎是一种官僚体制，或至少是一个力图建立官僚制的国家。实际情况还难以判明。这个国家建立在更早形成的政治单元之上，其中的很多曾经是共和制或平民制，通过皇帝身边的大人物与他保持联系；有一部分虽然是名义上的属国，但在实际层面往往具有极大的独立性。

关于帝国的臣民，麦加斯梯尼也能滔滔不绝。除了列出一长串各形各色的民族之外，他特别提到两种宗教传统（一为婆罗门教[Brahminism]，另一个显然是佛教），谈及印度人吃米饭和只在仪式时破例的禁酒习俗，长篇累牍地讲述大象的驯化，而且对印度没有奴隶的现象（很让希腊人吃惊）加以评论。最后一条认识是错的，但可以谅解。虽然印度人不买卖人口，也不陷入受绝对奴役的状态，但也有人必须为主人做苦力，而且法律上无法撤销其义务。麦加斯梯尼还称，国王的消遣是在高台上或象背上打猎——与 20 世纪捕杀老虎的方式非常相似。

据说，旃陀罗笈多晚年与耆那教教徒一起隐居，在迈索尔（Mysore）附近的归隐地进行宗教式的绝食，并坚持至死。他在位期间早已显露出扩张的倾向，其子嗣兼继承人将帝国的扩张势头转往南方。孔雀帝国的势力开始深入巴特那以东的茂密雨林，一路向东海岸推进。最终，在第三代传人手中，孔雀帝国征服奥里萨，控制了前往南方的海路和陆路，这片次大陆也达到了两千多年来都未曾企及的高
度政治统一。实现这一伟业的征服者是阿育王（Asoka），在他的统 425
治下印度终于有了成文的历史档案记载。

很多阿育王时代的镌文保存下来，上面有向其臣民发布的敕规禁令。这种传播官方思想的手段以及镌文的独特范式，都显露出波斯和希腊化的影响。孔雀帝国时期的印度与西方文明保持接触的持续程度，无疑是史无前例的。阿育王在坎大哈留下了希腊语和阿拉姆语的镌文。

这类证据揭示，该国政府的能力远胜麦加斯梯尼大致描述的情形。一个王族会议团体统治着以种姓制度为基础的社会，有一支王族军队和官僚团体；和别处一样，读写能力使行政和文化都跨入一个新时代。也许还存在大量暗探，或者对内情报机构。除了收税、维护通

信和灌溉系统之外，阿育王所统治的国家机器还致力于推广一种官方思想体系。阿育王登基后不久就成为佛教徒。与君士坦丁不同的是，他是在某次战役之后而非之前皈依，这次战斗的血腥和残酷令阿育王大为惊骇。正因如此，他信佛的后果是放弃了之前一直非常明显的、以征服为主的统治模式。或许这是次大陆以外的战场对他没有诱惑力的原因所在——不过，这一限制不是他独有的，大部分印度统治者从未起过统治蛮族的野心；当然，这一野心也只有在征服整个印度之后才可能显现。

阿育王刻在岩石或柱子上的镌文一般被视为他最具价值的佛教思想表达。这些镌文属于他统治的年代（大约公元前 260 年以后），是留给臣民的警言，堪称一种全新的社会哲学。阿育王的箴言统称达摩（*Dhamma*），这是梵语的变体，意指“普天之法”，其内容有耳目一新之感，令 20 世纪的印度政治家大肆赞美其思想的现代性，从而犯了混淆年代的错误。无论如何，阿育王的思想确实引人瞩目。他告诫子民必须尊重所有人的尊严，而且将宗教宽容和摒弃暴力放在最首要的地位。他的箴言很笼统，不太细致，也算不上法律，但中心主题明白无误，旨在提供一套行为准则。由于自身的秉性和思维模式，阿育王深深认同这些思想是毫无疑问的，但字里行间并没有表现出发展佛教的意图（阿育王以其他方式发展了佛教），而更似求同存异的尝试；这很可能是统治成分混杂、宗教多样的巨大帝国的一种手段。阿育王试图让臣民齐心协力，共同建立一种覆盖全印度的政治和社会团结，其基础则是民众的利益以及强制和密探手段。他有一段镌文如是说：“人人皆是我的孩子。”

或许这也能用来解释他对所谓的“社会福利”感到的自豪，其表现形式有时与当地气候相得益彰。他宣称：“我在道旁栽下榕树，为众生送去荫蔽。”这一措施看似平平无奇，但对那些在广袤的印度平原上跋涉的疲惫旅者来说，其价值一目了然。几乎是无心插柳之下，这些措施也改善了贸易通道，虽然榕树本质上仍是达摩教义的体现，他每隔 9 英里挖掘水井并建起歇脚处也是出于同理。然而达摩经的教诲看来并不成功，据说当时存在宗派斗争，僧人也心怀怨恨。

阿育王在弘扬佛法方面做得更为出色。他在位时推动了佛教的第一次大扩张。此前佛教虽然也很兴旺，但仅限于印度东北地区。他派出传教团体，对缅甸的传教成果斐然；锡兰岛的成绩更为出色，从此以后那里一直以佛教为主。另一些传教士带着更为乐观的期许前往马其顿和埃及。虽然佛教思想给希腊世界的若干哲学家留下了印象，也有部分希腊人皈依，但他们的传教工作不如其他地区成功。

阿育王时代的佛教生机勃勃，或许是婆罗门教有所作为的部分原因。前文已经提到，大致从那时开始，若干密宗团体开始前所未有地盛行，这也许就是婆罗门为应对挑战所刻意采取的措施。特别重要的是，公元前 3 至前 2 世纪，毗湿奴最脍炙人口的两种化身在这些密宗中获得了新的突出地位。一个是化身黑天（Krishna），其传说极有可能赢得崇拜者的心理认同；另一个是家庭神祇罗摩（Rama），是仁慈的君主、好丈夫和好儿子的化身。两部伟大的印度史诗《摩诃婆罗多》（*Mahabharata*）和《罗摩衍那》（*Ramayana*）也在公元前 2 世纪开始定型。后人以前者的某一章为基础进行大段扩写，创作出如今印度文学中最著名的作品和最伟大的诗歌《薄伽梵歌》（*Bhagavad Gita*），即“神之歌”。这是印度教的核心印证，以毗湿奴/黑天为中心人物展开，罗织关于履行责任的道德教义——人的责任来自其所属等级（佛法［*dharma*］）；并提出，要想度入永恒的悦境，虔诚的事功无论多么值得称赞，都不如黑天的大爱来得有效。

这些都是决定印度教未来的重要因素，但其发展要等到孔雀帝国 427
崩溃后很久才完成。阿育王死后，帝国的崩溃马上就开始了。这一破灭的进程犹如戏剧般夸张——孔雀帝国曾经如此不可一世。虽然我们一心想要找出一些特别的解释，但或许这只是日积月累下所导致的质变。在所有古代帝国，对政府的要求最终会超出技术资源能够满足的极限；而当情况发展到这一地步，帝国就轰然倒塌。也许只有中国是例外。孔雀帝国有过伟大的成就。他们征用劳力，开拓大片荒地，以此养活不断增长的人口，扩大帝国的税收基础。他们建起规模浩大的灌溉工程，从而延续了王朝数百年的基业。北方陶器在公元前3世纪传遍整个印度，如果以此判断，那么孔雀王朝统治下的贸易也十分繁荣。他们维持着一支大军和大量外交人员，其足迹远达伊庇鲁斯(Epirus)。但成本也非常高昂，政府和军队成了寄生虫，靠农业经济供养，而这种经济体的规模存在极限，能够支付的俸饷也有限度。虽然以时隔千年的眼光来看，其官僚体制在理论上依然保持着中央集权，但效力不敢恭维，更谈不上毫无缺陷。由于缺乏能够使其独立于社会的控制和征募系统，这一官僚体系一方面落入宠臣之手，所有其他人都要看他们的脸色；另一方面成了地方权贵的囊中之物，他们知道如何攫取并维持实力。

有一个政治弱点在孔雀帝国之前就深深扎根。当时的印度社会已牢牢系于家族和种姓制度之上。印度人忠诚的对象是社会制度，而不会把忠诚心交给某个王朝或是国家存续的抽象概念，更别提民族了。当某个印度帝国在经济、外部或技术的压迫下出现垮台的征兆，它无法指望依靠民众义不容辞的支持渡过难关。这一目了然地表明，阿育王以信仰来黏合整个帝国的尝试很不成功。不仅如此，结构复杂、精细入微的印度社会体制，尤其是种姓制度，还会提高社会的经济成本。社会职能依靠出身划分且雷打不动，有经济才能的人无处施展，有志之士也找不到出路。印度社会具有一种注定会扼杀经济增长潜力的体系。

孔雀帝国的末代皇帝[1]被暗杀后，一个有婆罗门教渊源的摩揭陀王朝[2]取而代之。随后 500 年间，印度历史又一次陷入政治分裂的局面。从公元前 2 世纪起，我们有来自中国的史料可供参考，但在此之前的印度史，学者们尚无定论；就连年表也仍有大量内容纯属推测，428
只有总体进程可以勾画出来。

而最重要的是外敌从历史意义重大的西北走廊对印度新发起的一系列侵略进程。首先是大夏人，他们是乌浒河上游的亚历山大帝国所留下的希腊人后裔。至公元前 239 年，他们已在印度和波斯塞琉古王朝之间地带建起一个独立王国。对这片神秘的区域，我们的了解大半来自其铸币，中间有大量断层，但尚能知道大夏人 100 年后已进入印度河流域。他们是将要延续 4 个世纪的入侵大潮中的第一个浪头。一系列复杂的动向接连发生，其原动力匿于亚洲游牧民族的社会深处。继印度—希腊血统的大夏人之后，其他民族也在不同时期接踵而至，在旁遮普一带立足，其中就有帕提亚人和斯基泰人。据传说，某位斯基泰国王将圣托马斯奉为宫廷的座上宾。

一支具有重要地位的民族一路逶迤，从中国边境抵达印度，为印度写下了另一段伟大帝国的篇章，其疆域从山地以外的贝拿勒斯(Benares)[3] 一直延伸到商队往来途经的大草原。他们就是贵霜人(Kushans)。历史学者依旧在争论他们与其他游牧民族的关系，但有两点相当清楚。首先，他们（或其统治者）都是热忱的佛教徒，并扶持若干印度宗派。第二，他们政治利益的焦点位于中亚，其最伟大的国王也在那里葬身沙场。

---

① 名叫布里哈陀罗（Brhadratha）。——译者注

② 史称巽伽王朝（Sunga）。——译者注

③ 现称瓦拉纳西（Varanasi），印度北方邦的东南部城市，位于恒河左岸，是印度七圣城之一。——译者注

贵霜王朝统治时期再次为印度文化带来了耳目一新的国外影响；往往来自西方，其雕塑的风格，特别是佛教雕塑，就表现出这一点。这以另一种方式成为一个时代的标志，因为对佛教加以艺术表现是贵霜时期的一大创新。他们在此方面绝非浅尝辄止，希腊人物逐渐让位于我们今日所熟知的佛祖形象。这是佛教朝着复杂化方向发展的表现之一。该宗教在当时处于普及化和实体化的阶段，佛陀具有了神的地位。但这只是当时的众多变化之一。千禧年说、更具感情特色的宗教表达和更高深的哲学体系，全都彼此交织、相互影响，要从中甄别出印度教或佛教的“正统”多少有些勉强。

最终，贵霜王朝向一支更强大的势力屈服。公元3世纪早期，阿尔塔薛西斯（Artaxerxes）夺取大夏和喀布尔河流域。不久之后，萨珊王朝的另一名国王攻占贵霜首府白沙瓦（Peshawar）[①]——此类陈述，很容易让人对其描述的内容心生厌烦。掩卷沉思，读者很可能与
429 伏尔泰有同样的感受：“乌浒河和药杀水畔的君王交替与我又有何干？”这就和法兰克各国王或是盎格鲁—撒克逊七王国（Heptarchy）[②]时期的兄弟阋墙一样，只是规模略大而已。从这一王朝的兴衰中确实很难看出太多意义，但例外的是奠定印度史基调的两大不变主题：西北边境对于文化吸收的重要作用和印度文明强大的同化力。印度始终展现着这一同化力，到头来也没有一个入侵民族能够抵挡。新的统治者不久之后就主宰了印度诸王国（它们的渊源也许能追溯至孔雀帝国之前、公元前5至前4世纪的那些政治实体），也沿袭了印度的治国之道。

入侵者从未向南方过多深入。孔雀帝国崩溃后，德干高原长期处

① 巴基斯坦中部城市，位于喀布尔河支流巴拉河以西、开伯尔山口附近。——译者注

② 传说中古代末期和中世纪早期大不列颠的七个王国，后来统一为英格兰王国。——译者注

于分裂状态，由当地的达罗毗荼人（Dravidian）自行统治。其文化独特性甚至保留至今。虽然孔雀王朝灭亡后，雅利安文化的影响在那里变得更强，但印度教和佛教从未消失，南部与北部没有再次实现真正的政治统一，直到英属印度时期为止。

在这段纷乱的时期，印度与外部的接触并不总是伴随着暴力。与罗马商人的贸易发展得十分迅速，引来普林尼的（错误）谴责，声称这会让帝国的黄金枯竭。确实，除了有印度使节到西方来洽谈贸易之外，可靠的信息少之又少。但这番评语暗示，印度与西方贸易的一大特征当时已经具备；地中海市场需要的奢侈品只有印度可以供应，而他们能够用来交换的物品只有金条银锭。该模式将一直持续到 19 世纪。关于贸易所引发的跨大陆往来，还有另一些有趣的标志。海洋是各贸易群体之间的文化纽带，泰米尔人（Tamil）描述商品的词汇在希腊语中现身，南方的印度人自希腊时代起就与埃及人通商。后来，罗马商人定居南部港口，那里的泰米尔国王还让罗马人担任扈卫。最后，无论使徒圣托马斯是否曾到过印度人的宫廷，西部的贸易港可能是基督教进入印度的门户，其年代也许早至公元 1 世纪。

就算是北方，也要等上百年后才会再次实现政治统一。恒河流域的新国家——笈多（Gupta）帝国，承载着长达 5 个世纪的纷乱历史。在帝国中心巴特那，笈多列帝奠定了该王朝的基业。王朝创始人叫旃陀罗笈多（Chandragupta），从公元 320 年开始统治，百年之内印度北部一度再次统一，摆脱了外部的压迫和入侵。虽然笈多帝国不如阿育王的帝国那般庞大，但存续了更长的时间。在其统治下有大约 200
年，北印度经历了一段类似安东尼时代[1]的文化艺术发展期，被后世 430

① 指公元 138 年至 192 年间的罗马帝国，从安东尼·庇护开始，到康茂德为止。——译者注

看作印度的古典时代而加以缅怀。

笈多时期迎来了印度艺术的第一次大发展。孔雀帝国以前的石雕艺术尚不完善，也几乎没有留传下来。石柱是该艺术的主要成就，集当地石工传统之大成。石雕和石质建筑中仍长期保留着木质建筑时代演化出的风格式样的痕迹。尽管人们一度认为希腊才是印度石雕技术的源头，但在希腊化影响到来之前，其技术就已经高度发达。希腊人带来的是西方的新艺术式样和技巧。如果我们以留存下来的艺术品作为判断依据，基督元年以后很久，从佛教雕塑中还能找到这些影响带来的主要特征。但在笈多时期之前，印度雕塑已经打下丰厚的本地传统；只是从此时起，印度艺术步入成熟，可以自立门户。笈多时期开始建设大量石质寺庙（不同于挖掘后加以装饰而成的洞穴），为穆斯林时代以前的印度艺术和建筑赋予了伟大的荣耀。

笈多文明的文学成就也很突出，根基同样深厚。梵文语法在孔雀王朝到来前夕实现标准化和系统化，为文学开辟道路，使整片次大陆的精英阶层共享同一种语言。尽管南北方存在文化差异，但梵文是联结两地的纽带。印度的经典史诗以梵文写成（但也被翻译成地方语言），最伟大的诗人和剧作家迦梨陀娑（Kalidasa）也以梵文创作。笈多时代，印度戏剧艺术从难以窥见真容的过去发展起来，其传统一直保持至今，进入20世纪的印度大众电影业。

笈多时代的智识成就也堪称伟大。印度数学家在5世纪发明了十进制体系，相比印度哲学在同一时期的复兴，这一成果的重要意义也许更容易被非专业人士所理解。哲学复兴不仅限于宗教思想，但根据从中获取的信息来看，关于当时的普遍观念或文化走向，似乎大有争论的余地。《爱经》一类的文学作品可能会令西方读者大为惊讶，其字里行间满是技巧性的介绍，无论用途多么令人起兴，最多也只能占用一个规模微不足道的精英阶层的一小部分时间和精力。也许，一份否定式的结论最站得住脚。无论对传统婆罗门佛法的强调，还是某些印度导师的戒行苦修，抑或坦然接受《爱经》等大量作品所倡导的感官愉悦，都与基督教和伊斯兰教传统中如此强烈而激亢的禁欲主义没有丝毫相同点。印度文明前进的步调与遥远的西方文明截然不同；印度之所以能够抵挡外来文化，其最深层的力量来源和最深刻的解释或许就在于此。 431

印度文明在笈多时代达到成熟的经典形态。基于政治事件的年表不利于对这一时期的理解；但重要的发展趋势不受任何主观时段分界所限。尽管如此，从笈多文化中，我们可以感受到一个进化完全的印度社会的存在。其与众不同之处在于，一个种姓体系当时已取代吠陀教（Vedic）① 的四种姓结构，比原有的体系更为复杂。各种姓将印度人封闭在定义明确的所属阶层之中，决定他们的婚嫁，通常也决定他们的职业，大部分印度人的生活无法远离土地。多数城市是大规模集市或宏伟的朝圣中心。大部分印度人和现在一样是农民，其生活背景是一种在孔雀帝国时代之前就已经奠定基本形态的宗教文化。该文化的部分后期发展已在前文提及；另一些将于笈多时期以后出现，会在本书其他章节探讨。这些文化的活力和力量毋庸置疑；经过之前几个世纪的进一步完善，在笈多时代表现为雕刻和雕塑的巨大发展，展现出大众宗教的强大力量，与前笈多时代的印度塔（stupa）和佛像一起，成为印度境内长盛不衰的景观。说来不合常理的是，关于印度这个国家，相较于人们过去的物质生活，我们或许有更多可以了解其精神世界的证据，这很大程度上是由于其宗教艺术的缘故。我们也许对笈多帝国的农民究竟要承受多少赋税知之甚少（虽然可以猜测），但

---

① 公元前1500年左右印度各民族信奉的宗教，因其圣典《吠陀经》得名。其四个种姓为：婆罗门（祭司或教师）、刹帝利（统治者）、吠舍（商人）和首陀罗（非雅利安族的奴隶）。——译者注

关于神祇和魔鬼无尽的共舞、动物和图腾形成和解体的模式，倒是可以触摸到一个依然鲜活的世界。这些古老的元素在如今的印度村落圣祠和扎格纳特塔（juggernaut）[①] 中，还是栩栩如生、清晰可辨。印度史的与众不同之处在于，我们有机会获知数以百万计的寻常人的生活，而这类历史本来也应当是本书叙述的对象，但却通常不为我们所知。

笈多时代之后而伊斯兰势力到达之前，是印度文明的最高峰。印度宗教的深厚积淀、印度文化的肥沃土壤，几乎没有经受政治动荡的波折。公元 600 年左右出现的一个重要的新教派是其表象之一，并很快占据宗教舞台的一席之地，此后也从未失去在印度宗教崇拜中的地
432 位，那就是母神提毗（Devi）崇拜。有人认为这体现了印度教和佛教均表现出的强调性别的新趋势。提毗崇拜是沸沸扬扬的印度宗教生活的组成部分，持续了一两个世纪或更久，随后涌现出湿婆和毗湿奴崇拜的新热潮。年代定位对此意义不大；我们必须设想其贯穿几个世纪的持续变化过程与基督教时代早期同步，而古老的婆罗门教进化为印度教是这一过程的最终结果。

一整套习俗和信仰从中产生，一定程度上满足了所有人的需要。这些习俗和信仰源自名为吠檀多（Vedanta）的哲学体系，即一套抽象的精神信条，强调实体和物质的虚幻不真，以及到朴素的乡村神庙去获取真实——梵（*brahma*）——的真知、从这份虚幻中赢得解脱的渴望。地方神祇在那些神庙中得到膜拜，很容易被纳入湿婆或毗湿奴崇拜团体，因为人们普遍相信这两位主神具有不止一种化身。于是，宗教激情从互为对立、同时壮大的偶像崇拜和新一轮禁欲主义中找到了发泄的出口。动物牺牲从未停止，保守的宗教习俗更加严厉，

① 供奉毗湿奴化身扎格纳特的寺庙。——译者注

使牺牲和另一些行为得到保障。对女性的态度也更为苛刻，使她们的从属地位更为彻底。女性问题在宗教层面表现为童婚现象的急剧增多和名为萨蒂（*suttee*）的习俗，即在丈夫死后火化时妻子一同自焚。

然而，印度文化有丰沃的土壤，就连如此未经雕琢的宗教，也伴随着集吠陀教传统之大成的吠檀多哲学的最强音，以及新发展出的、将佛陀奉为神明的大乘（Mahayana）佛教。后者的渊源可追溯到对佛陀所授的静观、清净和解脱教义的不同理解。这些分支偏向于更具仪式性和普罗大众的宗教主张，也强调对佛陀身份的新阐释。依大乘佛教看来，佛陀不是单纯的导师和典范，而是最伟大的菩萨（*bodhisattvas*）——菩萨即救世者，本有资格涅槃，但自愿留在人世普度众生。

修成菩萨逐渐成为很多佛教徒的目标。贵霜国王迦腻色迦（Kanishka）曾召开一次佛教会议，意图之一是引导佛教两大不断分化的派系重新统一，但没有成功。大乘佛教关注佛陀，将之奉为神化的救世者，信徒可以崇拜和追随。另一派认为天界存在唯一且伟大的佛陀，类似于某种与万物合一的灵魂，隐藏在印度教的一切事物背 433
后。乔达摩（Gautama）① 所教诲的苦修和静观教义影响范围逐步受限，只有少数正统佛教徒追随；大乘佛教的信徒从大众中赢得皈依者。公元 1 至 2 世纪，佛陀雕像和画像的数量剧增，是该状况的标志之一；此前这类行为因佛陀禁止偶像崇拜而一直受限。大乘佛教最终取代印度先前的佛教形态，并沿中亚的各条商道传播，途经中亚，抵达中国和日本。更正统的佛教传统在东南亚和印尼获得了更好的发展。

可见，印度教和佛教都经历过变迁，也拓宽了各自的受众范围。

---

① 佛陀的本名，指年轻时进行苦修的佛陀。——译者注

虽然受地方宗教元素的影响，但印度宗教愈发兴旺；自贵霜时代起，受匈奴掠夺者蹂躏最为严重的西北地区成为印度的佛教中心。印度教在南方最欣欣向荣。当然，西北和南方两地都是本地文化最容易和地中海古典文化相交融的地区，前者通过陆路，后者经过海路。

这些变化俨然带来一种宗教盛世般的景象。伊斯兰教即将进入次大陆时，印度哲学观方才成熟，但仍有足够的时间完成固化，自那以后成为印度的标志，并在与其他观念的竞争中展现出惊人的、不可压倒的坚定性。其核心是相信生命的无尽轮回和灵魂转世，宣称宇宙的历史是循环而非线性的。关于该哲学观对印度人直至今日的实际行为所造成的影响，是一个浩大的主题，几乎不可能参透。按常理假设，该哲学也许会使人消极对待实际行动并怀疑其价值，然而现实状况究竟如何则大可商榷。完全遵循信仰要求生活的基督徒少之又少，同样没有理由设想印度人会更为循规蹈矩。牺牲献祭和求神宽恕的行为在印度寺庙中延续至今。然而决定整个文化走向的，也许是其别具特色、受到强调的思维模式。而且一目了然的是，印度史的决定因素在很大程度上是强调人类行为限度而非潜力的世界观。

至于印度的伊斯兰教背景，我们必须从公元 500 年左右讲起。大约从那时起，印度北部再次分裂，屈服于令早期帝国深受其害的离心趋向，也屈服于神秘的“胡纳人”（Hunas）入侵。或许他们就是匈奴人？毫无疑问，至少其行为与匈奴类似；在西北地区大肆劫掠破
434 坏，荡平了众多统治家族。在山脉另一侧的阿富汗，他们对已经牢牢扎根的佛教形成致命打击。而在次大陆本身，这段无王的乱世所造成的硬伤要轻一些。虽然北部平原再次分裂成互相征伐的小国，但印度城市看起来没有遭受太大动荡，农民的生活得以迅速恢复，只有打击最沉重时才不堪重负。印度的战乱似乎总能马上以约定俗成的方式限制自身潜在的破坏力，这套规矩很有意义和实效。当时，北部大片地

区的状况在某些方面似乎很类似中世纪期间更为无序的若干欧洲国家——在有着潜在竞争关系的大公之间，封建关系多多少少维系着和平，但无法完全抑制暴力的发作，其本质是为赢得不同形式的贡品和纳金。

在此期间，伊斯兰教已来到印度，最初由抵达西海岸的阿拉伯商人传入该地。公元712年或前后，阿拉伯军队征服信德；他们就此止步，逐渐安顿下来，不再骚扰印度人民。随后是一段和平时期。直到11世纪早期，一名迦瑟尼王朝统治者长驱直入印度腹地，一路大肆破坏，但也没有造成根本性的变化。印度人的宗教生活照着自己的节拍又持续了两个世纪，其间最引人注目的变化是佛教的衰微和坦特罗教（Tantrism）的兴起；后者是一种半魔法和迷信密宗，通过咒语和仪式追求入圣，并凭此类教习赢得发展。以寺庙举办的大众节日为中心，各类密宗十分盛行，当时笈多王朝已不复存在，这些密宗无疑对政治不太关注。接着，一批新的入侵者来到了中亚。

他们是穆斯林，来自成分混杂的突厥部落。他们的行为与早先大杀四方的伊斯兰入侵者不同，不是单纯的劫掠，而是在此定居。11世纪，他们首先在旁遮普占据立足点，随后于12世纪末发起第二波攻势；几十年内，就在德里建起一个突厥苏丹王朝，统治整片恒河流域。他们的帝国并非不可分割的单一整体，其内部依旧有印度王国存续并向突厥统治者纳贡称臣，就如西方的基督教王国作为蒙古属国生存下来一样。或许是在意他们的物质利益，穆斯林统治者并不总是支持同为穆斯林并希望布道传教的乌里玛，也能毫不犹豫地发动迫害（被破坏的印度寺庙表明了这一点）。

恒河流域是印度首个穆斯林帝国的心脏地带。这些入侵者迅速扫平孟加拉，随后在印度西海岸和德干高原建立根据地。他们没有深入更南方，印度社会得以大体不变地存续下来。无论怎么看，他们的统 435

治都没有持续太久，就连北方也是如此。公元 1398 年，跛脚者帖木儿的大军攻陷德里。此前大军所到之处尽成焦土，也因此加快了行军的速度；因为据某编年史家所称，蒙古人想躲开他们一路造成的堆积如山的尸体腐烂后散发出的恶臭。在这场灾难后的乱局中，各路军阀和地方豪强拥兵自立，伊斯兰教下的印度再度四分五裂。尽管如此，伊斯兰教还是在这片次大陆立足。对于印度的同化力，这是迄今为止最大的挑战，因为伊斯兰教积极主动、信奉先知和启示的风格，与印度教和佛教截然相反（不过，伊斯兰教也在后者的影响下发生了微妙的变化）。

新苏丹在德里相继上位，但没有表现出能够恢复伊斯兰帝国往昔荣耀的实力。直到 16 世纪，该帝国才在一名外来国王的统治下复兴，他就是喀布尔的巴布尔（Babur of Kabul）。其父系血缘来自帖木儿，母系族谱可追溯至成吉思汗。他年轻时身边敌意环伺，这给他的成长带来极大好处，也成为其雄心壮志的源泉。他很快发现，为了继承王位就必须战斗，并在 14 岁那年攻克了重镇撒马尔罕；这样的君主堪称罕见（尽管该城几乎马上得而复失）。就算刨去传说和轶闻，哪怕生性残忍狡诈，他依然是一名极引人入胜的伟大君主：慷慨、强悍、勇敢、机智且敏感。他为后世留下一部获评甚高的自传，而其素材是坚持了一辈子的笔记，被他的后代珍藏，作为激励和指引的源泉。自传表明，这位统治者在文化上没有将自己看作蒙古人，而是突厥人；所继承的传统来自长久以来定居在阿拔斯王朝前东部省份的子民。他的品味和文化承袭波斯帖木儿王朝列帝，对园艺和诗歌的爱好来自那个国度，也与伊斯兰统治下的印度相得益彰，其宫廷早已深受波斯模式的影响。巴布尔是一名藏书家，这又是帖木儿王朝君主的特质。据说，当他攻占拉合尔（Lahore）时，所做的第一件事就是去败者的图书馆挑选书籍，作为送给儿子的礼物。他本人也从事创作，包括 40

页篇幅的印度斯坦（Hindustan）征服纪要，其中提到了该地的习俗和种姓制度，甚至还有野生动物和花草等细枝末节。

这位年轻的国王出兵印度是受若干阿富汗酋长的邀请，但他自身也希望继承帖木儿王朝在印度斯坦的权力。这将是印度莫卧儿（Moghul）帝国的开端，“莫卧儿”一词就是波斯语中的“蒙古”，虽然巴布尔并不以蒙古人自居。那些心怀不满的密谋分子请他出兵后，
起初他的野心仅限于征服旁遮普，但很快被卷入更大的战场。公元 436
1526 年，他占领德里，让苏丹命丧沙场。没过多久，巴布尔就让引狼入室者称臣，并同时征服那些借机恢复独立的印度异教国家。他去世的公元 1530 年，这一帝国的疆域从喀布尔一直延伸到比哈尔（Bihar）边界。遵照他的嘱咐，巴布尔的遗体在世人的瞩目下被抬往喀布尔，埋在他钟爱的花园内；其坟墓以天作穹，位于他一直视为家园的所在。

巴布尔之子①的治世并不安泰，因为他本人性情不稳、能力不足，而且还有异母兄弟觊觎帖木儿王朝的基业，主张像法兰克人那样由王族后代分割继承。这表明巴布尔王国的安全和统一并非高枕无忧。统治 5 年之后，他被赶出德里，但公元 1555 年重返该城，并于同年去世。当时还是孩童的继承人阿克巴（Akbar）随即登上王位，他出生于父亲遭受流放的窘困时期（但星象奇佳，也没有兄弟阋墙之虞）。阿克巴继承的领土起初只占祖父的一小部分，但逐步发展成一个可以媲美阿育王的帝国，赢得欧洲人高山仰止般的敬意，并称之为“莫卧儿大帝”。

阿克巴有很多堪为王者的资质。他勇敢得几近愚蠢（刚愎自用是他最明显的弱点），年幼时就骑着自己的战象嬉戏玩耍，更喜欢打猎

---

① 胡马雍（Humayun）。——译者注

遛鹰而非课业（他是巴布尔后代中唯一几乎不识字的）。他曾在一对一的较量中亲手用剑杀死一头老虎，也以神射手的技术自傲（巴布尔已为莫卧儿军队装备枪支火器）。但他和前任一样，也钦佩学识和一切美丽的事物。他是书籍收藏家，还出钱供养一队宫廷画家。在其统治下，莫卧儿建筑和绘画达到巅峰。最重要的是，在处理因臣民之间的宗教差异而起的问题时，他表现出了治国大家的风范。

阿克巴在位至公元 1605 年，将近半个世纪，所以统治时间与同时代的英格兰女王伊丽莎白一世大致重合。他成年后马上就娶了一名拉杰普特（Rajput）[①] 公主；自然，她是一名印度教教徒。婚姻始终是阿克巴重要的外交和战略手段，这位公主（下任皇帝的母亲）的父亲是最伟大的拉杰普特国王，因此是很好的结婚人选。尽管如此，从中还是能看出一些政治联姻以外的东西。成婚之前，阿克巴就已准许同样信奉印度教的妇女在家中履行宗教仪式；对于穆斯林统治者而
437 言，这是前所未有的举措。不久之后，他废除了对非穆斯林征收的人头税；他意欲成为所有宗教的皇帝，而非穆斯林宗教狂。阿克巴甚至还听取基督教传道；葡萄牙人现身西海岸后，他邀请他们派精通其信仰的传教士到宫廷来，于是有 3 名耶稣会修士在公元 1580 年抵达。他们在皇帝面前与穆斯林神职人士激辩，尽管没有实现让他皈依基督教这个长久以来的希望，但赢得了他的不少好感。说实话，他仿佛确
438 有真诚的宗教情怀和兼容并蓄的思想，甚至发展到想自创宗教的地步——一种索罗亚斯德教、伊斯兰教和印度教的大杂烩。不过，除了引来别有用心的谄媚者之外，该宗教毫无成果，还令一些人受到冒犯。

无论怎样理解他的做法，安抚非穆斯林显然能够缓和印度统治中

① 印度中北部部落统称。——译者注

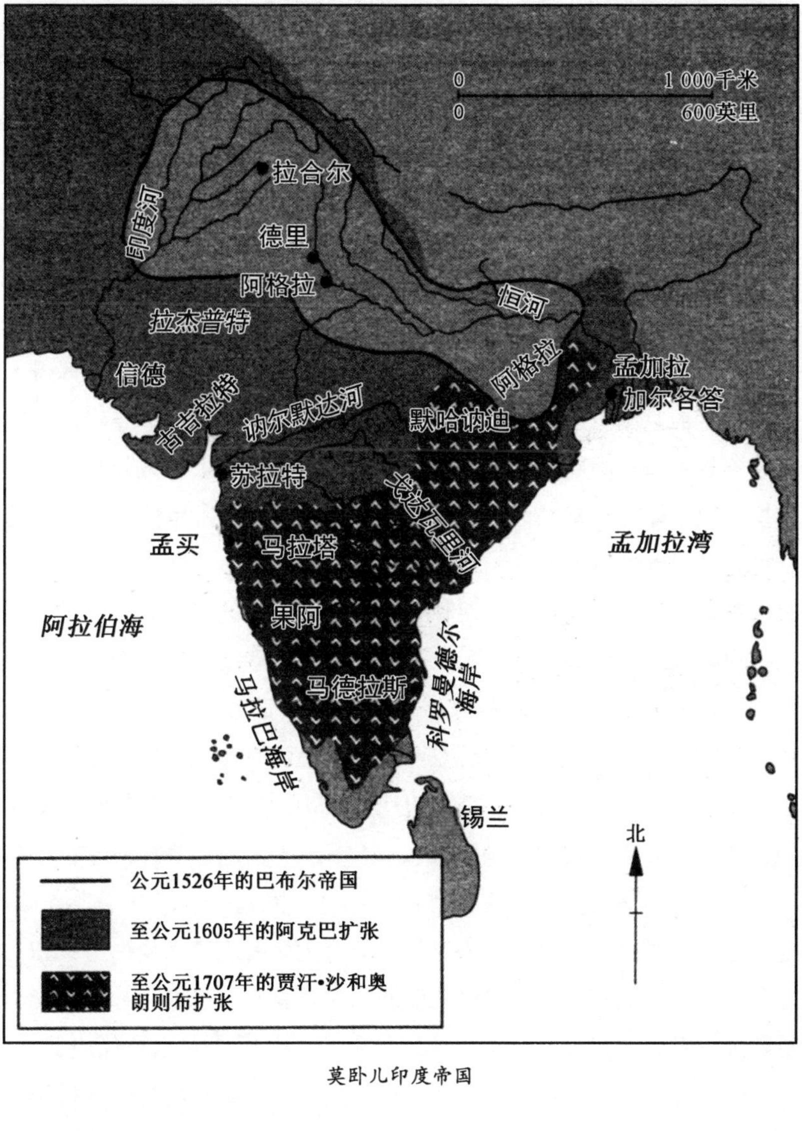
0 1 000千米
0 600英里
拉合尔
印度河
德里
阿格拉
恒河
拉杰普特
信德
古吉拉特
阿格拉
孟加拉
加尔各答
讷尔默达河
默哈讷迪
苏拉特
戈达瓦里河
孟买
马拉塔
孟加拉湾
阿拉伯海
果阿
科罗曼德尔海岸
马德拉斯
马拉巴海岸
锡兰
北
公元1526年的巴布尔帝国
至公元1605年的阿克巴扩张
至公元1707年的贾汗•沙和奥朗则布扩张

莫卧儿印度帝国

的现实问题。巴布尔的金玉良言犹在他耳畔，也与这一方针相吻合——要与败者和解。阿克巴投身征服大业，将大片新的印度领土并入自己的版图。他重新实现印度北部古吉拉特至孟加拉一带的统一，并着手征服德干高原。虽然阿克巴在施政创新方面不如他所继承的体制的确立者和奠基人，但当时的行政体系管理着整个帝国，其大体框架一直延续到英属印度时代。官员以皇帝的名义且需遵循他的意愿施行统治，主要职能是征募所需的士卒和征收土地税。当时的税制体系由印度财政大臣设计，比以往更为灵活，并在全帝国范围重新估算了税额。这一体系切实提高了生产力，也改善了印度斯坦的生活水平，因此其成功几乎可称无与伦比。在其他改革中，遏止萨蒂之风算得上实效不足但意图可嘉。

不管怎样，阿克巴稳定了政体。他对子嗣感到失望，与他们发生争执，但王朝的根基在他去世时已然稳固。不过叛乱也曾发生。一部分可能是受穆斯林的鼓动，他们对阿克巴公然偏离信仰的做法感到愤怒。就连“突厥”时代，穆斯林和非穆斯林之间的宗教对立也不再那么尖锐，因为入侵者在新的国家定居，接受了印度人的生活方式。同化的早期标志之一是乌尔都（Urdu）这一新语种的出现，源自军队用语。它是统治者和被统治者双方的交际语，有印地语的语法结构和波斯及突厥语的词汇。一些征兆很快出现，预示着伊斯兰教甚至有可能被印度教吞噬一切的力量所吸收。14 和 15 世纪，一种抽象的、几近一神教的密宗通过流行赞美诗传播起来，掀起一股新的宗教虔诚；他们崇拜的神祇可能是罗摩或安拉，但会为所有人带来爱、正义和仁慈。与此相应，甚至在阿克巴统治期以前，就有一些穆斯林曾表现出对印度教理念的兴趣和尊重。穆斯林吸纳了一些印度教的仪式习规。没过多久，皈依伊斯兰教的信徒热衷于凭吊圣人陵寝的特征开始明显化，那些地方成了人们常去的朝圣地。这些圣人在一神论的伊斯兰教

义下满足了信徒的次要崇拜需求，并承担了过去始终在印度教中占据 439
一席之地的小神和地方神祇的功能。

印度与大西洋沿岸欧洲地区最早的直接往来得以巩固和定型，这是阿克巴统治期结束之前形成的另一个重大发展。随着伊斯兰教的到来，与地中海沿岸欧洲地区互通有无的便利性也许已经略有改善；从黎凡特到德里都信仰同一种宗教，给两地带来虽然遥远但不失连续性的沟通渠道。欧洲旅行者一次又一次前往印度，印度统治者也能够吸引零星到来的技术专家为其效力；不过在奥斯曼征服之后，这类专家变得稀少起来。但即将发生的事件将进一步深入印度，给印度带来永久性的改变。步这些欧洲人的后尘，其他欧洲人也纷至沓来，数量越来越多，而且不再离去。

一名葡萄牙舰队司令在 15 世纪末抵达马拉巴（Malabar），揭开了这一进程的序幕。数年之内，他的同胞作为商人在此立足——有时也在孟买和古吉拉特沿岸干海盗的勾当。巴布尔死后的那段困难时期，印度统治者试图驱逐他们，但没有成功。到 16 世纪后半叶，葡萄牙人的活动扩展到周围一带，于孟加拉湾建起新的港口。很长一段时期内，欧洲人开拓印度的进展都要归功于这些葡萄牙人。然而，令纯良的穆斯林产生敌意也要归罪于他们，因为他们随身带着基督、玛丽和圣徒的画像和雕像，散发着圣像崇拜的意味。后来的历史证明，新教教徒抵达此地时，对当地人宗教情感所造成的刺激要少一些。英属印度时代尚且遥远，但首家英属东印度公司于公元 1600 年 12 月 31 日成立，那是 16 世纪的最后一天；该日期之工整对历史事件而言实属罕见。3 年后，该公司的使者首次来到阿克巴的阿格拉（Agra）宫廷；当时，授予这些商人特许状的伊丽莎白一世刚刚逝世。于是，在两名伟大君主统治期临近尾声时，两个国家进行了首次接触，它们将度过一段命运彼此交织的漫长历史，对双方和世界都造成巨大的影响。但当时没有丝毫迹象可以让人预见到如此的未来，相比印度的贸易，英国人对亚洲其他地区的生意更感兴趣。两国的落差也令人诧异。阿克巴帝国之强盛在世上屈指可数，其宫廷极尽奢华，他和继任者所统治的文明比笈多王朝之后所有的印度国家都更辉煌壮观；而伊丽莎白女王的王国就算在欧洲也称不上强大，债务缠身，人口还比不
440 上现代的加尔各答。数年后，詹姆斯一世送来礼物，阿克巴的继任者对此不屑一顾。然而印度的未来却与女王的臣民息息相关。

巴布尔的直系后代继续把持莫卧儿帝位，虽然期间不无中断，但一直持续到 19 世纪中期。阿克巴死后，该王朝的威望如日中天，宣称拥有蒙古血统在印度蔚然成风。阿克巴的继任者当中，只有 3 人与本章主题有关，因为该帝国在贾汗季（Jahangir）和沙·贾汗（Shah Jahan）统治的 17 世纪前半叶将版图扩张到极致，又在奥朗则布（Aurungzebe）统治的该世纪后半叶开始衰亡。贾汗季残酷而贪杯，其治世不如父亲那般出类拔萃，但帝国生存了下来，其行政体制经受住了这场严峻的考验；阿克巴确立的宗教容忍政策也得以完整地延续。尽管犯下很多错误，但贾汗季大力扶持艺术，绘画是重中之重。他在位期间出现了不少以欧洲引进的绘画和版画为临摹对象的艺术镶嵌画，从中可以首次见到欧洲文化对亚洲造成的冲击。这类图饰之一是赋予基督教圣徒的光环或光轮，在拜占庭则赋予皇帝。贾汗季以后的所有莫卧儿皇帝画像都顶戴这一图纹。

沙·贾汗开始逐步蚕食德干诸苏丹国，① 但在西北地区战果寥寥，也未能将波斯人赶出坎大哈。内政方面，宗教宽容的宗旨开始松动，但还不足以让印度教教徒在政府中处于不利地位；行政团体依然

---

① 指德干地区的 5 个穆斯林王国，分别是比贾布尔（Bijapur）、戈尔孔达（Golkonda）、艾哈迈德纳格尔（Ahmadnagar）、比德尔（Bidar）和贝拉尔（Berar）。——译者注

是多民族构成。尽管皇帝发布敕令要求推倒所有新建的印度教寺庙，但也资助印度诗人和音乐家。沙·贾汗在阿格拉宫廷过着穷奢极欲的生活，最著名和受人景仰的伊斯兰建筑泰姬陵（Taj Mahal）也建于该城，是他爱妻的陵寝。也只有泰姬陵可以和科尔多瓦清真寺一较高下，争夺世上最华美建筑的头衔。泰姬在沙·贾汗登基后不久辞世，此后20多年，皇帝的工匠一直在建造这一工程。它是拱门和圆顶式样的最高杰作，是印度艺术中最璀璨夺目的伊斯兰文化遗产之一，也是伊斯兰文明在印度留下的最伟大的标志性建筑。伊斯兰人侵令印度具象派雕塑式微，但也带来了补偿。另外，沙·贾汗的宫廷中有琳琅满目的袖珍画作品，将这一发展到化境的艺术传入印度。

宫廷以外，莫卧儿印度的景象就远没有那般引人入胜。地方官员不得不一再提高征收金额，不光要维持沙·贾汗的宫廷和战事开支，而且还得供养社会和军方的精英——他们已成了彻头彻尾的寄生虫，靠剥削生产型经济过活。不顾地方需求或自然灾害，这台贪得无厌的 441
税收机器有时可能会夺走农民高达一半的收入，而且根本没有任何税收被投入生产。农民逃离土地、乡间流寇蜂起，直观体现了横征暴敛所引发的苦难和反抗。沙·贾汗虽令帝国不堪重负，但所造成的破坏可能还不如其三子奥朗则布的宗教狂热严重。奥朗则布隔离了自己的三个兄弟并囚禁父王，于公元1658年称帝。他集绝对权力、狐疑猜忌和狭隘的宗教观于一身，造成了灾难性的后果。虽然他成功削减了宫廷开支，但也不足以抵消他所带来的损失。反抗莫卧儿统治的叛乱令他征服的新领土毫无意义。据说这些叛乱很大程度上由于奥朗则布试图禁止印度宗教、捣毁其庙宇，并对非穆斯林重开人头税。印度人加官晋爵的可能性越来越渺茫；成为穆斯林是获得成功的必要前提。延续了一个世纪的宗教宽容政策遭到废弃，使他失去大量臣民的忠诚。

废弃宗教宽容政策的其他后果之一是最终失去征服德干高原的可

能。这片高原犹如帝国体内的溃疡，最终将莫卧儿拖垮。与阿育王时代一样，印度北部和南部无法统一。公元1674年，马拉塔人（Mahrattas）在一名独立领导者的旗帜下团结起来。这些山民是印度反对势力的核心，他们与德干苏丹国的穆斯林残余军队联手对抗莫卧儿大军。从漫长的斗争中涌现出一位英雄人物，在现代印度民族主义者眼中有着类似圣武士的形象。此人就是西瓦吉（Shivagi），他将四分五裂的马拉塔人统合成一个政治实体，也很快就有能力以不亚于莫卧儿人的残酷无情压榨纳税的臣民。奥朗则布接连不断地发兵征讨马拉塔人，直到公元1707年去世。其政体随即出现严重危机，他的三个儿子对继承权展开了争夺。帝国几乎立刻开始解体。而与印度人或地方王侯相比，另一些黄雀在后的得利者具有大得多的威胁，他们就是欧洲人。

也许最终让欧洲人在印度坐大要归咎于阿克巴，因为他没有将威胁扼杀在萌芽状态。沙·贾汗摧毁了葡萄牙人在胡格利河（Hooghly）畔的驻地，但后来容忍了基督徒在阿格拉活动。令人诧异的是，莫卧儿帝国似乎从未考虑过建设海军，而奥斯曼人则利用这一武装对地中海欧洲造成沉重打击。帝国在奥朗则布时期就已尝到了苦果，沿海船运乃至前往麦加的朝圣商道都遭到欧洲人的威胁。在陆地上，他们听
442 任欧洲人建立立足点和桥头堡。击败一支葡萄牙部队后，英国人在17世纪早期首次赢得了西海岸的贸易特许权。随后，到公元1639年，在孟加拉湾的马德拉斯（Madras），经当地统治者的许可，他们建起圣乔治要塞（Fort St George），这是印度最早的英国殖民地。要塞内有一小片墓地，墓碑上依然铭记着第一批在印度生老病死的英国人；此后三百多年间，还有数千英国人随他们走向同一条道路。

英国人此后与奥朗则布交恶，并在该世纪结束前更进一步，于孟买和加尔各答设立驻地。他们的船队维护着从葡萄牙人手中夺来的贸

易统治权。但 18 世纪将临时，也出现了来自欧洲的新对手。一家法属东印度公司于公元 1664 年成立，并很快建立了自己的殖民点。

此后将有一个世纪的冲突，但不仅仅限于新来者之间。欧洲人有必要作出精明的政治选择，因为莫卧儿帝国不再如以往那样威风八面，不确定性随之而起。他们不仅要与皇帝打交道，还要和莫卧儿的对手建立往来。孟买的英国人就遇到过无计可施的窘境，发现一支马拉塔部队占据港内一岛，而一名莫卧儿舰队司令在毗邻的岛上驻扎。公元 1677 年，一名公司官员向伦敦的雇主发回一条意味深长的警告："诸位需以手中利剑，掌管一切商贸往来，时不我待。"公元 1700 年，英国人非常清楚他们可能失去的赌注有多大。

此刻，我们已进入一个时代，印度越来越身不由己，在无法左右的事件中随波逐流。事实上，这是一个属于世界史的时代。所谓"见微知著"，16 世纪的葡萄牙人给他们带来了美洲的辣椒、土豆和烟草，就能体现印度的被动地位。印度人的饮食和农业已经开始改变。随后，玉米、番木瓜和菠萝也很快传入。一俟与更广阔的世界建立起新的联系，关于印度文明及其统治者的故事也只能告一段落。但莫卧儿帝国的辉煌时代并非因欧洲人的到来而终结，那只是单纯的巧合。不过，这些新来者来得恰是时候，坐收其利，这一点确有重要意义。此前所有的印度帝国都无法长久存续，其主要原因可能在于次大陆的多样性和统治者无法引导土著民的忠诚心。印度当时依旧是这样一片大陆，精英统治阶级剥削他人，而勤劳能干的农民饱受压榨。如果还有所谓的"国家"，那也只不过是将生产者的资源转入寄生虫口袋的机器。这套剥削手段令积蓄财富、投入生产的动力泯灭殆尽。

17 世纪末的印度即将落入另一批征服者的指掌，他们等待着时机成熟，虽然已经出现端倪，但效应尚且微不足道。不过从长期来

443 看，欧洲征服者的浪潮也会退去。与早先的征服者不同，虽然欧洲人逗留了很长的时间，却没有被印度的同化力所压倒。他们将以败者的身份离去，但没有被吞噬。而且，当他们离去时，所留下的印记比任何先前的征服者都更深刻，因为他们留下了真正的国家体制。

第 7 章　中华帝国

中华文明的延续性和独立性堪称奇迹，其原因之一就是地理位置的偏远；外族影响力对中国鞭长莫及，令其他伟大文明动荡颠沛的源头也与中国远隔千山万水。印度和中国都经历了各王朝的兴衰起伏，但伊斯兰统治给印度带来的变化超过了中国的任何一段朝代变迁，而且后者甚至具有更强大的同化外族影响的能力。这也许是因为两国文明传统的基础不同。宗教和与之不可分割的种姓制度是印度稳定力的重要源头；中国则依靠行政精英阶层的士大夫文化，该文化超越各朝各代存续下来，使中国始终走在同一条轨道上。 444

这批士大夫很早就开始整理和维护书面史料，这是他们应获铭记的贡献之一。得益于他们的工作，中国历史拥有无可比拟的文献记载，往往包含汗牛充栋的可靠事实；但事实的择取由一小部分人的观念决定。这些史籍由信奉孔子儒家学说、怀着实用主义和说教意图的文人编撰；他们意图提供一组范例和数据，以便维护传统方式和价值观。他们所写的历史强调延续性和不同事件的起承转合。鉴于管理如此庞大帝国的需要，这完全可以理解；一致性与规范显然会得到推崇。但这份史籍中也有很多空白。就算在重大历史时期，也很难从字里行间看出对普通大众的关注——而在地中海世界的经典文献中就容易辨识得多。不仅如此，关于中国行政体制一成不变的性质和儒家价值观对社会的渗透，正史很可能给人留下错误的印象。千百年来，中国行政机器背后的主导观念只被少数人持有；哪怕最终得到很多中国人的接纳，这种认同大多也是未经思考和不知不觉中形成的。

445 主导文化极端崇尚自给自足。始终令人瞩目的是，作用于该文化的外部影响力只有微不足道的效果。其根本原因还是偏远的地理位置，中国与西方古典世界的距离比孔雀和笈多帝国更遥远。虽然17世纪以前，波斯、拜占庭和地中海一直依靠中国供应丝绸，也对其瓷器有高度评价，但中国与西方就连间接的往来也极少。另外，中国与中亚民族也始终保持复杂和密切的关系；然而统一后的千百年间，中国不与任何一个大国接壤，也就没有处理邻国外交的必要。西方文明的重心向西部和北部移动，令中国更加与世隔绝。地中海与东亚的往来越来越困难，而且古希腊传人（波斯萨珊王朝是最后也最重要的一个）和伊斯兰势力相继构成东西方交流的屏障。

从战国时代到公元618年唐朝建国，这段中国历史的主干是记录了各个朝代兴衰的编年纪要。各朝代的起始和终结都有相应年份，但不无人为的痕迹，至少存在过分强调某些元素的可能。一个朝代也许要耗费数十年才能真正掌控整个帝国，而失去这一地位所经历的时间甚至会更久。虽然在参考时应当有所保留，但王朝断代依旧有其价值；我们可以从中了解中国历史主要时段的划分——直至20世纪，其名称均取自处于各时段巅峰期的王朝。前3个我们需要了解的朝代是秦、西汉和东汉。

秦朝终结了战国时代的分裂局面。他们来自某个西方国度，直到公元前4世纪还依然被一些人视为蛮族。但秦人逐渐强盛起来，也许部分原因是具备法家思想的秦相在大约公元前356年实施了激进的变法；也可能是因为其士兵使用一种新型的长铁剑。吞并楚国后，秦人于公元前325年立国。秦国在公元前221年打败最后的敌手，首次让中国统一于一君之下，达到霸业的巅峰。该王朝也沿用了秦国的名号。

虽然秦帝国此后仅延续了15年，但这项成就依然伟大。也许从此时起，中国可看作具有自我意识的单一文明。此前也曾有过可能孕育出统一文明的征兆。考虑到其自身的新石器文化所具有的潜力、文化传播的刺激和一些来自北方的移民，早于公元前 500 年，最早的文明痕迹就在中国若干地区出现了。到战国末期，其中若干文明表现出突出的相似性，从而抵消了彼此之间的差异。秦国经过一个多世纪征服所实现的政治统一，从某种意义而言是合乎逻辑的必然；因为在此 446
之前，文化趋同早已是大势所趋。有人声称，中华民族的概念早于公元前 221 年就已经出现；如果此言不虚，那必然更有利于秦国的征服。秦朝首创一套行政体制，其基本框架被后来取代秦朝的汉朝所沿用。汉朝统治 200 年（公元前 206—公元 9 年）后，经过短暂的间歇，诞生了创造力不相伯仲的后汉王朝（公元 25—220 年）。虽然帝业并非一帆风顺，但汉朝皇帝所展现出的实力可谓前所未有。他们的统治权几乎扩张到现代中国全境，包括东北地区的南部和东南的吴越省份。后汉帝国之庞大堪与同时代的罗马人相比。他们要面对早已有之的来自蒙古地区的威胁，同时也握有向南推进的大好良机。他们以高明的手法处理两者，而且新型弩弓给他们的军队带来战术上的优势，如虎添翼。该武器的发明时间可能在公元前 200 年后不久，力度和精度都优于蛮族用的弓；后者长期以来都欠缺铸造青铜锁止机件的能力。火药出现以前，这是中国在军事科技领域取得的最后一项重大成就。

汉朝之初，匈奴族生活在蒙古地区；我们已经提过，他们就是欧洲人所称“匈人”（Huns）的先辈。秦朝试图御敌于国境之外，将一些现成的土筑工事连接成一条新的长城，并被后来的朝代进一步修缮扩大。汉朝皇帝采取攻势，将匈奴驱赶到戈壁以北，夺取中亚商道的控制权，还在公元前 1 世纪向西一路打到喀什噶里亚（Kashgaria）地区。他们甚至让称霸帕米尔高原的贵霜人称臣纳贡。在南方，他们占据远及北部湾的沿海地区，安南认可了汉朝的宗主权；自那以后，印度支那（Indo-China）就被中国政治家视为本国的势力范围。东北方向，他们的势力一直深入朝鲜。这一切都是后汉或东汉王朝所取得的成就，其都城位于洛阳。他们在此基础上继续向突厥斯坦汗国推进，并向中亚的绿洲国家征收贡金。公元 97 年，有一位汉朝将领可能抵达里海一带。不过，这些军事成就之后没有伴随殖民。

汉朝与罗马试探性的外交接触表明，扩张使中国大大增加了与外部世界的往来。19 世纪以前，这类往来主要依靠陆路进行，除了丝绸贸易让中国和近东保持定期联络之外（从公元前 100 年左右开始，就有载着丝绸的篷车队从中国前往西方），中国还与毗邻的游牧民族发展出一类更为复杂的交换方式。有时，这种交换在虚假的朝贡框架
447 下实现，即一方收取贡金后回赠礼品；有时则通过官方垄断的买卖实现，一些商族豪门凭此发家。与游牧民族的接触也许是武威市古墓中发现的青铜马组器[1]诞生的原因，这件传世珍宝是中国最惊世骇俗的艺术品之一。而汉代青铜工匠所创造的艺术精品远不止这一份，他们显然比汉代陶艺工更敢于打破传统；后者更显出古物爱好者的矜持，对过去的风格也更为尊重。不过，在另一层面上，汉代陶艺对一类艺术进行了最早的探索，即大部分中国人的日常生活这一主题；其表现形态是农户和牲畜的成套微雕。

这一辉煌灿烂的文化建造了各种以宫廷为中心，气势恢宏、富丽堂皇的宫阁楼宇，但不幸的是以木质为主，因此就像大多数汉代丝绸画那样都已泯然无踪。4 和 5 世纪期间，当蛮族再次大军压境，有很多文化遗产失佚或被毁。汉朝皇帝的后继者最终无法凭借自身的人力资源支撑防御，只能退而求其次，尝试另一种策略——将若干对防线

---

[1] 指武威雷台出土的东汉青铜器“马超龙雀”。——译者注

造成压力的外来部落吸引到长城以内，并利用他们巩固防线。这一策略引发了新来者和中国本地人口之间的矛盾和问题。汉朝皇帝无法让帝国永远延续，400 年后中国再次四分五裂，化为一堆零星的小国。

其中的一部分是蛮夷国家。但从这场危机中，可以第一次看到中国吸收外来文化的惊人力量。蛮夷逐渐被中国社会吞噬，失去自我认同，成为中国的又一个群体。中华文明的威望在中亚各民族间已是如日中天。未开化民族倾向于将中国视为世界的中心、文化的巅峰，有些类似于西方日耳曼人对罗马的看法。一位鞑靼统治者甚至在公元 500 年发布敕令，要求其臣民采纳中国的习俗和服饰。但来自中亚的威胁远远没有终结，5 世纪的蒙古地区出现了首个蒙古人帝国。尽管如此，当唐朝奉天承运，在公元 618 年一统中华，与之前两三个世纪的任何时候相比，中国在这个北方王朝下的统一本质上没有面临更大的威胁。

中华文明在唐代迈入了经典的黄金时代，政治分歧（唐朝来自一个最终成功篡位的反叛政权）和蛮夷入侵都没能动摇其根基。其中最深的根基依旧是宗族关系。纵观整段历史，宗族的重要性从未动摇，众多有亲缘关系的家族背后的动员力让全族享有共同的家法族规，其 448
中涉及宗教层面，有时还具有经济意义。家族影响力的传播和分支式发展甚至更加容易，因为中国不实行长子继承制，通常在家长死后分割父系的遗产。如果中国社会是海洋，那家族就是鱼、是社会的关键。在这片大海上，如利维坦一般君临天下的就是国家。儒学者将国家和家族奉为圭臬，而国家和家族不受任何挑战，因为中国没有类似教会或议会一类的组织。在欧洲，这类组织对于严重混淆欧洲人的权利和政府概念堪称成效卓著。

到了唐代，国家的本质特征都已臻备。这些特征将持续到 20 世纪，由此形成的观念一直萦绕不散。在其成型的过程中，汉代的巩固和强化工作尤为重要，但皇帝身为九五之尊、奉天承运的地位，在秦朝就已经被人们视为理所当然。各朝代的交替往复也无法使皇帝的地位受到动摇，因为总能解释成上天收回了授予某人的成命。汉代的登基大典要求进行只有皇帝才能履行的祭祀，这进一步强化了皇帝在仪式中的重要作用。但他的职位也有某种积极意义上的变化。统治者原先在本质上是大封建门阀，其实力来自家族或封地势力的延伸；后来逐渐改变为国家的管理者，他的实力来自中央集权式的官僚体制。300 州县是这一行政框架的组成部分。

这一切的开端在很久以前就出现了。周朝时期就为开凿运河投入了巨大的人力物力，这需要了不起的组织力和庞大的人力资源，只有强大的国家才能安排部署。若干世纪后，秦始皇为了对抗蛮夷，将现有的长城墙体连接成 1 400 英里长、首尾相连的惊世奇迹（传说这一伟大成就耗去了 100 万条人命；无论真实与否，都表露了世人对该帝国的看法）。该帝国还统一了度量衡，在一定程度上剥夺了平民的武装，而自身可投入战场的兵力也许达到 100 万。汉代维持了对铸币的垄断并统一货币。通过考试跻身文官阶层的科举制度也始于那个朝代；虽然后来一度淡出历史，直到唐代才恢复，但其重要性非常突出。扩张得来的领土需要更多的行政官员，由此形成的官僚体制将经历无数乱世而依然存续（证明其生命力的顽强），直到最后仍然是中华帝国最突出、最具特色的体制之一。当前朝崩溃，业已实现的统一被打破，多个地方小国出现并开始彼此混战，这一官僚体制的存在可
449 能是中国反复从乱世中重新崛起的关键。它用一种意识形态和行政手段将中国联结为一个整体。文官要接受儒家经典教育和相关考核；汉朝统治下，经过一场激烈的理念之争，法家学说最终失势。翰墨之学和政治文化由此与中国密不可分，其他文明在这方面都无法比拟。

除了少数学者受秦朝厚待并为其提供建议以外，大部分都遭到深

重的迫害。公元前 213 年发生了一桩令人发指的事件，秦始皇对那些批判其暴政和穷兵黩武的学者痛下杀手。各类书籍被焚，只有关于占卜、医学或农业的“实用”作品得以幸免；超过 400 名儒士遇害。这次行动背后的动机还不甚明了，有些历史学者认为是为了打压反对秦朝中央集权的“封建”倾向。如果此观点不假，那么这还远远不是中国文化和政治斗争的终点，这一经年累月，甚至延续到 20 世纪的斗争总是令国外观察者难以理解。无论该政策有何缘由，汉朝采取了不同的方针，试图安抚知识阶层。

这使得儒家学派首次获得正式地位，并很快成为中国的正统学说。儒家经典文集也在公元前 200 年后不久定型。诚然，汉朝的儒家更具折衷性，吸收了很多法家的思想。但重要的事实，是儒家学说吸纳了其他学派，而不是被吸纳掉。其伦理观一直居于中国哲学的主导地位，对后世统治者的人格有重大影响。公元 58 年，所有国家兴办的学校都被要求祭祀孔子。到了唐代，行政职务最终完全被接受这一正统理论指导的人所把持。1000 多年间，它为中国的官僚提供了一套道德准则和书卷文化，需要悬梁刺股、死记硬背式的苦读方可掌握。他们要经历的考试，旨在甄选出对儒家经典中的传统道德有最好的把握、善于照本宣科、能够在压力下表现出色的考生。这一制度使他们成为全世界有史以来最胜任工作、观念一致的官僚群体，也为那些将儒家正统价值观化为自身价值观的人带来巨大的回报。

官僚阶级与社会其余部分的本质区别只在于教育上的资历（即拥有科举头衔）。大多数文官来自地主乡绅家庭，但又脱离家族之外。一旦通过科举考试获得官职，他们就拥有仅次于皇亲国戚的地位，随之而来的还有极大的物质利益和社会威望。官员的职责偏于笼统而非具体，但每年要执行两项至关重要的任务，即编撰人丁普 450
查和土地登记的结果，这是中国税收制度的依据。其他的工作主要是审理案情和监管地方事务；因为本地事务很大程度上由当地乡绅自理，受大约两千名来自官僚阶级的地区父母官监督。每名地方官僚都与其文员、听差和杂役一同居住在称为衙门的官府大院内。

乡绅从事范围广泛的准政府和公共服务活动，这既是该特权阶级的义务，也是其大量收入的保障。地方司法、教育、公共事业都包含其中。乡绅也经常组建军事武装，用来应对当地紧急事态甚至收税，还有可能以税养兵。在这整套体系和官僚阶级本身之上，有一台国家机器进行监督和控制，它所督查和汇报的对象是一个规模远远凌驾于罗马帝国的官僚群体，在鼎盛时期所控制的区域也远甚于罗马帝国。

这一体制拥有巨大的守成力量。危机只能威胁国家法定权力，很少危及社会等级体制。朝廷通过儒学社会的共通理念渗透其行为模式的过程，几乎完全凭借科举制度实现。此外，虽然通过科举考试必须经过漫长的苦读，任何家境不算殷实的人都很难坚持——仅精通传统文言和格律的写作造诣就需要长年累月的学习——但受竞争原则的保障，对人才的发掘长期以来都不仅限于富裕和有地位的乡绅家族；中国是一个精英社会，学习始终能带来一定的社会流动性。贪官污吏和卖官鬻爵的现象反复出现，但这类败亡的标志通常出现于王朝的末期。大多数情况下，帝国官僚都明显独立于其出身和家庭背景。从18世纪英国乡绅中选拔的公共官员具有为家族和裙带关系尽责效力的特征，但这种行为在中华帝国不被认可。文官是皇帝的臣子，他们不能在就任的省份拥有土地，不能在家乡任职，也不能让亲属进入朝廷的同一分支部门。他们不是某一阶级的代表，而是选出的精华，是一个独立征募的精英群体，通过竞争实现更新换代和提拔晋升。正是他们令国家成为真实的存在。

因此，将中华帝国视为贵族政体并不尽然可取；虽然出身高贵确有重要的社会价值，但政治权力的交接并非通过贵族世家群体内部的继承实现。只有宫廷内封闭的小团体有可能以继承方式获取官职，但这类官职往往徒有威望、身份和地位而缺乏实权。作为攀升到官僚等级体制顶点的人，一国之相拥有其他官僚所不具备的地位，他们唯一 451
的重要对手是宫内的宦官。这些宵小之徒经常被皇帝授予极大权威，因为理论上他们无法组成家庭。于是，他们成为唯一游离于官僚体系限制之外的政治势力。

显然，欧洲政府和社会的区分在中国几乎感觉不到。一个人往往兼有学者和乡绅的正式身份，将很多职责系于一身；而在欧洲，这些职责的分化程度越来越高，由政府专家和社会中的非正式权威分别履行。在中国，这些职责还被结合到同一个理念框架之内，其社会核心地位比其他地区明显得多，也许只有伊斯兰教例外。孔子价值观的存续绝非小事，而要满足该价值观的要求，也不是动动嘴皮子就可以办到的。官僚通过推行道德至上主义来维持那些价值观，这有些类似西方教士长期推行的主张——而中国没有与国家对抗的教会。形成这些道德的理念具有深刻的保守性；中国朝廷视维护既有秩序为首要的行政任务，以监督、守成和巩固为目标，偶尔通过大型公共工程对实践层面加以创新。其压倒一切的目标是，在一个充满差异的庞大帝国（很多地方官与主管地区的民众截然不同，甚至语言都不一样）中规范和维护共同的标准。官僚体系实现了守成的意图，获得了令人叹为观止的成功，其思想观念经历各朝各代乱世危局的洗礼而依然毫发无伤。

在官府和乡绅奉行的儒家正统学说之下，确实也有其他重要的派别。甚至某些社会地位较高的人士也转投道教或佛教。汉朝灭亡后，佛教取得了极大的成功，分裂局面给了其在中国渗透壮大的机会。在基督教之前，大乘佛教这一分支对中国构成的威胁比任何其他意识形态力量都更大；因为与儒家学说不同，它主张尘世毫无价值，应当抛弃。尽管在唐代遭到迫害，佛教始终无法彻底根除；但不管怎么说，这些攻击可能出于财政而非意识形态原因。与罗马帝国不同的是，中国的迫害行动对财产更有兴趣，而非矫正个人的宗教偏差。在迫害最激烈的皇帝[①]（据说他曾经是道教徒）治下，4 千多座寺庙消失，超过 250 万僧人和尼姑被逐出庙观。尽管佛教被如此伤筋动骨，儒家学
452 派依旧要与之妥协，因为没有其他外来宗教对中国统治者造成过如此强烈的影响，就连一些皇帝都成了佛教徒。

在此之前，道教早已发展成一个神秘主义宗派（发展过程中借鉴了佛教的一些元素），对两类人都有吸引力，从而具有长盛不衰的重要地位：一是成仙得道的追求者；二是希望远离愈发烦躁的中国式生活，寻求世外桃源的隐士。它承认人类思想的主观性，使其具有谦逊低调的外在。在今日的各种文化群体中，有一些思想观念更为积极进取的人，也因此觉得道教引人入胜。这一宗教和哲学观尽管意义重大，但除了一些低俗化的表现形态以外，对农民的直接影响不比儒家多几分。农民的生计因战争和饥荒朝不保夕，只能以怪力乱神的方术或迷信为寄托。对其生活，我们只能依稀看到一小部分，从中可以看出，农民的生活往往不堪忍受，有时骇人听闻。汉朝出现的农民起义是一个显著的表征，该现象将成为中国史的一大主题，以几乎和王朝更迭同步的频率反复爆发。官僚作为帝国朝廷的代表，为支撑境外战事搜刮税金，或是出于自身的利益囤积稻米投机倒把；这些压迫令农民走向秘密结社——另一个反复出现的中国史主题。他们的起义往往采取宗教形态。中国爆发的农民起义有很多种不同的外在形式，但一

---

① 中国古代比较有名的灭佛皇帝有“三武一宗”，分别为魏太武帝、北周武帝、唐武宗和后周世宗。这里所指的是唐武宗。——译者注

条憧憬太平盛世、类似摩尼教教义的主线贯穿其间，并始终断定世界是二元的，善与恶截然两分为正义之士和魔鬼。这种思想有时会威胁到社会的肌理，但农民起义的成功几乎都不长久。

因此，中国社会的变化极为缓慢。尽管存在一些重大的文化或行政创新，大多数中国人的生活方式经过数百年都改变极少，无论是外在或实质。对于王朝的起伏兴衰，人们以天命作为解释；虽然有能力作出伟大的科学文化成就，中华文明却已陷入自我封闭、自给自足、近乎停滞的稳定状态。任何创新都侵蚀不了社会的根基，这个社会与特殊的政府体制紧密交织在一起，其密切程度令欧洲的一切都只能望其项背。事实证明，这一体制足够强大，可以在变革发生时加以遏制和规范，从而不至于扰乱传统纲常。

商业和城镇的持续壮大是可以辨识的重要变化之一，使朝廷更易于用税收取代劳役。利用这些新资源，可以有效统治更广大的地区，也可建设一系列伟大的实体工程。依赖这些财力物力，秦朝得以完成
长城的修建，后世朝代也能进一步扩建，有时重建部分墙段。长城至 453
今仍能令观者啧啧称奇，也使哈德良和安东尼的城墙相形见绌。在这段历史时期的另一头，即唐朝将要开国之时，一个规模浩大的运河体系终于完工，以长江下游及周边的稻米之乡为中心，向北通往黄河流域，往南远至杭州一带。该运河以及其他灌溉工程的建设动用了数以百万计的劳役。此类工程的规模可以和金字塔相提并论，更凌驾于中世纪欧洲的大教堂之上。它们也给社会带来与规模同样惊人的沉重负担，为了建造和看守工程，朝廷滥征民夫，引发各路起义。

当这个潜力巨大的伟大文明古国于公元 618 年迈入成熟阶段，早已取得了令人惊叹的成就。此后的上千年，就如之前的 800 年一样，其正史的进展可以与各朝代的兴衰起伏联系在一起，从而构筑了编年史的主干（唐朝，公元 618—907 年；宋朝，公元 960—1126 年；蒙古族统治的

元朝，公元1234—1368年；明朝，公元1368—1644年；清朝，公元1644—1912年）。[①] 很多历史主题跨越多个时段。人口史为其中之一。人口分布重心于唐代向南转移，此事具有重大意义；从那时起，大部分中国人生活在长江流域一带，而非古老的黄河平原。为满足他们生计所需，南部森林被伐、开垦出种植稻米的新土地，不过也有新的农作物出现。这些因素结合，使人口总体增长成为可能，并在蒙古统治和明朝时期加快速度。据估计，14世纪中国人口可能有8 000万，此后200年间增加了一倍不止，所以中华帝国在公元1600年大约有1.6亿臣民。考虑到其他地区的人口，这个数字堪称巨大，但此后还会有更急剧的增长。

这一人口数据意义重大。中国不仅能在世界人口史中占据极为重要的地位，还可以向世界展示中华文明的伟大和帝国实力的强盛。当然，千千万万个贫困交加、生活无望的农民是其辉煌的垫脚石，朝廷的风光跟他们没有丝毫关系。他们的生活基本局限于村内；只有少数人有逃脱宿命的希望或抱负。大部分人的梦想仅仅是获得一份朝不保夕、但对他们而言已经无法更好的生活保障——一小块土地。随着人口增加，可用耕地逐步被完全占满，就连这点要求也越来越难实现。耕地越分越小，耕作密度越来越大。逃脱饥荒魔掌的唯一手段就是揭
454 竿而起。如果达到一定规模和成果，起义者可能赢得乡绅和官僚的支持；他们有的出于算计，有的发自同情。当事态发展到这一地步，该王朝可能就离灭亡不远了，因为按儒家学说的教诲，如果统治者乃明君正主，那反叛他就是错误；一个引起叛乱又无法控制的王朝应被取代，因为它事实上已经失去了王道。在这条道路的最尽头，是20世

① 此处所列年代似有误，宋若不区分南宋和北宋的话，应为960—1279，元朝从忽必烈改国号算起，为1271—1368，清朝下迄1911年。——编辑注

纪中国农民武装革命的成功。

多个世纪以来，人口压力这个中国现代史的主要现实因素之一，官府还只会通过间接或抽象的方式感受到，例如在饥荒灾年逼迫人们造反的时候。来自外部的威胁要明显得多，而这个麻烦在本质上与罗马的难题很相似：有蛮族在一条过于漫长的边境外出没。当中亚臣服于伊斯兰文明时，唐朝对他们的影响开始减弱。和罗马的前人一样，唐朝后期的皇帝发现依靠士兵可能带来危险。唐朝有上百起地方军事统帅发动的军事叛乱，任何一次叛乱的成功，哪怕为时不长，也能产生放大效应，扰乱政令、破坏灌溉体系的布局，而灌溉系统是食物（从而也是内部安泰）的保障。唐朝被拜占庭看作可能结盟的对象，曾派兵与阿拉伯人作战，并接见过哈伦·拉希德的使节，完全有潜力成为世上屈指可数的强国；但最终无法有效地平定边境，并于 10 世纪解体，中国再次陷入政治无序的乱世。而从中崛起的宋朝不得不面对蒙古人带来的更严重的外部威胁；另一个蛮夷王朝将他们赶出中国北部，但自身也被成吉思汗的铁蹄踏破；随后，宋朝逐步被吞噬殆尽。

在整个过程中，官僚和社会基本体制的持续性和复原力使中国得以继续前进，也被第一批宋朝皇帝刻意加以利用。经过早先的王朝更迭后，国家权力的继承者继续依靠既有的官僚主义体制（据估算，18 世纪中国有接近 3 万实际在任的文官武将）。于是，他们为每个新政体效力，并带去一成不变的儒家价值体系。灾难也许会令该价值观变得狭隘，但也有强化作用。虽然以科举任用官僚的制度起源于汉代，但是在宋朝时期才成为政府的一大特色。只有少数至关重大的事项才会留给中央朝廷定夺。在儒家学说的支持下，中央与官僚各自履行不同的职责，从而便于王朝的更替，无需折损社会基本价值观和结构。
一个新王朝必须依靠官僚来管理国家，而大部分官僚则要依赖乡绅，455

因为某些事只有按乡绅的规矩才能办成。

自唐朝建立起的一千年间，中国历代统治者、哲人和工匠令中华文明达到巅峰，尽管分裂局面反复出现，也不能阻止他们的这一成就。关于这段中华文明的黄金时代，有人推前到7至8世纪的唐朝，也有人认为属于宋朝。此类判断通常以艺术形态为依据。但就算宋朝的艺术成就，其发展也始于唐朝，于宋朝达到顶峰；而唐汉两代之间样式上的断层则要明显得多。事实上，在20世纪以前，这段时期是中国艺术延续性中最重要的断层。

唐代文化折射出来自外部世界的接触和刺激，但该朝代与中亚的接触特别突出，密切程度堪称前所未有。当时的都城是长安，位于西部今陕西省，其名称意为“长久的和平”；波斯人、阿拉伯人和中亚人都来到这座位于丝绸之路终点的城市，使其成为全世界文化最多样的国际大都会。城内有景教教堂、索罗亚斯德教寺庙、穆斯林清真寺。从留存至今的物件来看，可能是当时最富丽堂皇、奢华绝代的名都。很多古物所反映的审美倾向属于中国人而非其所有者，例如伊朗银器的仿制品。此外，这座贸易中心的风土人情被骑手和载货骆驼的陶塑所保留，揭示了穿行于长安大街小巷的中亚人的生活。这些人物经常饰以唐代陶艺工新发明的彩釉；就连千山万水之外的日本和美索不达米亚人都模仿他们的艺术风格。宫廷的存在和异域商人的造访对于刺激此类手工艺术的发展具有同样重要的作用。宫廷贵族的生活景象可以从墓室壁画中得见：男子悠然自得地打猎，由中亚人担当扈从；女子面无表情，打扮奢华，丫鬟们手持扇子、化妆盒、不求人等各色精巧的闺阁用具。另外，贵妃们也偏爱从下人那里学来的中亚风尚。

不过，女性历史是那些偏向官方正统文化的史籍始终忽略、从而难见真容的主题之一，除了一些哀愁的小诗和爱情故事，关于她们的

信息少之又少，甚至文学作品中也一样。但可以假设她们占总人口的
一半左右，也许略少，因为灾年乱世中贫苦家庭会抛弃女婴，任其丧
命。也许，一直到与今日时隔不久的现代，对于中国女性的地位，这
一事实的表现力甚至要好于更为人熟知和愚昧至极的裹脚习俗（女性 456
因此而畸形怪状，富贵人家的妇女基本失去了行走能力）。另一类由
于固有传统的本质而完全被排除于历史记载之外的中国人是农民。他
们默默无名，只能在普查结果中和起义爆发时略得一见；自从汉代陶
塑之后，中国艺术对他们的表现极少，也定然完全不能与欧洲相比。
从中世纪欧洲的彩绘，经历非拉丁语本土文学，到浪漫主义，再到早
期印象派绘画中的农民形象，欧洲对乡间寻常人物的生活记载从不间
断（还往往加以理想化）。

官方正统文化也排除了大约十分之一在城市生活的中国人口。随着时光流逝，这些城市有一些发展为世上最大的城市。据说唐朝首都长安人口曾达 200 万。18 世纪的欧洲没有一座城市的规模可以和当时的广州相比，而北京甚至更大。如此庞大的城市所容纳的社会构造也越来越复杂。这些群体不断发展，催生出一个新的商业世界；中国最早的纸币发行于公元 650 年。繁荣创造了新的需求，其中包括一种不限于经典范式的口语化文学，其创作和欣赏要求远不如字斟句酌的古典文言那般苛刻。于是，城市生活逐渐滋生出一类有别于正统文化的文学；因为它毕竟是文学，便成为我们了解中国非官方世界的最早来源。这类大众需求能够得到满足，是因为两项极为重大的发明：一是公元 2 世纪问世的纸张；二是将近公元 700 年时出现的印刷术。后者源自汉代的石刻印章。唐代开始采用木版印刷。活字印刷问世于 11 世纪。不久之后，大量书籍在中国出版，比世界其他地区的书籍普及要早得多。城市里也有欣欣向荣的流行诗词和音乐，而且摒弃了古典传统。

距离翰林院问世仅仅两年（比欧洲出现任何类似机构要早大约900年），长安于公元756年经历叛乱打击，此后再也未能恢复其文化繁荣。自此，唐代走向衰亡。宋朝带来了更伟大的陶器艺术。早期北宋王朝的陶艺仍然沿用彩色和式样较为丰富的传统风格，而南宋时期的工匠开始偏向于单色而简洁的作品。他们在风格上作出了重大的转变，趋向另一种传统——从中国早期青铜器铸造的伟大工艺演化而
457 来的表现形态。宋朝的陶瓷艺术固然美轮美奂，但更为出名的是若干中国绘画的最高杰作，其主题以山水为主。而以中国发展的一个阶段来看，突飞猛进的经济发展是宋朝更为突出的标志。

这部分可以归因于技术创新（火药、活字印刷和舵柱都源自宋代），但也和挖掘应用早已有的技术有关。技术创新也很有可能是10至13世纪间经济大为活跃所导致的结果而非成因；尽管人口不断增长，经济繁荣看起来提高了大多数中国人的实际收入水平。这段属于前现代史的经济增长期，其增速似乎能够长期凌驾于人口增长的趋势之上。变种水稻的发现和推广无疑是成因之一；在灌溉充分的耕地上可以一年两收，在只需春季浇水的山地上也能一年一收。一名学者通过计算得出一个惊人的数据，给出了另一经济领域生产力提高的证据：黑斯廷斯战役后仅仅数年，中国的铁产量就几乎等于600年后整个欧洲的总和。纺织品生产也获得长足发展（水力纺机的作用特别明显），甚至可以说“工业化”是宋朝的一个突出现象。

为何会发生这一令人瞩目的爆发式增长则很难解释（相关证据依然存在争议）。毫无疑问，公共领域（也就是朝廷）对经济的投入切实存在，即以通信设施为首的公共建设投资。长期远离外敌入侵和内部混乱也必然有所助益。不过，国内稳定同样可以解释为经济增长的后果而非成因。其主要原因可能是市场扩张和货币经济的崛起，这得益于若干之前提及的因素，但归根结底依赖于农业生产力的极大提

高。只要这一增幅高于人口增长速度，一切都能顺风顺水。生产资本开始成型，得以利用更多的劳动力；或投资机杼巧械，发挥科技生产力。实际收入节节升高。

更难找出缘由的是，虽然经济在宋朝末年区域性的暂时萧条之后又恢复增长，但这一使消费水平越来越高、受惠人数越来越多的强势增长走到了尽头。虽然找不出原因，但增长确实没有恢复。与此相反，中国的实际平均收入水平停滞了大约5个世纪，其间生产力仅仅与人口增长持平（此后收入开始持续下跌，在20世纪早期达到相当凄惨的地步。那时的中国农民就仿佛被水淹到了脖子，一点小小的涟 458
漪就可以把他们淹死）。但要解释中国为何没有成为一个充满活力、积极进取的社会，宋朝以后的经济倒退不是唯一要考虑的因素。尽管有了印刷术，中国大众群体依旧不会读写，普遍文盲的状态一直延续到20世纪。中国的各大名城虽然充满贸易活力、规模不断扩大，但没有带来欧洲人和思想界所享有的不受打压的自由空间，没有创造出最终引发欧洲文明革命的那种文化和知识领域生活，也没有对既有体制发出有力的质疑。甚至在中国如此迅速地取得了这么多成果的科技领域，也存在类似的奇特鸿沟，即知识界的丰硕成果和革命性变化之间的断层。中国人拥有发明创造的能力（他们的独轮车远比其他文明高效），但自周朝灭亡以来，生产力的提高更依赖于开辟新土地和引入新作物，而非技术变革。关于创新意识的低下，还有一些例子甚至更为惊人。虽然中国航海家早在宋代就有磁石罗盘，也在15世纪派出远洋船队前往印度尼西亚、波斯湾、亚丁和东非，但他们的目的是向那些地区彰显大明国威，而非搜集信息、积累经验，为进一步的探索和发现做准备。公元前2000至前1000年间，中国人就铸造出了堪称杰作的青铜器；掌握铸铁工艺的时间也比欧洲人早1500年。然而，当铁产量突飞猛进时，他们却没有对这一冶金传统的工程应用潜力加以开发。马可·波罗称他在中国见到某种可以燃烧的“黑石”，那就是煤炭，但中国人却没能发明蒸汽机。

这类内容可以列举出长长的一串。其解释也许恰恰和中华文明成功确保延续性、防止发生根本性改变的秘密相同。官僚体制或社会体系都不利于创新。不仅如此，由于对儒家传统的自豪感、巨大财富及偏远位置所带来的自信，中国更难以向外部世界学习。故步自封的原因并非中国人不包容。犹太人、景教基督徒、波斯索罗亚斯德教徒和阿拉伯穆斯林都长期在那里自由地奉行自己的教义；伊斯兰教甚至还赢得不少信徒，创造出一个生命力持久不衰的少数群体。蒙古族统治后期与西方的接触也大为增加。但所谓的“新儒家”① 运动当时已经显现出防卫性的敌视姿态，而且形式上的容忍也始终没有令中国文化接纳太多外来元素。

蒙古入侵表明，中原对征服者始终具有吸引力。13 世纪末，他
459 们已掌控中国全境——使中国遭受大约 3 000 万人丧命的代价，即公元 1200 年总人口的四分之一以上——但蒙古帝国的中心也已从大草原转向忽必烈的都城北京。他是成吉思汗的孙辈，也是最后一位大汗，自他以后，在中原建立的蒙古政权可以被视为中原王朝。忽必烈在公元 1271 年称帝，这段蒙古统治时期史称元朝。中国对蒙古人的改变胜过蒙古人对中国的改变，造就了马可·波罗在目乱神迷下所记载的辉煌胜景。忽必烈摒弃了草原民族不信任文明和文明产物的古老保守倾向，尽管他的属下起初不信赖学者型官僚，后来也慢慢地归服于中华文化。毕竟，他们只是占极少数的统治者，身陷于中华臣民的汪洋大海；他们需要合作者才能生存。虽然忽必烈对中国所知甚少，但他的一生几乎都在此地度过。

① 指宋明时期的儒家学派，如程朱理学。——译者注

然而蒙古人和汉族人的关系长期以来一直比较暧昧（在同化之时也有防范之举）。19 世纪身处印度的英国人设立社会惯例，避免自身被臣民所同化；和他们一样，蒙古人也主动采取禁令措施，以保持和汉族人的距离。汉族人被禁止学习蒙古语或与蒙古族联姻，不得携带武器，能任用外国人的行政职务都尽量不选择汉族人。蒙古帝国位于西方的汗国也同时采用这一措施：马可·波罗曾在可汗宫中任职 3 年；帝国太史院[①]由一名景教教徒主持；云南由来自河间地带的穆斯林管理。传统的科举制度也一度中止。这些事实也许可以解释当时中国人为何对蒙古人抱有无法化解的敌意，特别是在南部。忽必烈去世 70 年后，蒙古在中国的统治崩溃，此后，中国统治阶级对传统的尊崇甚至犹有过之，也对外来者产生了新的不信任情绪。

蒙古人取得的成就虽然短暂，但非常引人注目。最明显的成就是重建中国的统一和兑现其巨大的军事和外交潜力。征服南宋并不轻松，可一旦达成（1279），忽必烈的资源增加了一倍不止（包括一支意义重大的舰队），并开始重新构筑中国在亚洲的势力范围。只有日本让他遭受了彻底的失败。在南方，他入侵越南（河内三度沦陷）。忽必烈死后，缅甸也一度被攻占。事实证明，这些征服的成果确实无法长久维持，换来的是朝贡关系而非长期占领。在爪哇岛取得的成果也有限；蒙古军队登陆该岛，并于 1292 年攻克都城，但无法长期据 460
守。与印度、阿拉伯和波斯湾的海上贸易得到进一步的发展，这些贸易始于宋朝。

鉴于蒙古政体未能存续，就无法被视作完全的成功；但也不应过多渲染它的失败，因为它用仅仅一个多世纪就取得了大量积极的成

---

① 即天文测量和历法测算部门，在其他朝代称为司天台、司天监、钦天监、太史局等。——译者注

果。国外贸易的繁荣程度史无前例，马可·波罗记载，北京的穷人靠可汗慷慨的赏赐过活，而这座城市的规模很大。以现代人的观念来看，蒙古对待宗教的态度也不无吸引人的亮点。只有穆斯林的传教受到限制；道教和佛教都获得积极的扶持。例如，佛教寺庙能享受税收减免（当然，这意味着其他人的负担更重，在任何支持宗教的国家都无法避免；对宗教开明优待的代价要由农民承担）。

14 世纪的自然灾害与蒙古人的盘剥压榨相结合，催生出新一轮的农民起义，这是王朝走向衰落的明显症状。蒙古人向中国乡绅阶层让步，使情况雪上加霜。给予地主处置农民的更大权利丝毫不能为政权争得民心。秘密结社再次出现，其中之一是赢得乡绅和官僚支持的“红巾军”。有一名领导人是曾为寺庙沙弥的朱元璋，他于公元 1356 年夺取南京。20 年后，他将蒙古人赶出北京，中国历史从此进入明代。但和很多其他中国的起义领袖一样，朱元璋夺取政权后也成为传统体制的守护者。他成立的王朝虽然孕育出伟大的文化奇葩，成功维护了后来一直延续到 20 世纪的中国政治统一，但也使中国彻底堕入保守主义和闭关锁国的境地。15 世纪早期，朝廷不再派遣船队出航考察，并颁令禁止中国船只驶离近海水域，也禁止个人到国外出游。很快，中国船厂丢掉了建造大型航海帆船的能力，甚至连技术规格都未能保留。曾七下西洋、堪称中国式瓦斯科·达·伽马的宦官郑和几乎被人遗忘。同一时期，曾在蒙古人统治下兴旺发达的商人受到了滋扰。

明王朝最终走向衰败。接二连三的皇帝幽居宫内不理朝政，身边围绕着争权夺位的宠臣和太子，宦官成为朝廷的头面人物，王朝的丧钟敲响了。除了 16 世纪末在朝鲜打败日本人之外，明朝无法维持中
461 华帝国边境一带的统治。印度支那脱离中国版图，西藏或多或少失去控制，蒙古人还于公元 1544 年将北京近郊付之一炬。

明代还出现一批前所未见的欧洲人，他们走海路远道而来，不单纯是为了贸易或发现新世界。公元 1557 年，葡萄牙人在澳门立足。除了白银之外，他们几乎不能为中国提供任何所需；但耶稣会传教士随即而来，出于儒家传统，官府报以容忍态度，他们也成功利用了这一机会。公元 1602 年，作为其中的一名传教士，利玛窦（Matteo Ricci）获得明神宗的厚待，此后，他们对明朝宫廷具有极大的影响力。虽然他和其他耶稣会修士因博学而受到若干中国官僚的尊崇，但另一些人开始感到不安。当时，除了用机械玩具和钟表增添帝室的收藏品之外，传教士的科学知识和对宇宙结构的认知也开始引起了中国知识分子的兴趣。一位耶稣会修士修正了中国历法，此事至关重大，因为皇帝必须在准确的日期祭祀，否则就没有意义。中国人从耶稣会修士那里学来的另一种实用技术是重炮铸造法。

17 世纪早期，一个居住于中国东北地区的民族对明朝北方边境构成威胁。因此，明朝需要动用一切可以动用的军事优势。该世纪 40 年代，农民起义和谋反企图为他们打开国门。一名朝廷大将要求满族人前来助他一臂之力，于是他们开入关内，但最终于公元 1644 年建立了属于自己的清朝（也顺手把该将领的氏族灭门）。与其他蛮夷和半蛮夷民族一样，满族长期以来一直对受他们威胁的中原文化情有独钟，入关之前就已实现一定程度的汉化。他们熟悉中国的行政体系，在自己的都城盛京（Mukden）① 加以模仿。随着在中国控制范围的不断扩大，他们还发现有可能与儒家乡绅达成合作。清朝政府在官僚身边安插满族人进行监管，这些官僚可以例行旧法，但必须遵从满人留辫子的习俗（后来让欧洲人称奇不已，被他们视为中国人最古怪的特征之一），这让他们滋生出不满情绪。

① 即今沈阳，英文中 Mukden 系盛京的满文音译而来。——译者注

满族的征服使中国付出了高昂的代价，大约有2 500万人丧命。但恢复也十分迅速，康熙皇帝统治的公元1662至1722年间，中国已经具备焕然一新、举世瞩目的实力。康熙和法王路易十四的统治时期大致重合。与行事铺张、好大喜功的路易十四相比，位于世界另一端
462 的康熙表现出不同的风格，但两者具有耐人寻味的相似性。康熙能够作出太阳王永远下不了手的暴力行径（他曾用短剑挥砍两个亲生儿子），但无论两人背后的历史环境有多大差异，其统治风格还是有一些相似之处。耶稣会修士称康熙有“高贵的灵魂”，这一描述看起来不仅仅发自谄媚，也不光缘于康熙的厚待。他勤勉朝政，对政事一丝不苟（连形式也非常在意，曾不辞劳苦地纠正呈给他过目的备忘录上的书写瑕疵）。而且像路易一样，他以纵情打猎作为消遣，这也是他的一大爱好。

虽然康熙属于异族，而且对欧洲人的技术表现出一般中国皇帝所不具有的钦佩（他扶持耶稣会以换取他们的科学知识），但他还是典型的中国皇帝，其贤明治世还是牢牢扎根于世人认可的传统；他将自己视为长盛不衰的中华文明的一员。他重建了毁于满人入侵的北平城，悉心恢复明代建筑和雕塑作品。这就好比以哥特式样兴建凡尔赛宫，或是在伦敦大火①后以垂直式②风格重建城市。康熙奉行儒家学说，命人将经典著述译成满文。他力求尊重古老传统，保障汉人的一般权利；汉人依然可以在有满人竞争的情况下身居要职，还被他任命为将军和总督。在私生活方面，这位皇帝纵使不算朴素，至少也称得上低调。他素好军旅生活，随军出征时安于粗茶淡饭，皇宫内的享乐被刻意减少，供皇帝在繁忙政务之余舒缓身心的后宫嫔妃只有300人。

---

① 公元1666年9月2日至5日，是伦敦历史上最严重的火灾。——译者注

② 英国哥特建筑的最后一种主要风格，始于14世纪末。——译者注

康熙将帝国版图扩大到台湾，控制西藏，成为蒙古族的主人，令他们安于属国地位。这可以算是某种转折点，与历史上的一切转折点一样具有决定性的效力。从那时起，中亚游牧民族终于开始在定居民族面前节节败退。在更北部的黑龙江流域，历史于公元 1685 年开启了新的一章。一支中国军队袭击了位于阿尔巴齐诺（Albazin）的俄罗斯驻地。两国早先就在东北边境地带发生过冲突。经过谈判，俄罗斯人撤离该地，其要塞被彻底捣毁。《尼布楚条约》解决了争端，其有效性暗示俄罗斯已重组为独立实体，而非封建附庸王国。有一条款规定，双方边界哨所的标文不仅应包括俄文、满文、汉文和蒙古文，还要加上拉丁文。这一建议是一名法国耶稣会修士提出的，他是中国谈判代表团的一员。此事件与确立边境本身一样，表明中国与外部世界的关系发生了改变；而这种关系发展的速度之快，或许超乎任何中 463
国人的认知。该条约远不足以解决中国和唯一与其接壤的欧洲强国之间的问题，但一度安定了局势。在其他地区，满人继续着扩张的势头；18 世纪后期，清朝再次出兵西藏，朝鲜、印度支那和缅甸重归附庸国的状态。以上是清朝的主要武功。

清朝的统治在走向衰亡之前，经历了一段以和平与繁荣为标志的盛世，它属于高度发达的中国古典文明的白银时代。有些学者认为，这一文明的巅峰处于明朝晚期。就算巅峰期确实属于明朝，满人的统治依然带来大量艺术创造和学术成就。在康熙的亲自发起和鼓励之下，学界为整理和评注工作投入巨大心血，开启了抄本和出版物盛行的百年时代。不仅孕育出篇幅惊人的巨著——例如一套五千卷的类书①，也编纂出被授予经典地位的古版文献的汇集。在康熙统治下，清朝官窑也发展出举世无双的上釉技术，其领先地位延续了一个世

① 《古今图书集成》。——译者注

纪，生产出的釉瓷巧夺天工。

然而，无论多么令人钦佩，尽管不同艺术的各种流派都得到一定程度的重视，但清朝时期的中国文明依然和从前一样是一种精英文化。虽然同一时期也存在一种极为活跃的流行文化，但令欧洲人瞠目结舌的中华文明依旧是统治阶级的领地，和过去完全没有分别，是艺术、学术、官僚这三类行为的融合。文化与朝廷的联系依然为其带来独特的气质和基调。文化中保留着深刻的保守性，不仅在社会和政治方面，甚至连美学领域都是如此。这种文化所推崇的艺术以对创新和原创的不信任为基础，致力于模仿和超越最佳的范本，但最好的永远是过去的。传统经典杰作指明了方向。艺术不被视作美学创造，也不会自发表达审美倾向。评价艺术作品时会使用道德评判标准。不消说，这些标准当然是儒学价值观的体现。在那些同时也创作和扶持艺术的学究型文官看来，值得推崇的艺术品质是含蓄内敛、功底扎实、精益求精和尊圣立贤。

因此，无论第一眼看去会引发何种感想，与 19 世纪欧洲文明以前的其他文明相比，中国艺术并没有更明显的脱离传统生活和价值观的趋势。这一状况也明显体现在另一种自相矛盾的传统当中，即推崇业余人士和贬低专业人士。最受尊崇的人物是能够驾轻就熟地创作出
464 绘画、书法或诗词的官僚或地主。杰出的业余人士极受敬仰，通过他们的创作活动，中国艺术得以避免无名氏的窘境；我们往往能知道这些艺术家的尊姓大名。另一方面，美轮美奂的瓷器和织布是手工业者的创造，他们经常在官府的命令下工作，但姓名已经失佚。能工巧匠的原创性得不到尊重；工匠为追求技术上的完美而提高技艺受到鼓励，但追求创新则不然。皇宫内御用的大批工匠为艺术创作提供了来自中央的指向性，这也只是令传统风格的印记更为牢固。康熙在位时，官窑取得了爆发式的技术进步，掌握了精湛的工艺和新技术手

段，然而这些成果却依然表现为含蓄和简洁的传统经典风格。

最后也最明显、到18世纪更是显而易见的矛盾之处，是中国早期的先进技术从未换来主导自然界的力量；而凭借这份力量，其原本能够抵御西方的干涉。火药是最著名的例子。中国人掌握该技术的年代早于其他任何文明，但无法制造出能与欧洲媲美的枪支，甚至也无法有效运用欧洲工匠为他们生产的枪支。中国航海家早就开始使用航海罗盘，还有源远流长的地图绘制传统，最早的网格地图就源自中国，但他们的探险史十分短暂。他们没有像更加原始的美拉尼西亚人（Melanesian）那样朝太平洋的另一端进发，也没有像后来的欧洲人那样绘制海图。中国人比欧洲人提前大约600年就制造出带有擒纵器的机械钟，该部件是准确计时的关键；然而耶稣会在16世纪抵达中国时，所带来的计时技术却远比中国人优越。这类未加开拓的知识成就还可列举出很多，例如水利技术创新就是其中重要的一项。但没有必要一一穷举，要表达的主要观点已经一目了然。出于某种原因，对利用发明缺乏兴趣的倾向根植于儒家社会体系之中；这一社会与欧洲不同，认为君子劳心、小人劳力，觉得上等人与技术人员的任何关联都谈不上体面。

中国人对伟大的文化传统深感自豪，从而始终很难正视自身的不足，这使他们非常难以向异国人学习。在中国人眼里，外国人皆为蛮夷。雪上加霜的是，中国的社会价值观鄙视士兵和军事技艺。在一段外敌环伺、危机重重的时期，中国却因此自残手脚，失去应对能力。就连康熙统治时期也出现了新威胁即将到来的征兆。蒙古部落一度篡夺了西藏的统治权，迫使他晚年不得不重建满人在该地的势力。公元1700年，俄罗斯人已进入堪察加，沿商道扩展贸易，并很快推进到 465
跨里海（Trans-Caspian）① 地区。就连和平与繁荣也不无代价，因为

① 19世纪使用的地理术语，指俄罗斯帝国位于里海以东的区域。——译者注

带来了更快的人口增长速度。可能是没有认识到问题的存在，也可能是根本解决不了，总之，对奉天承运体制的稳定性而言，这一未能解决的问题成了另一个破坏稳定的因素。至公元 1800 年，中国人口已超 3 亿，也可能不止 4 亿。关于如此增长会导致的恶果，某些征兆也已经出现。

第8章 日　本

曾几何时，英国人喜欢把日本看作太平洋上的大不列颠。两者很多层面上都存在相似性；有一些并不怎么使人信服，但在地理上两者的类似确实是板上钉钉的事实。它们都是岛国，其民族的命运与大海有千丝万缕的联系，也都与毗邻的大陆民族相隔不远，无法不受后者的深远影响。诚然，横亘于朝鲜和日本之间的对马海峡大约有多佛海峡5倍的宽度，而且相对而言日本能够维持与亚洲大陆（*terra firma*）较彻底的隔绝状态；英国则无法如此彻底地孤立于欧洲，甚至不敢作此设想。尽管如此，依然有充足的理由对两者加以类比。在朝鲜建立强大的势力一直是日本人梦寐以求的目标，这股劲头堪比英国人唯恐低地国家落入敌手的紧张情绪；两者的相似性从中可见一斑。 466

真正意义上的日本人可能源自公元前300年左右抵达日本岛的朝鲜人。日本最早的史书①问世于8世纪，而此时朝鲜半岛上已有日本人的领地。在那些年月，日本由若干氏族分治，在他们之上有一位统治权不甚明了的天皇，其祖先据说可追溯到天照大神。他们没有占满现代日本的所有土地，主要在南部和中部岛屿上生活。这些地区气候最为温和，也最适合农耕。史前时代，依靠水稻种植和日本海域的渔业潜力，这个多山的国度已经可以养活大得不合比例的人口，但土地压力依然是日本史中反复出现的主题。

---

① 《古事记》和《日本书纪》。——译者注

公元645年，占统治地位的氏族因一场政治危机失势，以藤原为姓氏的新家族崛起。该家族将主宰日本文明史中的一段伟大时代，并使天皇成为傀儡。这一改变不仅具有显著的政治意义，也标志着一场
467 有意识的变革，使日本朝着革新的道路前进。其变革的方向只能从日本人所知范围内发展程度最高、可以作为典范的文明和势力中寻求指引，这就是在当时可能无出其右、同时也极具扩张意识的中华帝国。

与中国长期维持而又变化频频的关系是日本史的另一主题。两个民族都属于蒙古人种，不过某些难以考证来历的高加索人也构成日本民族的部分血统（在日本史的开端，这些所谓的阿伊努人［Ainus］主要位于东北部地区）。史前时代的日本文明似乎随着亚洲大陆文明的觉醒而诞生。例如，早在公元前1世纪左右，该岛就出现了青铜器。公元前最后1000年间的此类创新也许一定程度上得益于在大陆地区向南迁移并最终离开中国的移民。但中国史书首次提及日本时（3世纪），依旧把它描述为不太受大陆局势影响的国家；在汉朝灭亡之前，中国的影响都不很明显。此后，日本大力涉足朝鲜，开启了更密切的双边接触。后来，佛教徒的活动又进一步促进了双方的交流。儒学、佛教和炼铁技术都从中国传入日本。日本还试图按中国的框架改革行政体制。中国书面文字被引入日本，汉字被用于日语书写体系的意义尤其重大。但文化吸引和依赖并不意味着政治上的归顺。

在中央统治时代的初期，日本中央行政的职能范围和规模就已经高度发达，这些改革主要完成于7至8世纪。然而，日本最终没有朝中央君主集权的方向演进，而是发展成类似西方封建无政府状态的局面。将近900年间，日本历史都难以找出一条清晰的政治脉络。其社会延续性则明显得多。有史以来，甚至一直延续至今，家庭和传统宗教都是日本社会持久力和韧性的关键所在。家族是更大的家庭，民族则是最大的容纳所有人的家庭。天皇对这一民族大家庭实行父权式的

统治，与氏族领袖管理氏族、乃至小小的农夫打理家事都没有本质差别。家庭和家族生活的焦点是参与史称神道教（Shinto）的传统宗派。选择合适的时间、在神社或家中拜祭当地或个人的神祇，是这一宗教的基本仪式要求。该宗教传统秉持一定的价值观和宇宙论，但没
有固定的教义和正典，甚至没有明确的创立者。所以，6 世纪传入日 468
本的佛教能毫不费力地与这份传统融为一体。

古代日本的体制严密性不如社会统一性突出。天皇是全社会的焦点。然而，从 8 世纪初开始，天皇的权力日渐消弭，尽管偶有励精图治的天皇试图改变，但这种状况一直持续到 19 世纪。皇权的式微部分缘于后来的改革者在 7 世纪的所作所为，其中之一就是大氏族藤原氏的奠基人①。此后 100 多年，其家族经过通婚与皇族建立了牢不可破的关系。由于子女经常在母系家庭中长大成人，该氏族可以在未来的天皇年幼时施加极为关键的影响。9 世纪，藤原氏族长成为天皇摄政——而且天皇是成年人。在平安时代（公元 794—1185 年，其名来自当时的都城，即今日的京都）的大部分时期，该氏族都凭借政治联姻和宫廷职位有效地控制着中央政府，族内领袖以天皇的名义发号施令。藤原氏的势力在一定程度上掩盖了皇族权威的衰落；但事实上，天皇氏族逐步沦落到与其他家族同等的地位，在藤原氏的阴影下生存，各统一方，或多或少具有独立地位的自有领土。

藤原氏中落后，天皇的失势变得更为明显。镰仓时代（公元 1185—1333 年）随即到来，因为掌握权力的氏族在镰仓建立幕府②，故而如此称之，而皇族依旧居于平安城的事实却完全被无视，其地位之衰微更是昭然若揭。镰仓时代早期出现了首批以征夷大将军或幕府

① 藤原镰足，原名中臣镰足（公元 614—669 年）。——译者注
② 其创始人是源赖朝（公元 1147—1199 年）。——译者注

将军为头衔的军事独裁者；他们以天皇之名实行统治，但实质上具有很大的独立性。天皇靠自己领地的收入过活，只要顺从幕府将军的意旨，就能以后者的军事实力为靠山，否则将被推翻。

天皇权力日渐衰微，与中国发生的情况截然不同，而中国正是7世纪日本改革者所遵循的典范。要对此加以解释并不容易，个中缘由颇为复杂。在这几个世纪间，有一个从挟天子以令诸侯发展到中央权威彻头彻尾消失无踪的进程。无疑，日本社会从根本上具有崇尚氏族忠诚的传统，其地貌也不利于任何中央权力的形成；山高水远的地理环境为大门阀提供了容身之所。但另一些国家成功解决了这些难题：
469 18世纪英国的汉诺威王朝利用惩罚性的镇压手段和军事公路体系使苏格兰高地驯服。土地改革是政治变革的关键所在，而7世纪的土地改革①被宫廷中如日中天的氏族逐渐压制，从这一过程中可以找到一份更具体的解释。有些氏族以及若干持有土地的宗教机构攫取了特权和豁免，从中产生一类极为常见的、滥用无度的行为，即为了犒劳拥有宫廷职位的贵族而赐予他们免税的领地。藤原氏无意阻止这类做法。于是，等级较低的小领主纷纷投靠强大的氏族，向他们献上领土、支付租金、承担效劳的义务，以此获取稳定的土地保有权。这类情况的发展导致了双重的结果：一方面为地方门阀的势力提供了稳固的基础，另一方面则抽干了支撑中央行政体系的税收来源。税收（其形式是收缴一部分农作物）没有流入天皇的行政机关，而被领地的所有者截走。

与中国不同的是，文职人员完全倒向贵族一边。日本的文官职位并非通过竞争招募，无法给一个利益上可能与代代相传的贵族家族对

① 指公元645—710年间的大化革新，意在效法隋唐的封建统治思想和制度。——译者注

立的群体提供立足之地。在各个州县，位于最高管理者一人之下的职务往往落入当地贵族之手，只有最需要资历的官职保留给合适的人选。

会发生这一情况并不出于任何人的计划，也没有任何人打算逐步向军事统治转型。转型的源头是对若干边境氏族的军事需要，因为虾夷人依然在兴风作浪。渐渐地，军事氏族的威名使乱世中寻找安全的人都来投效其领导者。而且，当时也确实需要这样的保障。各州县之间的矛盾在 10 世纪开始以冲突的形式频频爆发。11 世纪可以明显看到一个坐拥大片领地的领主阶级的出现。同时他们享有货真价实的土地管理和使用权；这些土地属于他们形式上的主人。他们以效忠关系为基本纽带得到武士家族的忠诚。源氏家族在这一局面下崛起成为统治势力，并于镰仓时代早期重建起中央政权。

就某种意义而言，这些斗争堪称奢侈。日本人可以恣意而为，因为他们生于岛国，除了零星的威胁以外从来没有外敌入侵。因此，本可以压制氏族的国家军队失去了存在的必要，此外也导致了其他后果。虽然 1945 年几成现实，但日本本土从未被成功入侵过；这一事
实对该民族心理的成型作用良多。全国领土的统一大多实现于 9 世 470
纪，北方民族也在那时臣服。此后，虽然与其他国家的关系经历了众多变迁，但日本的国土完整性极少面临严峻的外部威胁。

7 世纪，日本人已被逐出朝鲜，此后上千年内都未能重新立足。一段文化上向中国靠拢、同时也无力在大陆上与其对抗的时期就此开始。日本出于开展贸易、建立良好关系和文化沟通的意图，向中国派出遣唐使，最后一批成行于 9 世纪中期临近时。随后，公元 894 年任命的遣唐使拒绝出访，这堪称一个时代的标志；他的理由是中国内部已乱象丛生，日本从中学不到任何东西。两国官方的正式往来直到镰仓时代方才恢复。

13 世纪的日本有过一些深入大陆的尝试，其官方并不阻止私人大陆走私贸易的扩张，有时其做法和劫匪海盗极为相似。也许，正是这些行为引致蒙古王朝在公元 1274 和 1281 年两次入侵日本。两次发兵都以败退告终，第二次还因风暴——这就是日本人所谓的神风（*Kamikaze*），堪比英国人眼中令无敌舰队土崩瓦解的那场风暴——损失惨重。这一胜利极大强化了日本人的信念，开始对自身的不可战胜和民族的伟大坚信不疑。正史中，元朝出兵的动机是，日本拒绝承认其为中华帝国的继承者，也不愿纳贡称臣。就事实而言，这场冲突再度扼杀了刚刚复苏的中日关系，使其直到明朝才重新建立。而那时，恶名远扬的倭寇已成了日本人的代名词。他们在亚洲海域四处兴风作浪，就像德雷克(Drake)① 与同伴横行于西班牙的殖民海域。他们获得很多南方封建领主的支持，哪怕幕府将军为了维持与中国的良好关系而有心加以控制（确实经常有此想法），也几乎不可能做到。

公元 1333 年，镰仓幕府垮台，开启了一段天皇徒劳地试图恢复权力的短暂时期，经与各氏族兵强马壮的现实碰撞后告终。此后，征夷大将军或天皇往往都不能牢牢掌握权力，内战几乎从不间断，一直延续到 16 世纪末。但这些困难没有阻挡日本文化取得丰硕的成就，
471 在这 300 多年间一直不断前进，展现出美不胜收的华丽气象，甚至到工业化时代仍然决定着日本人的生活和处世态度。这一成就令人瞩目之处在于，日本向其他文化取经的同时保留自身文化完整性和本质的能力。

即使在历史之初，当唐朝艺术如日中天的地位使日本艺术具有非常明显的派生性质时，他们也不仅仅是被动地接受外来范式。早在 8

① 指 Francis Drake（公元 1540—1596 年），是伊丽莎白时代最著名的英国航海家。——译者注

世纪，即日本高雅文化的首个繁荣时期，日本绘画和业已用日语创作的诗歌就明显展示出这一点；不过此后几百年间，日本人依然用汉文撰写学术或艺术著述（有些类似拉丁语在欧洲长期享有的地位）。在那时，宗教建筑以外的日本艺术从根本上讲属于宫廷艺术，其形态取决于宫廷格调和一个相对较小的群体的创作及喜好；到藤原氏族的鼎盛时期，这一趋势变得更为明显。这类艺术以其素材、主题和标准被封印于普通日本人的世界之外。那时的绝大多数日本人从未见过如今被视为日本文化第一个伟大巅峰时代的作品。农民的艺术是编织麻绳和棉线；其女眷没有机会触摸色泽层次丰满细腻的精美丝绸——其色调与宫廷贵妇的十二单衣所展现出的品味相得益彰；他本人也没有机会探究女官紫式部那部文笔细腻的小说《源氏物语》中复杂的心理背景，这部小说的魅力和长度都堪比普鲁斯特的《追忆似水年华》。这种艺术属于一个生活在深宫大院、与社会绝缘的精英阶层。其特征也不外如是：美丽优雅、精妙细腻、时而拒人千里、脱离实际又烂漫轻浮。但它也确立了质朴、严谨、高雅和热爱自然的气质，对这些气质的强调将成为日本的传统。

平安宫廷的文化招致地方氏族领袖的批判，他们认为这种文化能使人变得软弱而腐朽，令宫廷贵族丧失独立和对自身氏族的忠诚。从镰仓时代起，文学和绘画艺术中都出现了武士这一新的主题。然而，经历几个世纪的变迁后，对传统艺术的敌意转为敬意；在那些命途多舛的年月中，征战不休的门阀们亲力亲为地扶持这些艺术，表明日本文化的核心原则已牢牢确立。岛国的现实乃至因击退蒙古人入侵而产生的文化自傲心态，为这些原则提供了越来越多的保护。在几个世纪的战争中，这一文化也增添了一种新的尚武元素，部分源自对宫廷圈显而易见的孱弱风气的批判，但此后也与这份传统融为一体。它从忠
主和自我牺牲的封建理念、追求戒忍和庄重的武士观念以及由此产生 472

的美学要素中汲取营养。佛教分支禅宗是这一文化独具特色的表现形式。高等贵族的格调与武士（*samurai*）阶级肃穆朴实的道德观逐渐彼此融合，贯穿于日本人的生活之中，直到今日。佛教也以各座寺庙和佛陀本人的巨大雕像在日本留下了有形的印记。总体而言，这段乱世是日本文化最具创造力的时期，因为最杰出的山水画、园林技艺与插花艺术的最高结晶以及能剧都涌现于这一时期。

在某些特定领域，这 300 多年间无法无天的状态造成了严重的社会和经济损失。就和过去千百年来一样，大部分日本人是农民，领主的剥削压迫、盗匪，或是敌对领主的家臣所统帅的军队招摇而过，都可能使他们遭受可怕的磨难。但这类损失从全国范围来看似乎并不严重。16 世纪掀起一波建造城堡的大潮，证明当时具备数量可观的资源。铜币流通的扩张延续了很久，日本出口的商品（特别是铸剑师打造的精美刀具）开始在中国和东南亚的市场上出现。至公元 1600 年，日本人口达到 1 800 万左右。其缓慢的增长（500 年间大约增加了两倍多）和可观的城市人口比例都有赖于农业的稳步改良，从而得以承受国内纷争和无政府状态的代价。这种经济结构是健康的。

欧洲人迟早会来到这个物产如此华美的神秘岛国一探究竟。第一批是葡萄牙人，可能在公元 1543 年乘坐中国船只踏上该岛。此后数年间，其他欧洲人也坐着本国的船只纷至沓来。情况对他们非常有利，日本根本不存在中央政府来规范与异国人的往来，南部的很多割据势力对国外贸易大感兴趣，彼此相互竞争。其中一名贵族在公元 1570 年向新到日本的外国人开放当时的小村庄长崎；他还是虔诚的基督徒，此前已在该地建成一座教堂。公元 1549 年，日本迎来了首名基督教传教士圣方济各·哈维尔（St Francis Xavier）。将近 40 年后，情况发生了很大的转变，葡萄牙传教士遭禁，但禁令没有马上生效。

葡萄牙人给日本带来很多东西，其中包括源自美洲的粮食作物——番薯、玉米和甘蔗。他们还带来了滑膛枪，日本人很快学会了使用方法，这种新武器为终结日本“封建时代”的贵族战争模式发挥了重要作用，与中世纪欧洲贵族战争模式走向终点如出一辙，并使一 473
个新的霸主崛起，他就是出类拔萃、出身寒门、靠军旅起家的独裁者丰臣秀吉。继承其位的则是丰臣秀吉曾经的追随者，也是德川家族的一员。公元 1603 年，德川家康接受幕府将军这一古老的头衔，开创了史称的“江户时代”，一直持续到公元 1868 年的革命；但革命之前，这一时代本身也带来极大创新，令日本发生翻天覆地的变化。

在德川幕府统治的两个半世纪中，天皇进一步退居日本政治的次席，且该地位完全固定下来。宫廷让位于军帐；幕府依靠军事领主权进行统治。幕府将军本身也发生了变化，原本是极为重要的封建领主，现在则具有双重身份：首先是世袭王族；其次是一个等级制社会体系的最高领袖，代表天皇并以他的名义行使总督般的权力。这一政体被称作幕府——即军政府。作为夺取权力的等价交换，德川幕府第一代将军德川家康带来了秩序，也保障了天皇的财政来源。

该体制的关键在于德川家族本身的实力。德川家康的出身相当低微，但到 17 世纪中期，该氏族已控制日本大约四分之一的水稻种植区。封建领主们成为德川氏的得力家臣，通过各种纽带与之建立关系。“中央集权式封建制度”一词就是为这一体系而设的。并非所有领主——又称大名——都以同样的方式与幕府将军建立联系。一些是直接依附关系，成为德川氏的家臣，其家族将代代为德川氏效忠。还有一些通过婚姻、资助或业务建立往来。另一些是关系不太稳固的外围领主，经过长期斗争后方才归服。但所有大名都被密切监视，他们要轮流前往幕府将军的宫廷或领地中生活；返回自己的领地时，家人要作为潜在的人质留居幕府都城江户，即现代的东京。

大名以下是一个严格按律法划分成不同世袭阶级的社会，政体的主要目标就是维护这一体制。大名及其家臣属于高贵的武士阶级，这些勇武的统治者就像中国的士大夫那样主宰社会并决定社会的基调。他们遵循斯巴达式的尚武精神，以随身携带的两把佩刀为象征，而且有权向犯无礼之罪的普通人挥刀。他们信奉武士道，这种教条最强调男子对主上的忠诚。到 17 世纪，家臣与土地最初存在的关系名存实亡，都在所属大名的城池中生活。其他阶级有农民、工匠和商人，商
474 人没有生产力，因此是社会中最低的一级。尽管日本贸易颇具活力，但欧洲商人那种自命不凡的气派在日本是无法想象。由于整个体系的目标在于稳定，所以专注自身职责而不逾其位的思想被着力强化。丰臣秀吉曾亲自主管一场收缴武器的行动，旨在剥夺下层阶级的武装，因为他们无权拥有。无论其立场何在，必然是为了维护秩序。日本追求稳定，其社会也就相应地强调可以确保稳定的元素：对自身地位的自知之明、服从纪律、规范、一丝不苟的工作态度、持之以恒的隐忍。这套体系在最具成效的时候，堪称迄今为止人类社会最突出的成就之一。

该体系有一个和中国同样的弱点，将能够带来变化的外部刺激实实在在地隔离在外。日本长期面临着倒退回乱世局面的危险；17 世纪的日本有大量心怀不满的大名和躁动不安的武士。当时，一份显而易见的外部威胁来自欧洲人。他们已经给日本带来影响深远的舶来品。其中最突出的例子是强大震撼力更胜于实际攻击力的枪械，另外还有基督教。因为可以吸引外来的商人，基督教信仰起初得到容忍乃至欢迎。17 世纪早期，日本人口中的基督徒比例达到了前所未有的高度。据估计，其人数很快就突破 50 万。不过基督教的快乐时光并不长久。该宗教一直具有强大的潜在颠覆力。一待日本统治者们察觉这一点，一场残酷的迫害就开始了。这场迫害不仅让数千的日本殉道

者丧命，往往死状凄惨，而且几乎终结了与欧洲的贸易往来。17 世纪 20 年代，英国人离开日本，西班牙人被驱逐。在经受类似的排斥后，葡萄牙人于公元 1640 年冒冒失失地派出使团来质询日本政府的做法，其成员几乎尽数被杀。日本人之前就被禁止前往异国，已经外出的则不得返回故乡，建造大船也被明令禁止。只有荷兰人获得许可，在长崎港的一座小岛上保留了贸易站，因为他们发誓不传教，也愿意作出践踏十字架这一象征性的举动，这使日本与欧洲还保持着细弱游丝的联系。

此后，日本内部矛盾被外国人利用的危险就没有真正出现过。但依然存在其他困难。在江户时代的安定局势下，军事技术走向没落。武士阶级作为家臣居住在大名的城堡中无事可做，只是偶尔穿起过时的盔甲，列起仪式性的队伍陪同领主前往江户。当 19 世纪的欧洲人 475
带着最新式的武器重返日本，日本军力将无法在技术上与之匹敌。

也许这一状况事先很难预见。令国内贸易繁荣的普遍和平局面所带来的其他结果同样无法预料。日本经济变得更依赖于货币。旧有关系因此弱化，新的社会压力出现。现金支付手段迫使领主出售大部分征收来的稻米，以获取出访都城所需的费用。市场也在同一时期实现全国化。商人开始发达，有些人很快成了主子的债主。钱庄逐渐成为武士生活的依靠。除了囊中羞涩之外，由于经济体制的变化和由此造成的社会影响，统治者还因为缺乏应对能力而时时倍感窘迫。如果家臣的报酬以货币支付，那他们的忠诚心也许就更容易动摇。城镇也不断扩大，到公元 1700 年，大阪和京都的居民数量都超过 30 万，江户可能有 80 万人。如此增长势必会带来其他变化。对富商的敌意因城镇中的米价波动而水涨船高。

从中，我们可以发现日本在德川幕府时代的一大矛盾。虽然其统治阶级越来越力不从心，无法将棘手的新事物纳入传统轨道，可这些挑战源自一个不可动摇的基本事实——经济增长。从今日的历史视角来看，这也是那个时代占主导地位的主题。德川幕府统治下的日本得到飞速发展。公元1600至1850年间的农业产量几乎翻番，而人口增长还不到五成。由于政体本身无力搜刮，这笔新的财富就留在社会之中，被从中发现机遇的人用来投资，或用于改善大量日本人的生活水平。

究竟要如何解释日本经济能够取得这一除欧洲以外独一无二的可持续增长，相关争议依旧没有停息。有一些解释显而易见，前文也已提及：包围日本的大洋提供了被动的优势，使入侵者无法企及——例如生于大草原、一再骚扰亚洲大陆财富创造者的游牧民族。幕府带来了大和平时代，终结封建战乱，这是另一利好。此外，更密集的耕作方式、投资灌溉工程、开发葡萄牙人带来的新作物（源自美洲），也使农业得到改良。不过这一论证已经提到了一种互惠效应：农业能够
476 进步，是因为生产者有利可图；而能够有利可图，是因为社会和政府形态提供了相应的条件。由于贵族及其家属被迫定居江户，不仅使大米流入市场（因为他们必须以此换取现金），而且在首都创造了规模巨大的城镇集市，吸纳劳动力（因为市场带来就业机会）和商品，使生产活动的利润越来越丰厚。粮食作物的产能差异有利于地方特色产业（例如纺织业）的形成：就如欧洲工业时代早期，大部分日本工业和手工业生产位于农村地区。幕府时代早期，政府曾有组织地发展灌溉体系、制定重量和货币单位标准。这些政府措施也对经济发展起到推动作用。尽管一心想要规范社会，但幕府最终可能还是偏向于支持经济发展，因为它缺乏控制社会所需的实力。幕府体制并非专制君主制，而类似于某种大名之间的权力制衡体系，只能在没有外敌入侵的情况下维持自身的存续。因此，它无法阻碍经济增长的脚步，也无法将资源从能够有效运用资源的生产者手中夺走。当生产者所得在国民

收入中所占比例上升时，经济上处于半寄生状态的武士阶级得到的份额反而有所下降。各类资料显示，公元 1800 年，日本人均收入和预期寿命与同时代的英国人几乎没有差别。

这一切在很大程度上被更流于表面但明显之极的时代特征所掩盖。有一些特征当然重要，但属于不同层面。城镇繁荣兴旺的新气象创造了一批印刷书籍和彩色木版画的消费群体，后来的欧洲艺术家也对日本版画惊艳不已。此外，新兴戏剧歌舞伎的观众群体也从中诞生。然而，尽管其经济就最深层次而言颇为成功（也许并非出于计划），也时常取得杰出的成就，但哪怕没有 19 世纪来自西方的新威胁，也没有明显证据表明德川幕府的体系能够长久存续。该时代临近尾声时，不安的征状开始出现。日本知识阶层开始感到，这种隔绝于世的状态虽然阻挡了欧洲人，但也使他们脱离亚洲之外。这一想法非常正确。日本已经走出一条独一无二的历史发展轨迹，这意味着该民族将以和清朝或莫卧儿帝国治下的人们截然不同的方式迎接欧洲人的到来。

第 9 章　远方的世界

477 非洲和美洲走向文明的步调与其他地方截然不同。当然，这种说法对美洲完全正确，因为美洲被大洋阻隔，与其他大陆只有短暂而零星的接触；可非洲不尽然如此，非洲人所生活的大陆有大片地区逐渐伊斯兰化，长期以来，至少先后与阿拉伯和欧洲商人保持着浅尝辄止的往来。虽然非洲直到 19 世纪后期才完全纳入世界史的主流，但这些往来的意义也随着时间的流逝而愈发重要。与世隔绝的状态，加上其大部分传说几乎完全依赖考古发现的状况，使非洲和美洲的历史显得迷雾重重。

欧洲商人和探险家到来之前，非洲史大体是一部波澜壮阔的内部关系史，我们对此几乎一无所知，但或许可以假设民族迁移曾发挥很大的作用。关于迁移的传说有很多，所讲述的也总是从北部向南部或西部的迁移。无论哪种传说，学者都必须在具体背景下判断其真伪，要参考埃及文献、旅者记述和考古发现。不过大体趋势依然非常明显。这些传说显示，非洲文化的高度发达首先在北部结出硕果，相隔很久之后才出现于南方。

为行文之便，可以从库什（Kush）王国开始说起，前文曾提到该国与埃及的联系。到公元前 5 世纪，库什人已失去对埃及的控制，再度退向位于南方的都城麦罗埃（Meroe），但此后还经历过数百年的文化繁荣。他们可能从埃及带回一种象形文字（现在有人声称已经破译）。毫无疑问，他们将所掌握的知识传到了南方和西方的苏丹地区，后来该地的努比亚人和苏丹人掌握了相当不俗的冶金技术。公元元年

之前的最后几个世纪，撒哈拉以南的尼日利亚中部地区出现铁器。铁
器的重要性得到认可，一直被国王们视为秘密严加保护。但如此宝贵
的技术还是缓慢地向南传播开去。到公元 12 世纪左右，铁器文明已 478
深入东南地区；仍然过着石器时代生活的非洲人只剩下南方的俾格米
人和布须曼人。

受铁器传播影响改观最大的可能是农业。使用铁制工具可以砍伐更深处的林地，也能更好地翻耕土壤（也许和公元早期来自亚洲的新作物有关），从而带来新的民族迁移和人口增长。牧民和渔民的到来打破了狩猎和采集区域的布局，早在大约公元 500 年就可以从非洲东部和东南部的大量地区明显辨识出他们的足迹；这片区域相当于现代津巴布韦和德兰士瓦（Transvaal）。但那些非洲人无法耕犁。其原因可能在于埃及以南的非洲大陆几乎找不到一种能够抵御非洲疾病的动物来拉犁。埃塞俄比亚是拥有耕犁的地区之一，那里的动物也能顺利繁衍，他们在历史早期对马匹的使用就表明了这一点。撒哈拉南部也养马，用途是供人骑乘。

这再次显示了非洲环境具有的重大局限因素。该大陆的大部分历史是与外来影响互动的过程——例如来自近东、亚洲、印尼和美洲的铁器及新作物，还有来自 19 世纪欧洲的蒸汽机和医药。从中可以逐步把握到非洲的本质面貌。没有这些外来影响时，在地理、气候和疾病施加的巨大压力下，撒哈拉以南的非洲地区几乎看不到任何生气。那里的大部分地区依旧延续着（除若干例外）轮耕农业的实质，没有实现密集耕作。这是困难环境下的积极应对措施，但最多只能维持缓慢的人口增长。非洲南部同样没有发展出轮子，所以在运输、碾磨及陶工领域也落于人后。

赤道以北的情况有所不同。从最严格的意义上讲，库什的大半历史都被尘封，因为重见天日的库什主要城市至今仍寥寥无几。据我们

所知，大约公元300年，埃塞俄比亚人推翻了库什王国的统治。后来的埃塞俄比亚国王都自称为所罗门的后代，千百年间，他们是埃及以北非地区唯一的基督教民族。但当时还没有如此与众不同，直到4世纪他们才被科普特人转变成基督徒，也依然保持着与地中海古典世界的往来。但入侵埃及的伊斯兰势力在两者之间形成屏障，数百年间都未能打破；其间，埃塞俄比亚人为了生存与异教徒和穆斯林作战，完全失去了与罗马或拜占庭的联系。他们使用阿姆哈拉（Amharic）语，是唯一具备读写能力的非洲非穆斯林民族。

479 除此以外，在整个非洲，只有罗马统治的北部地区能够让基督教立足。基督教在那里虽非主流，但一度颇为活跃。教会内部因见解不同发生激烈争执，异端多纳图斯派[①]，遭到迫害。这里的基督教之所以在阿拉伯入侵所带来的伊斯兰教面前显得软弱无力，也许可以从这里找到解释。除了埃及，基督教在非洲所有的阿拉伯国家中绝迹。另一方面，伊斯兰教在非洲取得了巨大的成功，而且一直延续至今。这一源自阿拉伯入侵的宗教在11世纪传播到尼日尔和西非。因此，关于没有掌握文字能力的非洲社群，我们的历史信息主要来自阿拉伯史料。库什王国凋零后，他们的活动区域从苏丹一直延伸到撒哈拉。贸易是他们的常见活动，其体制可以合乎逻辑地推断为城邦制；最有名的一座叫廷巴克图（Timbuctoo），当欧洲人最终抵达时，该城已经萧条，但在15世纪依然有重要的地位，据说是一座伊斯兰学府的所在地。就和世界上任何地方一样，政治和经济在非洲也紧密交织在一起。非洲历史早期出现并繁荣的黑人王国位于各条易于积蓄财富的贸易要道的终点，这也不足为奇。商人总是喜欢稳定。

① 北非基督教的一个支派，兴盛于公元4至5世纪，其领袖为迦太基主教多纳图斯，故而得名。——译者注

另一个非洲国家拥有后来被现代国家沿用的名称——加纳。在阿拉伯人的史料中，该国出现得最早。其起源不可详考，但很有可能与一支在公元前时代晚期获取统治地位的民族有关，他们拥有使用马匹和铁制武器的优势。无论事实究竟如何，在8世纪阿拉伯编年史家和地理学家笔下的史料中出现时，加纳已经是一个重要的王国。规模最鼎盛的时候，加纳南北跨越大约500英里的距离，南起尼日尔河与塞内加尔河上游流域，北端有撒哈拉沙漠的保护。阿拉伯人将该国称为“黄金之地”；这些黄金来自塞内加尔河上游和阿散蒂（Ashanti）[①] 地区，经阿拉伯商人之手，沿穿越撒哈拉的商道或通过埃及前往地中海，为欧洲地区的贸易增添活力。以此方式，非洲一度为外部世界带来积极的影响。其他穿越撒哈拉沙漠的商品中，最重要的是盐和奴隶。加纳王国在12和13世纪灭亡。

马里王国取代了加纳的霸主地位，他们的统治者极为富有，在公元1307年前往麦加朝圣时引起了轰动。这一国名也被20世纪的非洲国家所继承。马里的面积甚至比加纳更大，14世纪之初曾占据整片塞内加尔河流域，从海岸向内陆延伸上千英里。马里的黄金时代与金块贸易最鼎盛的时期重合，他们对该贸易的开发效力比加纳人要高得多。据说，马里君主的马厩中养着良驹万匹。该帝国在14 480
世纪后期的王朝战争中分崩离析，最终被摩洛哥人击败并臣服。其他非洲国家随后涌现。虽然阿拉伯人的记载中有时会谈到非洲宫廷的博学之辈，但没有可让我们了解这些人士的本地文献。显然，其统治者是伊斯兰世界的一分子，但臣民依然是异教徒。加纳王国的解体也许和是否皈依伊斯兰教的争议有关。从阿拉伯人的记载中可以明显看出，苏丹和撒哈拉地区的统治者都与伊斯兰教派有联系，

① 古代的阿散蒂王国所在地，现为加纳南部的行政区。——译者注

但依然接纳来自过去异教时代的传统习俗——与欧洲早期基督教接受类似的传统如出一辙。但社会习俗并不总能融入伊斯兰文化：对马里少女在公共场合裸露的行为，阿拉伯作者就表示出震惊和不满。

关于撒哈拉以南更深处的历史甚至更难掌握。在历史之初、融入世界历史主线的前夕，有一次决定其构成和布局的黑人民族迁移，迁移者使用班图（Bantu）诸语言。这是类似“印欧语族”的术语，形容某种可以辨识的语言特征，而非遗传类型。当然，这次迁移的详细路线依然扑朔迷离，但起点位于班图语早期使用者所居住的尼日利亚东部。他们从那里出发，将自己的语言和农业技术带往南方，首先是刚果河流域一带。此后他们急速扩张，至公元元年左右占据非洲南部大部分地区。现代非洲的人种构成模式由此奠定。

有一些民族使用被阿拉伯人称为“斯瓦西里”（Swahili，阿拉伯语中意为“海岸”）的语言，他们在非洲东海岸建起城镇，可以通往神秘的内陆王国。阿拉伯人从8世纪起向这些城镇殖民，将它们改造成港口。所以斯瓦西里人建立城镇的时间要早于8世纪。阿拉伯人把这片地区称为桑给（Zanz）大陆（后来的桑给巴尔［Zanzibar］就源于此名），称铁在这里的价格高于黄金。甚至在阿拉伯时期以前，这里的政治实体就可能与亚洲有某种贸易关系；其贸易中间人无法考证，但可能是印度尼西亚人，例如在马达加斯加殖民的那一批。非洲可以供应黄金和铁以满足奢侈品需求，也开始引入亚洲的新作物，其中包括丁香和香蕉。

关于这些国家的运作机制，就算要摸个大概也很难。君主制起初并非他们的主导政体，亲缘关系具有某种重要地位似乎是非洲黑人民族政治中唯一共同的广泛特征。这一组织结构必然反映了特定环境和
481 可用资源条件下的需求。然而君主制后来也开始大行其道，其最早的

征兆还是出现在北方，位于尼日利亚和贝宁。非洲东部大湖区[①]在 15 世纪已有一些王国存在，其中包括我们有所了解的刚果王国，位于刚果河下游。如此规模的非洲国家并不多见，长期以来它们都没有形成官僚行政体制或常备军。国王的权力肯定有所限制，限制因素不仅包括对习俗和传统的尊敬，而且还有资源的匮乏，因为资源可以笼络人心、换取与血缘关系和人格魅力无关的忠诚。毫无疑问，这就是此类“国家”大多如过眼云烟般转瞬即逝的原因。埃塞俄比亚并不是一个典型的非洲国家。

但这些模糊黯淡、半隐半现的王国依旧留下了一些醒目的痕迹。12 世纪前后的东非内陆文化高度发达，表现为采矿、道路、岩绘、运河和城墙的遗迹；这些技术成果属于一个发达的石器时代文明，其创造者被考古学家称为“阿扎尼亚人”（Azanian）。从大约公元元年开始，该地区出现农业，从而为黄金开采活动打下基础；很长一段时期内，金矿在这片今属津巴布韦的地区一直都很容易找到。起初，开采黄金只需要简单的技术，淘一淘地面表层就可收获颇丰。商人被吸引到该地，首先是阿拉伯人，然后是葡萄牙人，但也有其他非洲移民。最容易开采的矿脉枯竭后，淘金活动最终只能转向地层深处。

尽管如此，黄金产量依然足以支撑一个“国家”延续 4 个世纪，而这个“国家”创造了非洲南部唯一的著名石质建筑类型。现代津巴布韦境内有上百处此类遗迹，最有名的一处与该国本身同名（即大津巴布韦，在班图语中意为“石屋”）。从大约公元 1400 年起，这里是王室的都城、国王的长眠之地和朝圣所。该城一直保持着这样的地位，直到公元 1830 年前后才被另一支非洲民族攻陷。葡萄牙人在 16

---

① 指东非大裂谷周围环绕非洲维多利亚湖、坦噶尼喀湖和基伍湖等湖泊的周边邻近地区。——译者注

世纪就提到过一座宏伟的要塞，以不含灰泥的纯石块筑成；但直到19世纪，我们才从欧洲人那里获得明确关于此城的记载。这些巨大的城墙和塔楼以悉心整形的石块不加灰泥直接垒成，精确度极高，使欧洲人称奇不已。当时人们不愿意相信非洲人能够建造出如此惊世骇俗的东西，有人提出这些城堡应该归入腓尼基人名下；还有一些浪漫主义者沉溺于自己的遐想，认为津巴布韦城是希巴女王（Queen of
482 Sheba）手下的石工建成的。如今，考虑到欧洲其他石器时代民族和美洲的文明成果，这类假说就显得没有必要了。认为津巴布韦遗迹出自15世纪的非洲人之手，应该是合理的推断。

尽管东非文明如此发达，其居民却未能发展出自己的文字；他们和早期欧洲人一样向其他文明借鉴文字体系。其部分原因也许是没有必要对土地或可以储存的粮食详加记录。无论究竟为何原因，缺乏文字对信息的获取和传播、政府权力的巩固就构成了障碍。文化也因此而贫瘠——非洲没有本地的学术传统和博学之辈，也就不会诞生科学和哲学研究。另一方面，津巴布韦的石雕或贝宁的青铜器都令后世的欧洲人痴迷，由此可见，非洲黑人的艺术造诣绝不可等闲视之。

欧洲人抵达美洲时，伊斯兰教已立足非洲将近800年（之前还有埃及给非洲邻国带来的影响），但他们发现这片大陆的文明成就远远高于非洲，而且似乎没有依靠任何外来的推动力。有人对此无法理解，认为美洲文明的萌芽来自很久很久以前的跨太平洋航海活动，并花费大量时间就此可能性进行调查和探讨。大部分学者觉得此论点缺乏决定性的证据，即便上古时期确有此类接触，也早就消失无踪。从第一批美洲人穿越白令海峡到维京人登陆美洲的这段时期，不存在任何明白无误的、美洲和其他任何大陆有联系的蛛丝马迹。此后，在15世纪末的西班牙人抵达之前，也没有任何往来的痕迹。因此，我们必须假设美洲孤悬于世界之外，甚至比非洲隔绝的程度更深、时间也更久。

他们的隔离状态可以解释，为什么直到19世纪北美依旧存在未进入农业社会的民族。欧洲人到来之前，今日美国东部平原一带的印第安人（这是后来欧洲人对他们的叫法）曾从事农业，但更西部的群体当时依旧以狩猎和采集为生。虽然欧洲人先后带来马匹和金属，使他们迎来重大的技术革新，而且枪械随后也成为他们的技术装备之一，但这些土著民没有改变生存之道。在更西部，有从事海产品和鱼类捕捞的西海岸民族，他们的生活方式也一成不变，源自某个无法追忆的久远年代。在北美深处，凭借叹为观止的适应性和专长，爱斯基摩人极有成效地生活在严酷至极的环境下，这一生存模式的本质核心 483
甚至一直保留至今。虽然北美的印第安文化在克服不利环境方面获得了令人肃然起敬的成就，但却称不上是一种文明。为了解美洲土著文明的成就，有必要把目光转向格兰德河（Rio Grande）以南，这里能找到一系列主要文明，其共同点是全都依赖玉米种植和供奉多种多样的自然神，而在其他方面天差地别。

奥尔梅克（Olmec）文化基础对中美洲（Mesoamerica）文明非常重要。历法、圣书体、建造大型宗教仪式建筑的习俗——在后来的宗教中非常普遍——也许最早都源自这一文化；中美洲文明的诸神在奥尔梅克时期也已经为人所知。公元元年到4世纪初，奥尔梅克文明的继承者建起了首座美洲名城特奥蒂瓦坎（Teotihuacan），即今日的墨西哥城。有两到三个世纪，该城是主要的贸易枢纽，可能也具有突出的宗教地位，因为城内有规模巨大的金字塔群和宏伟的公共建筑。该城的灭亡发生在7世纪前后，是一个未解之谜，可能毁于向南迁至墨西哥中部河谷的入侵者之手，这样的入侵浪潮接连出现过好几波。这些迁移活动开启了一个移民和战乱的时代，一直持续到西班牙人抵达，并从中形成若干成就斐然的地区社群。

源自玛雅文化的尤卡坦、危地马拉和北部的洪都拉斯是其中最突出的群体。以如今的状况作为参考，那里的环境非常特殊。所有玛雅大型定居点都位于不折不扣的热带雨林，要利用森林资源开发农业，就必须克服动物、昆虫、气候和疾病所带来的极大困难。但依靠原始的农业技术（他们没有耕犁或金属工具，长期以来都采用焚地轮耕的种植方式，对一片土地耕种几轮后就要迁移），玛雅人不仅在数百年间维持着庞大的人口，而且还建成堪比古埃及的石质建筑。

很多玛雅城市依然隐藏在不见天日的丛林深处，但已发现的数量足以重新勾勒出玛雅历史和社会的轮廓。过去数十年的研究表明，这两者都比曾经设想的要复杂得多。最早的玛雅文明痕迹被归入公元前三四世纪；其鼎盛时期在 6 至 9 世纪期间，最精美的建筑、雕塑和陶器都来自这一时段。该时期的玛雅城市内含规模庞大的仪式用建筑群，是寺庙、金字塔、陵墓和宗教庭苑的结合，上面往往刻着圣书体
484 文字；直到最近数十年，学界才开始对这些文字展开研究。宗教在这一文化中扮演重要的管理职能，通过仪式肯定诸城王朝统治者的地位；在这些仪式中，牺牲和洒血是标志性的组成部分。他们平时还按一定周期行代祷和拜神之事，其日程安排取自按天文观测所制定的历法。很多学者发现，这部历法蕴含着伟大的数学技巧，也是玛雅人唯一堪比其建筑的成就。通过这部历法，我们可以领略玛雅人的大量思想；能够明显看出，该民族的宗教领袖所理解的时间概念远比我们所知的其他任何文明更广袤；他们所计算的古代远在数十万年之前，得出时间没有起点的结论甚至也不无可能。

圣书体石碑和 3 本现存的书籍告诉了我们这部历法的若干内容，也提供了玛雅各朝代的编年纪要。古典时期的玛雅人会每隔 20 年竖起标有日期的纪念碑来记录时间的流逝。其中最后一座的年代可追溯至公元 928 年。

当时，玛雅文明已经达到顶峰。但虽然拥有技巧出众的建筑者和擅长加工翡翠及黑曜石的工匠，该文明也有严重的局限。宏伟庙宇的建造者从未造出拱顶，也无法在工程中使用推车，因为玛雅人一直没有发明轮子；而笼罩在他们头顶的宗教世界充斥着双头龙、美洲豹和笑容阴森的骷髅。至于政治成就，玛雅社会长久以来一直以城邦联盟制为基础，有 2 个以城邦联合方式建立的王朝，纪念碑上的圣书体镌文记载着两者的历史。最大的玛雅城市在规模最鼎盛的时候居民可能多达 4 万，依附于城市的农村人口大约 10 倍于此。如此看来，当时美洲玛雅地区的人口密度远远超过现在。

因此，玛雅文明的成就在某些方面特别突出。和埃及人一样，他们需要为不具备生产力的建筑投入巨大的劳动力，但程度远不及埃及人。也许玛雅文明从早期就开始不堪重负。在该文明诞生后不久，一支来自墨西哥谷地的民族——可能是托尔特克人（Toltec）——就夺取了他们最宏伟的城市奇琴伊察（Chichen Itza）。自那时起，南方丛林中的居住中心开始被逐步荒弃。入侵者带来了金属，还有拿战争俘虏献祭的墨西哥习俗。玛雅城市的雕塑中开始出现他们的神祇。当时的文化似乎发生了倒退，表现为更粗糙的陶器和雕塑，以及圣书体文字水准的下降。11 世纪之初，玛雅的政治秩序已经崩溃，但有几座
城市以较低层次的文化和物质水平跌跌撞撞地延续了数百年的光阴。 485
奇琴伊察最终在 13 世纪被废弃，玛雅文化中心转移到另一地区，后来也遭到灭顶之灾，可能是公元 1460 年的农民暴动所致。经过这场浩劫，玛雅人的故事失去了原有的光彩，直到如今才重见天日。尤卡坦在 16 世纪落入西班牙人之手，不过最后的玛雅要塞直到公元 1699 年才被他们攻克。

西班牙人毁灭玛雅文明的说法只在形式上站得住脚。当他们抵达美洲时，这一文明已经由内向外分崩离析了。根据我们所掌握的信

息，要对这一崩溃原因作出解释并不容易，也很难不让人落入隐喻式的泛泛而谈。譬如：玛雅文明是对抗严峻挑战所造就的结晶，但只能成就一时，而且仅建成摇摇欲坠、对外来干涉毫无抵抗之力的政治结构，还必须付出巨大的代价；只能专精于范围狭隘的少量技术，忍受沉重的负担，同时可以获取的资源却十分有限。举例来说，考古学家发现了玛雅灌溉工程的遗迹，甚至在早于外敌入侵的政治分裂发生时这些工程就处于废弃和朽坏的状态。就和美洲别处的所有土著文化一样，他们没有留下任何值得一提的生活方式和技术，以及文学、政治或重要的宗教制度，一切都消失得干干净净。只有玛雅农夫使用的语言为这些往昔的历史保留了些许容身之处。蔚为壮观的废墟就是玛雅人留下的一切，长久以来，令那些试图探究其来龙去脉的后人沉思不已。

当玛雅文明进入衰亡的末期，有一个民族赢得墨西哥谷地的霸权。作为最后抵达该地的民族之一，他们在这里建起的成就，比后来在尤卡坦发现的一切都更令西班牙人着迷。他们就是阿兹特克人，于公元1350年左右进入这片盆地，并推翻了统治该地的托尔特克人。他们在特斯科科（Texcoco）湖畔的沼泽地带建起2个村庄定居；其一称作特诺奇蒂特兰，后来将成为阿兹特克帝国的首都。该帝国用不到两个世纪的时间就覆盖了整个墨西哥中部。阿兹特克的扩张脚步向南直抵后来的巴拿马共和国地区，但并无意为定居此地耗费精力。阿兹特克是个尚武民族，倾向于以朝贡制度建立帝国：大约30个小部落或城邦慑于军威向他们称臣；只要如约缴纳贡金，就基本上不受干涉。这些民族的神祇也在阿兹特克的万神庙中获得一席之地，受人敬拜。

都城特诺奇蒂特兰起初只有村庄的规模，但逐步建设发展起来，成为阿兹特克的文明中心。该城位于特斯科科湖中的岛群上，通过各条堤道与湖岸相连，其中一条堤道达五英里长，可容八匹马并行。激动不已的西班牙人留下了描述该城的文字；某人说，其宏伟壮观甚至超越罗马或君士坦丁堡。16 世纪初，该城可能有 10 万居民，依靠归顺民族的纳贡维持运转。与欧洲城市相比，该地的景象令人瞠目。庙宇比比皆是，巨大的人造金字塔巍峨如山。但这番堂皇的景象似乎并非独创，因为阿兹特克人利用了被征服者的技术。墨西哥文化中所有重要的发明或创新都不能令人信服地归入后托尔特克时期。阿兹特克人控制、发展和利用了他们所找到的文明。 486

当西班牙人在 16 世纪早期抵达，阿兹特克帝国依然处于扩张阶段。虽然并非所有被征服民族都完全俯首帖耳，但阿兹特克的统治区域已横贯东西海岸。其统治者来自某个王室家族，拥有半神般的地位，但也要经过选举。他控制着一个高度中央化和秩序化的社会，要求社会成员提供繁重的强制劳力和军事服务，但也赐予年俸。这一文明懂得象形文字，农业和黄金加工技术高度发达，但对耕犁、铁器或轮子一无所知。其核心仪式——令西班牙人大受震撼——包括人牲；有不下 2 万人成了献给特诺奇蒂特兰大金字塔的牺牲品。这类大屠杀模仿了占据阿兹特克神话核心地位的创世传说；据说众神被迫成为祭品，用自己的鲜血充当太阳所需的食粮。

欧洲人为这一宗教颠覆性的细节——扯出祭品的心脏、剥皮和斩首仪式——所震惊，但其深刻的政治和社会含义比所伴随的古怪和恐怖更加显著。献祭是一件大事，也就意味着需要源源不断的祭品。由于祭品通常来自战俘，也因为战死疆场是战士升往太阳天堂的途径，从宗教角度来看，和平对阿兹特克帝国就是一场灾难。因此，阿兹特克人对于归顺者不受控制、叛乱频频一事并不在意。他们让臣服的部落保留自己的统治者和政府，以便用微不足道的借口发动惩罚式的袭击。这样一来，帝国必然无法赢得归顺民族的忠诚；当阿兹特克灭亡的时刻到来，他们自然会求之不得。宗教也以其他方式影响他们应对欧洲威胁的能力。特别是阿兹特克人希望抓获俘虏用来献祭，不愿在战场上杀死敌人；而且他们信奉羽蛇神（Quetzalcoatl），在其信仰
487 中，这位大神曾为子民传授艺术，之后前往东方，但终有一天会回来，而此神白肤蓄须，形象与欧洲人类似。

总的来说，虽然有震撼人心的美学造诣和令人敬畏的社会效率，但阿兹特克文明给人的感觉是严酷、残忍和狰狞。在我们所知的文明中，像阿兹特克这般让自己的臣民承受如此重负的十分罕见。这个悲观的文明仿佛永远处于紧张状态，其臣民惴惴不安，知道灭亡永远都近在眼前。

若干其他文化位于墨西哥和尤卡坦以南，其文明程度都足够明显，但都不如最南端的秘鲁安第斯文明来得突出。当时的墨西哥各民族大体上依旧处于石器时代，而安第斯人远远走在了前面，还创建了一个真正的国家。如果说玛雅人以历法计算的精密性在美洲文明中卓尔不群，那么安第斯人在政府体制的复杂性方面把邻族远远抛在身后。秘鲁比墨西哥更令西班牙人浮想联翩，这不单是因为贵金属所蕴藏的一目了然的巨大财富，也因为其卓显公正效率且高度复杂的社会体系。有些欧洲人很快被记述该体系的文字所吸引，因为当地社会要求个人几乎完全服从于集体。

这就是印加人所统治的社会。12 世纪，一支来自库斯科（Cuzco）的民族开始扩张，控制了秘鲁早先形成的各文明中心。和阿兹特克人一样，他们起初与文明史更悠久的民族为邻，但这些野蛮人很快夺取了高等文化的技术和成果。15 世纪末，印加人统治着从厄瓜多尔到智利中部的广阔疆域，沿海一带是他们最晚征服的地区。从统治和施政的角度看，这是一项惊人的成就，因为有安第斯高原存在，他们必须克服自然界的障碍。大约 1 万英里长的道路把印加帝国

联结为一个整体，在各种气候下皆可通行；信使马不停蹄地穿梭其间，信息或以口传，或以结绳（*quipu*）为记——即用彩绳扣节表意的代号体系。他们以这种方式进行详尽的记录。虽然还未发展出书面文字，但安第斯帝国对臣民的生活采取令人生畏的极权主义管理方式。印加人成为帝国的统治阶级，其首领为印加皇帝（Sapa Inca）——意为“印加第一伟人”。他是专制的独裁者，以控制劳力作为统治的基础。帝国人口被组织成一个个单元，最小的单元由 10 名家长组成。劳役和生产力就从这些单元中榨取。人口受到细致和严密的控制，以保持所需的数量和分布状态；迁出当地社群或者与社群外的异性通婚不被允许。所有产出都是国有财产；通过这一方式，农夫为牧人和手 488
工业者提供食物，也从后者那里获得织物（美洲驼在安第斯文化中用途广泛，提供驼毛、驼奶和驼肉，也作为交通工具使用）。该国没有商业。贵金属和铜矿业为库斯科带来精美绝伦的装饰，使来到此地的西班牙人啧啧称奇。为缓解体系内部的张力，印加人不仅诉诸武力，还让忠诚的属民移居到怀有异心的地区；并对教育系统严加控制，向被征服民族当中的佼佼者灌输正统观念。

和阿兹特克人一样，印加人将所发现的现成的文化成果加以组织和利用，但手段不那么残忍。他们的目标是融合而非灭绝，且容忍被征服民族的宗教崇拜。他们自己的神祇是太阳。由于缺少文字，我们很难看透这一文明的思想；但显而易见的是，虽然方式不同，秘鲁人对死亡的冥思似乎与阿兹特克人相同。气候的造化之功使他们偏好以木乃伊作为死亡概念的仪式性表达，这和埃及人异曲同工。安第斯高原干燥的空气就和沙漠里的沙子一样，具有极好的防腐效果。除此之外，被征服民族的宗教中究竟有哪些部分保留下来，并表现在存续的部落宗教崇拜当中，不太好说。当来自欧洲的挑战浮出水面，可以明显看出，虽然印加帝国的统治极为成功，但还是没能根除其臣民的不满。

所有美洲文明都与亚洲或欧洲文明有着重要、明显且极大的差异。虽然印加人有出色的官僚体制，可以运转复杂的政府构架，玛雅人则记录了复杂详尽的历史资料，但目前看来，他们似乎不具备完整的文字体系。虽然特定技术达到很高的水准，但他们的科技水平不如其他地区的已知文明发达。由此可见，虽然这些文明创造的环境和机制为其强有力（但受到限制）的文化提供了所需的条件，但对世界未来作出贡献的美洲土著民不是他们，而是其他文明。事实上，这些贡献在他们出现以前就已经存在。那是一些未加记载、被历史遗忘的新发现，来自原始时代的耕夫，他们首先找到了对西红柿、玉米、马铃薯和西葫芦的前身加以利用的方法。由此，他们的无心插柳大大扩充了人类的粮食来源，将会改变整个世界的经济。而在此基础上建立的美洲文明，虽然璀璨夺目，却注定要走向湮灭，只能作为美丽悦人的花边占据世界史的一隅，并最终成为历史的绝唱。

第 10 章 欧洲：变革初现

鲜有术语如同“中世纪”那样，具备如此使人误解的弦外之音。 489
这一词组的用法完全以欧洲为中心，对其他文明的历史毫无意义，也体现了人们对那几个世纪的负面评价。除了在时间长河中的相对位置，这段时期提不起人们的任何兴趣。15 和 16 世纪，为了找回失落已久的古典时代，中世纪首次被人单独列出并贴上标签。当时的人们认为，在那段遥远的古典往昔，人类曾创下丰功伟业；而现在，他们感到重生的力量和文明快马加鞭的势头，从而相信在自身的时代能再一次成就伟大的事业。但在这两个充满创造力的时期之间，他们只能看到一片中空的虚无，是为“Medio Evo”，用他们所使用的拉丁文则写作“Media Aetas”，夹在其他时代当中就是它仅有的定义，本身乏善可陈、愚昧野蛮。于是，中世纪（Middle Ages）一词由此演化而来。

不久之后，对于这段 1000 年左右的欧洲历史，人们的了解稍稍多了一些。他们获取认知的途径之一是寻找已知历史的源头。17 世纪的英国人谈到其祖先可能受“诺曼之轭”（Norman Yoke）① 的压迫。18 世纪的法国人将法兰克征服视为其贵族的起源，从而为后者戴上理想化的光环。尽管如此，这类思考非常片面；如果将中世纪作为整体来看待，哪怕在 200 年前，人们也往往带着些许轻蔑。随后，

① 这一观念认为诺曼征服毁灭了萨克森的黄金时代，英国贵族是这些外来统治者的后裔。——译者注

一场重大的转变突然降临。人们着手对那些失落的世纪加以美化，前人有多么不屑一顾，他们就有多么兴致勃勃。欧洲人开始用历史小说描绘他们心目中的过往图景。这些小说讲述骑士传奇，却以当时的乡村景致为背景，矗立着仿爵式（mock baronial）① 的城堡，城堡里住着纺纱工和牲畜交易商。更重要的是，学术界对这些时期的文献投入巨大精力，这一研究热潮至今仍在继续。这些情绪鼓励了早期学者崇尚一种过于热情和浪漫主义的解析态度。人们逐渐将中世纪基督文明的整体性和生活方式的稳定加以理想化，但如此一来也淡化了其内部的庞杂和多样性。由此可见，我们依然很难确信自己真正理解了欧洲
490 的中世纪时代。不过，这段漫长时代有一个虽然粗略但足够明显的特征：从古代终结到大约公元 1000 年的这段时期，就现在看来非常类似一个奠定文明基础的时代。虽然给社会带来的变化较为缓慢，其持久力至今仍不明朗，但当时的伟人所创建的体制构成了未来文明的雏形。于是，到 11 世纪，人们已经可以感受到社会节奏的变化。新发展如雨后春笋般迅速进入人们的视野。随着时间流逝，这些进化的意义逐渐昭显——为人们开启了一条道路，通向一个有所不同的新世界。欧洲进入一个进取和变革的时代，并一直持续到欧洲史与全球史开篇相融合的那一刻。

所以，我们很难说出中世纪“终结”的时刻。直到 18 世纪，当欧洲第一个独立旁支刚刚在大西洋的彼岸立足，中世纪的痕迹在欧洲很多地区依然非常明显。甚至在新成立的美国，也有很多人像数百万欧洲人那样，依然被一种超自然的世界观以及相应的传统宗教观所掌控，与 500 年前的中世纪男女老幼非常相似。当时，很多欧洲人的生

① 一种维多利亚时代典型的苏格兰建筑式样，有模仿城堡的塔楼和城墙，让居住者感觉仿佛是城堡的主人。——译者注

活在物质层面上依旧和中世纪的前人没有区别。然而，在同一时期的很多地区，中世纪早已失去任何重要意义。旧体制已经消弭或处于崩溃边缘，曾经毋庸置疑的传统权威也随之一同远去。一些我们可以辨识出的现代生活元素已经开始在各地出现，从现在的视角来看，随着时间的推移，其社会影响力越来越明显，最终不可避免地成为欧洲第二个主要成型阶段，也是欧洲的首个革命时代。

教会

教会是一个不错的切入点。“教会”作为一种实体，在基督徒看来代表整个信仰团体，包括神职和非神职人士。根据这一概念，天主教欧洲的教会在中世纪就是社会的同义词。至公元 1500 年，仅有少数犹太人、游访者和奴隶不属于这一（至少在形式上）共享基督教信仰的巨大群体。欧洲属于基督教。从毗邻大西洋的西班牙沿岸地区到波兰东部边境，明目张胆的异教在这片版图上消失。这一变革从质和量上都堪称伟大。基督教信仰是整个文明最源远流长的活力源泉，经历了千百年的锤炼，尚未遭受内部分裂的严重威胁，也完全没有被其他神话主张取而代之的危险。基督教定义了欧洲的追求，为欧洲人带来一份至高无上的生活目标。因为同样的原因，一部分欧洲人首先意 491
识到自己是一个特殊社群——基督教世界的成员。

如今的非基督徒很可能把“教会”看作别的东西。人们用该词形容神职等级机制，代表维系信徒礼拜生活和教规的正式结构和组织。按照这一定义，公元 1500 年的教会也已获得长足的发展。不管存在多少局限和未明的真相，其成功依然堪称巨大；尽管其缺陷也同样惊人，至少教会内部有很多人自信地坚称，教会有能力（和责任）加以纠正。罗马教廷早在君士坦丁堡陷落之前就是文明世界的焦点，坐拥史无前例的实力和影响力。进入古代晚期后曾陷入一潭死水般的境地，但不仅重新取得独立和重要地位，而且还为 11 世纪以后的基督教生活赋予了新气象。于是，基督教变得更加纪律森严和野心勃勃，也变得更为严厉：很多直到 20 世纪仍主导基督教生活的教条主义和仪式性习俗都有不到千年的历史——换言之，这些习俗设立时，基督元年之后的历史已经过半。

大部分重要变化大致发生于公元 1000 至 1250 年间，并掀起一场革命。其开端是克吕尼改革运动。8 名最早的克吕尼修道院院长中，有 4 人后来被封圣，7 人是杰出的人才。他们是教皇的进言者和使节，也是皇帝的大使；学富五车，通常出身高贵，来自勃艮第和西法兰克最显赫的家族（这有助于拓宽克吕尼会的影响力），凭借自身的力量推动教会的道德和精神革新。利奥九世是教廷改革真正开启之时在位的教皇，他极力提倡克吕尼修道会的思想。在 5 年的教皇生涯中，他只有 6 个月待在罗马，大部分时间都往返于法兰西和德意志各地，参加宗教会议，矫正地方习规，查访非神职门阀贵族对教会的干涉，惩罚教士的不当行为，推行一套新形态的教廷准则。这番努力最早的结果之一是教会内部的习规变得更为标准化，开始显出更大的同质性。

西多修道会的成立是这场改革所导致的另一结果。这一堪比克吕尼会的大修道会以首家修道院所在地西多命名，创建者是对克吕尼会不满的修士，渴望重拾本笃会原来的严格规章，尤其是恢复克吕尼会所抛弃的实用手工劳动。西多会修士圣伯纳（St. Bernard）后来成为 12 世纪基督教改革和十字军运动最伟大的领袖和布道者，他的修道
492 会对修道准则和教会等级体制都产生了广泛的影响，也同样促进了教会的统一和规范。

改革的成功也表现在十字军运动的狂热和道德优越感上，这往往是民众宗教情感的真切流露。但新的做法也招致反对，有些反对还来

自教会内部。教皇对主教事务的干涉并非一直受到待见，而承袭自过去的旧规也已被当地教友所接纳，牧区教士未必觉得需要加以改变（例如教士结婚）。教廷体制改革最激烈的反对来自一场沸沸扬扬的争论，以主教授职权之争的名称载入史册。后世对这一事件的关注也许略显夸张，有人会觉得存有误导之虞。争论的中心时期仅持续半个世纪左右，但问题丝毫没有得到明确的解决。这场争执的某些方面间接体现了教会和国家之间的极大差异；就如一切属于现代的概念一样，国家概念对中世纪之人依然难以想象。争论的对象是特定行政及法律惯例，其中大多都很快达成协议，很多教士对世俗统治者的忠诚更甚于他们对罗马教皇的忠诚。双方所争夺的目标也非常实际，争执不下的是统治阶级内部分配权力和财富的方式，在神圣罗马帝国的德意志和意大利领地，王族及教廷政府人员都来自这一阶级。但类似的争议也出现在其他国家——11 世纪后期的法国、12 世纪早期的英国——因为有一个至高无上的原则问题始终挥之不去：世俗权力与教会权威之间究竟应为何种关系？

公元 1073 年，格利高利七世就任教皇后不久，主教授职权之争中最公开化的对抗就发生了。希尔德布兰德（Hildebrand，这是格利高利当选之前的名字，因此衍生出形容词“希尔德布兰德的”[Hildebrandine]，用来描述他的政策和所属的时代）的人格魅力远远谈不上出众，但他是一位个人和道德两方面都具有非凡勇气的教皇。他曾是利奥九世的顾问之一，穷其一生为赢得教廷在西方基督教世界的独立和主导地位而奋斗。他是意大利人，但并非罗马人，这或许能解释为何他在成为教皇之前的一次教廷选举权转移中扮演了主导角色——这一权力转给了红衣主教团体，且罗马的非神职贵族被排除在外。当宗教改革变得更关乎政治和法律而非道德和行为（正如他 12 年的教皇任期中所面临的情况），希尔德布兰德更愿意引发而非避免冲突。他热衷于决定性的行动，但并不善于考虑可能的后果。

493 这场纷争或许早就不可避免。教会独立是这一改革的核心理念。利奥及其追随者认为，只有免于世俗干涉，教会才能履行自己的使命。教会应脱离国家，教士的生活应当与非神职人士有所差异——他们属于基督教文明，但应该与基督教世界的其他部分截然不同。以该理念为基础，出现了对圣职和圣物买卖的攻讦、反对教士结婚的运动和一场激烈斗争，以抵制世俗权力对教会人事任用和提拔的干涉，这一做法此前从未遭受质疑。这一针对世俗“授职”权力所展开的漫长纷争也因这场抵制而得名：谁有任命主教填补缺席的正当权利——是世俗统治者还是教会？作为该权利的象征，在新任主教正式获得教区管辖权时，授职者可以向其授予权戒和权杖。

另一些造成潜在困扰的问题不如授职之争那般激烈。也许，一旦教廷不再需要皇帝协助对抗其他敌人，就迟早会与后者交恶，因为皇帝主张自己继承了来自过去的权威，虽然这份权威有流于形式之嫌，但不失巨大的分量，不可能毫无抗拒地拱手相让。德意志教会按加洛林王朝传统受王室的庇护，这一依附关系与主从关系的界限十分模糊，很容易被后者取代。此外，帝国还要保护意大利的盟友、依附者和利益。从10世纪开始，皇帝形式上的权威和对教皇的实际控制力都在走向衰落。新的教皇选举方式只留给皇帝理论上的否决权。双方共事的关系也有所恶化，某些教皇已踏入雷区，从皇帝的封臣中寻求支持。

以格利高利七世的秉性，他不可能为这一复杂棘手的局面带来润滑与调和。一俟当选，他不经皇帝首肯便立即就任，只向后者通告既成事实。两年后，他就世俗人士的主教授职权发布敕令。虽然没有保留下来的敕令原文，不免令人欲探究竟，但大致内容是我们所知的：格利高利禁止一切非神职人士向教士授予主教或其他教会等级体制中的职位，并以购买圣职的罪名对若干担负教职的皇帝大臣施加绝罚。火上浇油的是，格利高利还召唤亨利四世皇帝到教皇宝座前为行为不端的指控进行自我辩护。

亨利首先通过教会本身加以回击；他召开一次德意志宗教会议，宣布废黜格利高利。这一做法使他遭到绝罚。由于德意志有强大的敌手与他作对，现在这些对头还得到教皇的支持，绝罚便造成了更大的效应。亨利最终只能让步。为了避免一场德意志主教在格利高利（他已经动身向德意志进发）主持下对他进行的审判，亨利颜面无光地前
往卡诺萨（Canossa），赤脚在雪地里苦候，直到格利高利接受他自我 494
惩罚式的忏悔为止。这是世俗与宗教权威最为戏剧性的对峙场景之一。但格利高利没有获得真正的胜利。卡诺萨事件在当时没有激起多大反响。教皇的立场过于极端；他越过了教会法的底线，推行一份革命性的教义，坚持国王仅仅是一份官职，如果教皇判定他们不合适或不配担当，就可以随时撤除。对于那些道德观由宣誓效忠的神圣性所主导的人来说，这一立场几乎具有不可想象的颠覆性；它预示了后来出现的教皇君主权主张，但对任何国王都势必不可接受。

授职权之争又延续了 50 年。由于亨利的威逼和施压，格利高利失去了他所赢得的支持；直到公元 1122 年，另一位皇帝同意达成一份协定，这被视为教廷的胜利，但只是外交形式上的胜利。但格利高利依然是一位真正的先驱者；他使神职和非神职人员的区别达到前所未有的程度，还对教廷权力的至高无上和突出地位提出史无前例的主张。接下来的两个世纪将传来更多此类呼声。虽然他的继任者们没有作出如此夸张的行为，但确实取得稳步的进展，为教廷赢得有利局面。乌尔班二世（Urban Ⅱ）利用第一次十字军运动的契机成为欧洲世俗君主们的外交领袖；他们寻求指引的对象成了罗马而非皇帝。乌尔班还组建了教会的行政机器；在他的任期内促成库里亚教廷

（*curia*）的成立，职能上相当于英国和法国国王的宫廷管理机构，其名称来自罗马共和国的一种官僚组织。通过这一机构，教皇对教会的掌控力得到强化。公元 1123 年是一个颇具历史意义的年份，西方首次基督教大公会议在那一年召开，教皇以自己的名义颁布了会议通过的法令。教廷的法学主张和裁判权也不断得势，越来越多的司法争端从地方教会法庭转至教廷裁判所；这些裁判所不仅包括罗马的，还有位于当地的。

威望、教义、政治手腕、行政压迫、司法实践和掌握越来越多有俸圣职的事实，都是教皇在教会内重新崛起的支撑力。至公元 1100 年，真正的教皇君主权诞生所需的基础工作已经完备。随着主教授职权之争的硝烟渐渐散去，世俗国王总体上相当偏向于罗马，看起来教皇没有在任何实质性的问题上被迫让步。英国倒是发生了一场引人注目的纷争，与教士特权和土地法赦免权有关，这将成为未来的一个话题；坎特伯雷大主教贝克特（Becket）当即遭到谋杀，后被正式封圣。但就整体而言，教士阶级享有的大量法律豁免权没有受到多少挑战。

英诺森三世在位时，教皇对君主权的主张发展到一个新的理论高
495 度。英诺森的做法确实没有格利高利那般激进。他没有要求能覆盖整片西方基督教世界的绝对世俗权力，但声称希腊人手中的帝国能转入法兰克人之手是借用了教廷的权柄。在教会内部，唯一的权力掣肘是官僚体系的缺陷，他又必须通过这一体系来运转教会。然而，教皇依然经常要动用其权力来支持思想变革——这表明尚存大量未竟之功。教士独身不娶的现象变得更常见，也出现在更多地区。频繁的个人告解是 13 世纪加诸教会的若干新习俗之一；在一个被宗教思想所把持、充满焦虑的社会中，这是一种强有力的控制手段。从 13 世纪开始流行的变体（transubstantiation）理论是教义上的创新之一，认为凭借

某种神秘的方式，基督的肉身和鲜血确实出现在圣餐礼使用的面包和葡萄酒当中。

中世纪中期，欧洲最终完成基督化的洗礼，这段收尾过程呈现了一幅伟大的奇景。知识界孜孜以求，建筑业获得了新财力的支持，两者与修道会改革和教皇专制相结合，造就了继教父时代①以来基督教历史中的第二次巅峰。这一成就最基础的工作可能要从知识界和精神领域的发展中寻找，但最显眼的标志还是石质建筑。我们心目中的"哥特"建筑就是这一时期的创造。这类建筑造就了欧洲的图景。在铁路出现以前，居高临下的教堂塔楼或尖顶一直是小镇中最瞩目或比较醒目的景观。直到12世纪，教会的主要建筑一般是修道院；随后一座座惊为天物的大教堂开始动工，法国北部和英国特别突出，至今依然是欧洲艺术最伟大的荣耀之一，与城堡一起构成中世纪的主要建筑类型。当时，对这些惊人的人力物力投入似乎存在普遍的巨大热情，但我们难以洞彻这股热情背后的精神世界。20世纪的太空探索热情也许可以作为类比，不过其中缺乏这些宏伟建筑所蕴含的超自然属性。它们既是对上帝的奉献，也是传播福音和教化世人的基本工具之一。这些教堂巨大的中堂和侧廊中陈列着一排排圣者的遗物，挤满前来瞻仰的朝圣者。教堂的窗户上满是《圣经》故事的图像，这些故事是欧洲文化的核心；建筑正面覆盖着教诲式的雕塑形象，表现正义和邪恶将要面临的命运。这些建筑令基督教又一次获得大批公众的关注和支持。要评价这些宏伟的教堂对中世纪欧洲人思想的全部冲击，还有一个必要的前提：我们必须提醒自己，在这些建筑所呈现的恢宏壮丽和中世纪日常生活的现实之间，存在着如今任何人都无法想象的巨大反差。 496

① 通常指公元四五世纪教会长老著述的黄金时代，也称教会第一时代。教父指圣奥古斯丁、圣杰罗姆等重要的基督教思想家和作家。——译者注

此外，欧洲还出现了新的宗教修会，使教会组织的实力和渗透力进一步强化。方济各和多明我托钵僧会在其中具有突出地位，他们在英国分别称作灰袍僧会和黑袍僧会，取自其惯常装束的颜色。方济各会是真正的改革派，其创始人阿西西的圣方济各（St. Francis of Assisi）抛弃了家庭，甘于到病人、穷人和麻风患者身边贫苦度日。追随者很快在他身边聚集起来，积极而热切地过起以模仿基督的困苦和谦逊为目标的生活。起先，他们没有正式的组织，方济各也一直未获神职。但英诺森三世精明地把握住机会，没有听任这一可能造成分裂的运动失去控制，而是加以扶持，并命令他们选出一名宗教领导者。由于英诺森三世的支持，梵蒂冈对这个新成立的宗教兄弟会有恩，也得到后者毫不动摇的服从。因为无需教区主教的许可就能布道，他们可以制衡地方上的主教权威。那些更古老的修道会认识到其中的利害并开始抵制方济各会，但这个托钵僧团体还是兴盛起来，其内部对于组织形式的争执也没有阻挡前进的脚步。最后，他们形成一套实实在在、独具特色的管理体制，但始终保持着为贫苦大众传播福音、在传道第一线活跃的本色。

多明我会所追求的目标更为狭隘。其创始人是一位前往朗格多克（Languedoc），对阿尔比派（Albigensian）异端布道的卡斯蒂利亚牧师。人们追随他的事业，逐步成长为一个新的布道团体。到多明我去世的公元1221年，他起初的17门徒已发展到500多人的规模。和方济各修士一样，这些托钵僧立誓坚贫守道，而且也投身于传道工作。但他们的影响主要在知识和学术领域。当时，第一批大学刚刚成型，在这些意义非凡的新机构中，多明我修士形成一股举足轻重的力量。异端裁判所的很多成员也来自该会，这个打击异端的组织始现于13世纪早期。从4世纪开始，打压异端就是教会人士所呼吁的话题，但公元1184年才出现第一例教皇给异端定罪的事件。直到英诺森三世的任期，迫害异端方成为天主教国王的职责所在。阿尔比派无疑不属于天主教；但有些怀疑更进一步认为他们就连基督教异端都未必算得上。他们的信仰是摩尼教教义的反映，信奉二元论，有些信徒唾弃一切物质创造并视之为邪恶。和很多后世的异端一样，非正统宗教观被视为对社会和道德习俗的违背，至少也是不服从的表现。一名教廷使节在朗格多克遇害之后，英诺森三世决心对阿尔比派发动迫害。公元 1209 年，一场针对 497
他们的十字军运动揭开帷幕。很多教外人士（来自法国北部的尤其多）也被该运动所吸引，因为这是轻松夺占阿尔比派教徒家园和土地的大好机会。但这次迫害也标志着一种意义重大的创新之举：西方基督教世界的国家和教会联手用武力粉碎可能给其中任何一方带来危险的异见团体。它将长期成为一种有效的手段，但始终无法彻底解决问题。

在对中世纪不容异己的理论和实践进行评判时，必须牢记异端在当时看来是一种可怕的严重威胁：社会成员可能因此遭受永世不得救赎的折磨。但迫害没有阻止此后 300 年间新异端的一再出现，因为其表达了民众真正的需求。就某种意义而言，异端暴露了教会所取得惊人成就的华而不实的内在。异端是社会不满活生生的证据，导致一场漫长的斗争，时时涌现出英雄式的人物和事迹。也有其他以正当途径和不同方式表达的批判意见。教皇君主权理论招致针锋相对的学说；思想家们辩称教会活动有明确的界限，不能越出雷池涉足世俗事务。人们的国家群体观念越来越强，对国家权力的要求也越来越尊重，这一反论的说服力随之水涨船高。神秘主义宗教的兴起是另一个始终易于脱离教会等级体制的现象。在有些宗教运动中，非神职人士奉行自己创立的宗教实践和崇拜方式，时而能躲过教会的控制。遵从玄学宗师肯培的托马斯（Thomas à Kempis）① 教导的共同生活兄弟会

① 荷兰修士（公元 1379—1471 年），可能是灵修著作《师主篇》的作者。——译者注

(Brethren of the Common Life) 就是一例。

这类运动表现出中世纪教会的一个巨大悖论。教会的实力和财力都已达到顶峰，可以动用巨额地产收入、什一税和教廷税为一个规模宏大的等级体制服务。教会在凡间的伟大折射出上帝的荣耀，其极尽铺张的大教堂、气势恢宏的修道院教堂、堂皇富丽的礼拜仪式、沈博渊深的学术基础和车载斗量的藏书均体现出信徒的虔诚和事功。然而，这个集滔天权势和富贵于一身的组织，布道的核心却是一份荣耀归于贫穷和谦卑而崇高属于尘世之外的信仰。

教会的入世态度招致越来越多的批评。这不仅仅是少数拥有圣职的门阀贵族坐享特权和捐赠、满足自己的享受之需、视教民如无物的问题。教会内部发生了更不易察觉也无法避免的权力腐化。以信仰的成功捍卫者自居，教会越来越展现出作为官僚和审判机构的一面。早
498 在圣伯纳的年代就有人指出这一点，认为神职法律人员数量过多。到
13 世纪中期，唯法主义已经发展到明目张胆的程度。教廷本身也很快受到批评。英诺森三世去世时，原本为慰藉和圣礼而存在的教会只剩下中央集权化的冰冷一面。争取宗教主张与要求不受任何限制的教会君权混为一谈，而且这一要求还不容置疑。哪怕在精神崇高的人手中，维持教会的正常运转也并非易事；马大赶走了马利亚，[1] 要开动这台自我意识越来越强的管理机器，行政和法律贿赂已经不可或缺。

公元 1294 年，一位以虔诚著称的隐士当选为教皇塞莱斯廷五世 (Celestine Ⅴ)，但由此而燃起的希望很快破灭。不出几周，他就被迫逊位，也无法推行对库里亚的改革设想。他的继任者是卜尼法斯八世

---

① 《圣经》中的一对姐妹，此马利亚并非圣母。传说耶稣造访她们的家，姐姐马大为准备晚餐忙碌不停，马利亚则一心一意听从耶稣的话语。后来耶稣告诫姐姐，不要被太多琐事缠身而忘记了最重要的事情。事见《新约·路加福音 10：38—42》。——译者注

499

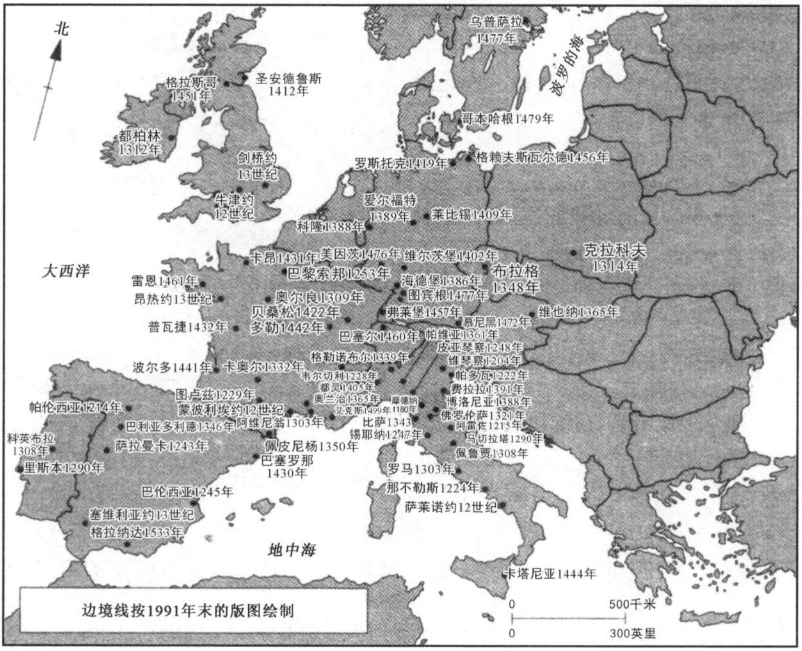

1500年以前成立的欧洲大学

(Boniface Ⅷ)，被称作中世纪最后的教皇，以最倨傲、最形同政客的方式展现了教皇这一职务所具备的一切自负。他接受的教育是法学方面的，其秉性则与灵修之人相去甚远。他与英国和法国国王发生激烈争执，在公元1300年的大赦年（Jubilee）① 节日中还把两柄剑放在身前，象征自己同时拥有世俗和宗教权力。两年后，他发表教皇权力至上论，强调所有人必须认可这一权力，否则将无法获得拯救。

在卜尼法斯八世的任期中，教廷与国王的漫长战争走向高潮。将近100年前，英国曾被教皇褫夺教权。这一可怕的判决禁止施行一切

① 也称圣年，是每25年一次或临时宣布的天主教节日，凡前往罗马朝圣者均可获特别赦罪。——译者注

圣礼，国王也得不到净罪和宽恕，人们无法为孩子施洗，自身的罪孽也不能得赦。在一个属于信仰的时代，被剥夺这些权利足以令人惊恐，国王约翰只好被迫屈服。一个世纪后，情况已经有所变化。主教和手下教士常常与罗马疏远，而这也使他们的权威受到削弱。在卜尼法斯治下，教廷的狂妄达到无以复加的程度。这些教士对此心生反感，也对所处国家和当地的民族产生发自内心的归属感。当法国和英国国王对教皇的权威说不时，他们从教士那里得到了支持，而且还有怀恨教廷的意大利贵族为其助阵。公元 1303 年，在部分贵族（由法国出资）的逼迫下，年迈的教皇逃往出生地，并在城中被俘，据说遭受了骇人听闻的屈辱。其手下的镇民后来将卜尼法斯释放，他没有像被他囚禁的塞莱斯廷那样在软禁中结束余生，而是死于数周之后，死因无疑是惊吓过度。

这只是教廷陷入窘境的开端，还有人宣称遭殃的不只是教廷，而是整个教会。后来的 4 个多世纪，教会将面对敌手们一波又一波巨浪般的冲击，虽然往往能英勇相迎，但基督教本身最终受到质疑是不争的事实。刚到卜尼法斯的教皇生涯末期，他要求种种地位一事就已经成了几乎无足轻重的话题；甚至没人为此对他施加报复。宗教精神上的缺陷成了越来越醒目的靶子；此后，教廷受谴责的理由转以阻碍改革为主，而非索取太多国王般的权力。不过，有很长一段时期，宗教批评存在严重的局限。独立自主、公正自明的批评在中世纪是不可想象的：教会人士批评的矛头还是针对教皇履行传统宗教使命方面的失职。

公元 1309 年，一名法国教皇将教廷库里亚迁到阿维尼翁，该城属于那不勒斯国王，但处于法国国王势力的震慑范围之内，被后者的领地所压迫。教皇将阿维尼翁作为居城期间（持续到公元 1377 年），法国人也把持了红衣主教的职位。不出多时，英国和德国人相信教皇已成了法国国王的傀儡，便对本国的教会采取行动，剥夺其独立地位，国王当选者宣称他们的王位无需教皇首肯，王权仅来自上帝一人。

阿维尼翁的教皇府邸规模宏大，其建立本身象征教皇决意离开罗马的决心，其奢华则代表教廷日趋入世的态度。宗座廷（papal court）之富丽堂皇在当时和过去都无出其右，由一大批锦衣玉冠的侍从和行政官照管，他们的薪俸来自教廷税和不当所得。不幸的是，500
14 世纪正属于一段经济灾难期；人口锐减不提，还要承受教廷更加高昂（有人称之为挥霍无度）的开支。中央集权继续滋生腐败——滥用教皇任命有俸圣职的权力是一个明显的例子，对圣职圣物买卖和神职兼任的指控愈发所言不虚，高级教士的所作所为偏离使徒教诲的事实愈发昭然若揭。方济各会内部也发生一场危机，部分属于“灵修派”（spirituals）的修士坚决奉行创始人甘于贫穷的会规，而规纪松弛的同僚拒绝放弃修道会所获得的财富。这场争论开始涉及神学主题。很快有方济各修士宣称，阿维尼翁就是《启示录》中一身猩红装束的大娼妓巴比伦，教廷的垮台指日可待；而教皇强调基督本人也尊重财产，谴责“圣徒贫洁”（apostolic poverty）的思想，还动用异端裁判所打压“灵修派”。这些修士因散播反教皇的言论被焚，但死前已赢得了听众。

于是，教皇客居阿维尼翁的经历导致了一场反圣职至上和反教皇至上的普遍运动，这与因教士不服王权管辖而恼怒的国王发动的反教会运动有所差异。很多教士感到，富裕的修道院和入世的主教是教会已经堕落成世俗机构的标志。这对格利高利七世不啻为一种讽刺，也使他的胜利大为失色。批评的声浪越来越高，最终令教皇于公元 1377 年返回罗马，但唯一的结果是迎来教会史上最大的丑闻——“天主教会大分裂”（Great Schism）。世俗君主开始在自己的领土内设立半国有的教会；为维护自身的财力和地位，大约 20 名红衣主教联手操控教廷，共同推举出两名教皇，其中一人的上台完全是法国红衣主教们的手笔。此后 30 年间，罗马教皇和阿维尼翁教皇同时自称为教会之首。8 年后，第三个教皇宝座的争夺者也出现了。随着分裂的持续，针对教廷的批评也越来越刻毒。“反基督者”（Antichrist）是当时一个流行到滥用无度的术语，用来形容竞相争夺圣彼得所传教会产业之徒。世俗的敌对势力也卷入其中，使局势更加复杂。阿维尼翁教皇的盟友大致包括法国、苏格兰、阿拉贡和米兰；罗马教皇的支持者有英格兰、德意志诸皇帝、那不勒斯和佛兰德斯。

然而，这场分裂一度为革新和转型带来曙光。改革者所仰仗的途
501 径是教会全体大公会议，有人宣称其权威凌驾于教皇之上。无论这一观点是否正确，很多天主教徒认为，重拾使徒和教父的思想并以此恢复教廷的秩序是一条相当明智的对策。不幸的是，这一初衷没有换来好的结果。教会共举办了 4 次会议。首届于公元 1409 年的比萨召开，作出了大胆的举措，宣布废黜两名教皇另选新任。换言之，圣彼得宝座的争夺者变成了 3 人；不仅如此，数月后，新选出的教皇去世，继任者据说有买卖圣职的嫌疑（即原约翰二十三世，现已不被视作真正的教皇，也是吉本批判最严厉的人物之一）。次届大公会议（在康士坦斯，公元 1414—1418 年）罢免了约翰（虽然他是会议的发起人），迫使他的竞争者之一逊位，又将第三个教皇宝座的争夺者革除。大分裂的伤痕就此愈合，也终于有一个新的起点。公元 1417 年，新教皇马丁五世（Martin Ⅴ）当选。这是一次成功的拨乱反正，可是有些人期望更高，意图改革；但康士坦斯大公会议回避了这一问题，反而为异端问题耗费大量时间。教廷恢复统一后，支持改革的呼声便渐渐消退。再一次会议（在锡耶纳，公元 1423—1424 年）因敦促改革的呼声过高被马丁五世解散（他宣称“教皇要被迫为自己辩护是一种危

险的现象”）。而后，主教们又在巴塞尔聚首（公元 1431—1449 年）；但早在散会之前，这最后一次大公会议就没有显出什么成效。会议运动（conciliar movement）① 没有实现期望中的改革，教皇权力得以恢复。此后 400 年，教会内部可通过协商达成一致的方式取得另一种权威的理念，被罗马嗤之以鼻。不出几年，向全体大公会议申诉教皇裁决的行为就被宣布为异端。

教会依然没有就近在咫尺的危机采取对策。教皇保住了至高无上的地位，但胜利并不彻底；世俗统治者将反教廷情绪纳为己用，使国家教会获得了自由。罗马的道德权威地位显然没有恢复，所导致的后果之一就是 70 多年后另一场更具破坏力的改革运动。教廷开始显出越来越多的意大利气质，并就此保留下去。接下来的两个世纪中出现过若干差强人意的教皇人选，但他们对教会的伤害比不上教廷本身演变为又一个意大利王国的事实来得严重。

一直隐忍不发的异端在大公会议期间突然爆发出极大的改革热情。英格兰的威克利夫（Wyclif）和波希米亚的胡斯（Hus）是其中的两位杰出人物，将大分裂造成的不满情绪凝聚成一股强大的力量。502
他们是最早也最重要的教会改革家，不过威克利夫作为导师和思想家的身份更胜于行动力。胡斯成为一场运动的领袖人物，该运动牵涉到民族和教会等级制度两方面；他的布道在布拉格造成了巨大的反响。胡斯被康士坦斯大会判罪，罪名是针对得救预定论②和教会财产的异端见解，并于公元 1415 年遭受火刑。威克利夫和胡斯发出的批判被压制，所掀起的巨大声势也随之式微，但他们为反教廷至上主义的民族精神注入了新的血液；后来的历史证明，这对西方教会的统一具有

① 该运动主张“大公会议”具有最高权力，可以罢免教皇。——译者注
② 基督教术语，称上帝预先选定了得救者的人选。——译者注

极大的破坏力。胡斯死后，天主教和胡斯派信徒争夺波希米亚的激烈内战一直持续了 20 年。与此同时，教廷在 15 世纪对非神职君主作出了外交让步。

15 世纪，宗教热情无视教会中央组织的趋势越来越明显。玄学著述和新形态的流行宗教不断涌现，成为这一热情的表达渠道。从绘画艺术中可以看出，人们对基督受难的痛苦产生了新的痴迷；新涌现的圣徒崇拜、自我鞭笞的狂热、癫狂舞蹈的大行其道，都显示了这一不断高涨的宗教亢奋。大众传教士能够赢得号召力和势力，多明我会修士萨伏那洛拉（Savonarola）是一个突出的范例；他获得极大成功，成为 15 世纪最后十年间佛罗伦萨说一不二的道德评判者。但宗教热忱往往游离于教会等级体制之外，也缺乏正式组织。14 和 15 世纪的流行宗教极为强调个人和虔诚。而另一个显著特点是缺乏远见和体制结构上的不足，这能够从他们对欧洲以外地区传教工作的忽视中得见端倪。

15 世纪给我们留下的总体感觉是倒退，是付出将近 200 年的巨大努力后经历的一段缓慢的沉沦。然而，我们不能让这一概念主导对中世纪教会的印象，否则可能产生严重的误解。毕竟，那个社会之所以与今日不同，宗教是其中最大的因素。公元 1453 年以后，欧洲依然属于基督文明，欧洲人的宗教意识甚至还更为强烈。在欧洲范围内，生活的方方面面几乎都由宗教定义。所有的权力最终都来自上帝。对大部分男女老幼来说，教会是人生重要时刻唯一的记录者和见证者——婚嫁、子女的降生和受洗以及死亡。有很多人完全献身于宗教；成为修士和修女的人口比例远远高于现在。但是，这些想要躲进修道院的高墙、远离凶险四伏的尘世之人，所抛下的并非我们身处的那个完全脱离教会之外、与教会毫无牵连的世俗世界。学习、慈善、行政、司法和包罗万象的经济生活，都处于宗教势力的规制之下。哪怕有人攻击教士，他们也会拿教会曾经教导他们的准则作为攻讦的依据，而且懂得以上帝借其手贯彻旨意的理由为自己申诉。宗教神话不 503
仅是那个文明最深刻的源头，而且依然是所有人的生活所在。它以至高之善的名义定义了人类的生存意义。除了所有信徒组成的教会群体，异教是唯一的存在。魔鬼以某种有血有肉的形态为伪装，坐等那些迷途的羔羊、偏离上帝恩典之道的人落网。如果某些主教甚至教皇本人成了迷途者的一员，那他们会落得更糟的下场。人类固然脆弱，但无损于宗教式的生活观。当神谴之日（Day of Wrath）到来，上帝的正义将得到彰显，他会挑出山羊群中的绵羊，终结世间的一切。

公国争雄

我们今日的大部分人都对国家（state）的概念耳熟能详。人们普遍认同一种非人格化的组织机构瓜分了世界的表面，而运作这些机构的官员以某种特殊方式有别于常人；这类组织为一切既定领域提供具有最终效力的公共权威。国家往往被视为人民或众民族某种意义上的代言人。无论是否具有这种代表性，国家都是我们之中大部分人从政治角度解读现代世界的基本构成单元。

对于公元 1000 年的欧洲人，这一切都超出了可以理解的范围；500 年后，其中的不少内容很可能已为欧洲人所知，但具体要看究竟是哪里的欧洲人。虽然公元 1500 年时，现代国家兴起的历程还远未走完，但这一过程是历史迈入现代篇章的标志之一。比起理论和思想，现实来得更早。从 13 世纪起，出于各种原因，很多统治者（通常是国王）都得以强化他们相对于被统治方的实力。这往往是因为他们能保有一支大军，并以最有效的武器武装士兵。铁制加农炮发明于 14 世纪早期，随后是青铜炮；下个世纪又出现了铸铁打造的重炮。随着这些武器的问世，英杰与枭雄们再也无法依托城堡毫无惧色地向统治者发起挑战。钢质十字弓也给那些能够负担成本的人带来极大优势。至公元 1500 年，很多统治者都已在自己的领土内基本实现了对武力的垄断。他们也对彼此共享的边境提出更多争议，这不仅仅是测绘技术提高的表现，还标志着政府侧重点的变化——从控制与统治者关系特殊的个人转变为控制特定区域内的居民。个人依附的价值被领土归属所取代。

随着这类领土兼并的过程，凌驾之上的王权越来越依靠官员的直
504 接行使——他们和武器一样，必须由金钱来推动。原先，王国的运作有赖于和国王相识的封臣，而为国王效劳是他们的一大工作，以此换取国王的宠信；并且当国王自有领地不足以支持所需，他们还需要在战场上提供支援。而今，新的体系取而代之，王室政府改由官吏运作，他们的薪俸取自税收（越来越倾向于货币而非实物），而征税是他们最重要的任务之一。从 16 世纪开始，羊皮纸卷宗和特许状被现代官僚文书最早的点滴雏形所取代。

以本书概要式的篇幅，想清晰地勾勒出这一极其重要和复杂的变化必然力有不逮。这关乎生活的每一方面：关乎宗教和宗教约束力及权威，关乎经济和经济所提供的资源，关乎经济带来和剥夺的社会可能性，关乎思想和思想对依然具有可塑性的体制所造成的压力。但最后的结局毋庸置疑。通过某种方式，欧洲从公元 1500 年开始改变组织结构，与加洛林和奥托时代大异其趣。虽然对大部分欧洲人而言，个人和地方纽带依然是最重要的、压倒一切的关系，而且这种局面还将延续几个世纪，但与过去那个就连部落忠诚都有其价值的时代相比，社会体制还是有所变化。以教皇和皇帝定义不详的权力主张为背景，领主和封臣的关系长期以来似乎代表着政治思想的全部，而此时开始让位于王权统治领土内所有居民的理念。这一理念最极端的表达（例如，英国亨利八世声称，国王只承认上帝是高于自己的权威）确

实具有耳目一新的气象。

毋庸赘言，各个地区变化的方式和步调都不尽一致。到公元1800年，某些概念在法国和英国已经成型达数百年，而在德意志和意大利依然无人知晓。无论发生于何处，该变化的核心通常是王室家族实力的稳步坐大。国王享有极大的优势，拥有广阔的领土（有时幅员非常辽阔），如果能用心打理国事，就可以获得比领地较小的贵族更为稳固的实力基础。一国之君的地位笼罩着神秘的光环，加冕和涂油礼上庄严肃穆的场景就可反映出这一点。与地方封建领主相比，王室宫廷具有一种表象，仿佛能以更独立的立场伸张正义，而受惠方要花费的钱财也较少。需要法律的意识也出现于12世纪，国王居于强势地位，对宫廷中应该实行何种法律握有强大的发言权。因此，这些位于封建体制顶端（或接近顶端）的国王不仅能够依赖该体系的资源，而且还有外部势力为其所用。其中之一是国民意识，并逐步彰显出愈发重要的价值。

我们必须留意，不能把这一现代人视为理所当然的概念错误地归入更早的时期。任何中世纪国家政治实体都不是我们所理解的民族国家。尽管如此，到公元1500年，哪怕英国和法国国王的臣民们依旧 505
分不清国家和村庄的区别，会将邻村人视为不折不扣的外国人，但他们已经有了同胞和外族是有所差别的概念。甚至再提前200年，这类区分就开始在王国内外出生的人之间成型，土生土长的社群概念开始稳步强化。对民族守护圣徒的信仰是表象之一。虽然教会在盎格鲁—撒克逊诸王时代就已敬奉圣乔治，但直到14世纪，当圣乔治被视为英格兰正统守护者，他的白底红十字旗才成为英国士兵的统一标志（屠龙历险是12世纪才归于他名下的事迹，可能混入了希腊英雄珀尔修斯的传说）。民族国家史著述的兴起（之前已有德意志民族的黑暗时代史著述作为前兆）和民族英雄的树立则是另一表象。12世纪，一名威尔士人或多或少地杜撰了亚瑟王的神话形象；同一时期，一名爱尔兰编年史家构筑了王中之王布莱恩（High King Brian Boru）和他保卫基督教爱尔兰不受维京人侵略的虚构传说。而最首要的现象是本土语言文学的发展。首先是西班牙人和意大利人，然后是法国人和英国人，他们开始打破拉丁文学创作所设下的壁垒。这些语言的文学前身可以从12世纪的浪漫主义作品例如《罗兰之歌》或《熙德之歌》中找到；前者将查理曼败给比利牛斯山民一役改写成他的殿后部队英勇抵御阿拉伯人的光荣之战，后者则是歌颂西班牙民族英雄的史诗。14世纪为我们带来了但丁、朗格兰（Langland）和乔叟；他们各使用一种语言创作，其文字今天读来也没有多少困难。

但我们断然不能夸大该变化立竿见影的效果。此后几百年，家庭、地方社群、宗教或贸易仍是大部分人托付忠诚的对象。我们可以看到上述民族国家体制从这些传统社会单元中不断成长，但对于社会的保守性几乎无能为力；在绝大多数地区，这类体制仅仅和国王的司法与收税有关——就连中世纪后期最具民族国家特质的英国，也有很多人一生从未见过国王的法官或税官。另一方面，中世纪的农村教区和小镇是货真价实的社群，在平常的日子里足以让居民从社会责任的角度思考问题。我们确实需要另一个词来代替“民族（国家）主义”，用以形容某个中世纪男子脑海中偶尔转瞬即逝的、对王国内某个社群的概念，乃至排外骚乱中突然爆发的怒火，无论他是工人还是商贾
506 （当然，中世纪的排犹主义有其他源头）。不过，从此类民族情感的蛛丝马迹中，间或也能看出西欧新政治实体的基石正在缓慢成型。

英国和法国最早形成与现代基本类似的国土范围。公元1066年入侵盎格鲁—撒克逊英格兰后，数千诺曼人越过海峡，从法国抵达英伦，形成了一个新的统治阶级。他们的领袖“征服者”威廉给予他们土地，但自己保留得更多（其王室领土比以前的盎格鲁—撒克逊列王更大）；

并坚持对其余领主的绝对统治权——他要成为整片岛屿的主宰，直接或间接地控制任何人所拥有的一切。他也继承了古英格兰君主的威望和国家机器，这具有重大意义，使他完全凌驾于其他诺曼武士之上。这些武士中最出类拔萃的人成了威廉的伯爵和男爵，略逊一筹的则被册封为骑士，在遍布全岛的土木城堡中开始对英格兰的统治。

他们所征服的是欧洲文明程度最高的社会之一，在盎格鲁—诺曼国王的统治下展现出非凡的活力。诺曼征服后数年，英格兰政府实施了中世纪最引人注目的行政措施之一，即编撰《末日审判书》（*Domesday Book*）。这是为王室进行的规模浩大的全英普查工程。审查资料取自每个郡和百户（hundred）[①]的法庭，细致程度使某个盎格鲁-撒克逊编年史家大为震撼，留下了辛辣的评注：“今记之犹感愧，然昔人行而无赧。”威廉的手下连一牛一猪都没放过。下个世纪，王室司法权迅速扩张，甚至达到惊人的程度。虽然那些弱小的国王一次又一次令王权在门阀面前让步，但君权的完整性本质上没有动摇。在英格兰的宪政历史中，王权兴衰的历程占了500年的篇幅，这很大程度上归因于将英国与潜在敌人隔开的水域，只有北方除外；外国人难以干涉其内部政治，诺曼人以后，再无成功的不列颠征服者。

不过，有很长一段时期，盎格鲁-诺曼列王不仅仅是一岛之王而已。他们继承了一系列错综复杂的世袭领地和封建依附关系，在最具规模时远至法国西南一带。他们和拥护者一样，依然使用诺曼式法语。12世纪初，他们丢失了大部分“安茹”（Angevin）世袭领地（其名取自Anjou），这对法国和英国同样具有决定性的意义。两国彼此间的争斗进一步孕育了双方人民的国民意识。

卡佩王室牢牢把持着法国王位。从10世纪到14世纪，该家族的 507

① 介于郡和村之间的英国行政单位，相当于100户自由农生活所需的土地。——译者注

国王不间断地延续着世袭统治，也扩大了统治的领土——这是王权实力的基础。卡佩王朝掌握的土地相当肥沃，位于现代法国的心脏地带。巴黎周边的谷类作物生长区称为法兰西岛（Île de France），长久以来是该国唯一保留法兰西故名的地方，用以缅怀该地作为法兰克古王国之一部的历史。因此，与勃艮第等西方加洛林时代的其他王国相比，卡佩王朝初期的领地显得鹤立鸡群。至公元1300年，“法兰西”在精力充沛的王室继承人的扩张之下，已将布尔日、图尔、日索尔（Gisors）和亚眠尽数收入囊中。而且，法国国王当时已经获得了本效忠于英王的诺曼底和其他封地。

很有必要加以指出的是，在今日法国地区，14世纪（及以后）依然有强大的采邑和封建公侯；将卡佩王国视为统一和庞大的整体并不恰当。但卡佩王国确是某种意义上的统一实体，只是很大程度上依赖于个人关系。14世纪期间，和英格兰的漫长斗争大大强化了这份统一和团结，这场对抗以具有误导之嫌的“百年战争”之名留载史册。实际上，从公元1337至1453年，英国和法国只是偶有交锋。战争耗资过大，难以为继。英国国王要求获得海峡另一侧的法国领地的所有权和封建继承权，这是双方争夺的焦点；公元1350年，爱德华三世将王室纹章的图案一分为四，把原先的英国纹章和法国纹章拼接起来。所以，从那时起，双方就总是有一些似是而非的交战理由，这为英国贵族提供了夺取战利品和赎金的机会，使战争成为其中很多人值得投资的对象。

对英国而言，这些斗争为襁褓期的民族主义传说带来了新的元素（其中大量素材来自克雷西［Crécy］① 和阿让库尔［Agincourt］② 大

① 公元1346年8月26日，英格兰爱德华三世对法国腓力六世的一场大胜。——译者注
② 公元1415年10月25日，英王亨利五世对法王查理一世的胜利，查理一世阵亡。——译者注

捷），并形成不信任法国人的长久传统。百年战争对法国的君主专制也颇为重要，因为它对于限制封建割据、打破皮卡第（Picard）[①] 和加斯科涅（Gascon）[②]、诺曼人和法国人之间的隔阂具有一定作用。就长期而言，法国的民族主义传说也从中汲取养分；其最大的收获是圣女贞德这一形象及其传说，虽然当时鲜有法国人知道此人存在，她波澜壮阔的一生与漫长的抗英斗争的转折阶段相重合。这场战争有两大造成长期影响的后果：一是英格兰人很快挟克雷西之胜的余威征服 508
加莱（Calais），二是英格兰的最终落败。此后 200 年，加莱一直在英格兰人手中，为他们打开通往佛兰德斯的门户。那里有密集的制造业城镇，是消化英格兰羊毛出口和后来织布出口的现成市场，有助于英格兰人的贸易发展。英格兰的最终落败则意味着与法国的领土关联在公元 1500 年走向实质上的终点（虽然 18 世纪的乔治三世依然拥有“法兰西国王”的头衔）。英格兰再度成为岛国。公元 1453 年后的法国国王可以集中国力开拓疆域，再也没有英格兰国王凭借一星半点的亲缘关系所提出的继承权要求——也是这场战争的起因——使他们分心。他们能够定下心、腾出手，控制叛逆的门阀贵族，确立对后者的宗主权。无论在哪个国家，这场战争从长期来看都强化了君主专制政体。

虽然时而显得散乱和突然，但在西班牙也可以看到为国家统一奠定根基的进程。至公元 1500 年，西班牙已通过对收复失地运动的传说式记载为民族历史打下基础。与伊斯兰势力经年累月的宗教战争，使西班牙的民族国家意识具有一份特殊的形态和气质。有时，这场运

---

① 今法国北部大区，5 世纪时被萨利安法兰克人占据，其中有一部分地区长期是英格兰人的采邑，直到公元 1477 年才被路易十一世收复。——译者注

② 法国历史和文化大区，其继承权和公爵称号在 12 世纪被英格兰金雀花王朝所得，百年战争期间一直是英格兰在法国西南部势力的中心地区，直至战争结束才被收复。——译者注

动还被当成一次十字军之战加以宣扬。这项事业可以让背景和出身差异极大的人团结起来。有时，基督教国王也同摩尔人联手，伊比利亚半岛上曾出现过几段和平共存的时期，生活在一起的各民族都没有表现出强烈的宗教排外意识。但收复失地运动也是一系列殖民战争，收回并开发了几个世纪前被阿拉伯军队所征服的土地。因此，在各种因素的推动下，各基督教王国的边界缓缓向前推移。12 世纪中期，托莱多（Toledo）再次成为基督教首都（其最大的清真寺被改成天主教大教堂）。13 世纪，卡斯蒂利亚人占领安达卢西亚，阿拉贡人夺下阿拉伯控制的城市巴伦西亚。公元 1340 年，最后一波阿拉伯人的大攻势被击退，这场胜利对中央统治造成威胁，一批按捺不住的卡斯蒂利亚贵族借机争权夺利。君主与市镇自由民结为同盟。阿拉贡和卡斯蒂利亚的王权在公元 1479 年通过联姻结为一体，形成了更强有力的统治。这对夫妇是阿拉贡的斐迪南（Ferdinand of Aragon）和卡斯蒂利亚的伊莎贝拉（Isabella of Castile），史称“天主教君王伉俪”（Los Reyes Católicos）。尽管两个王国长期保持着形式和法律上的分裂状态，但这一联姻毕竟简化了最终驱逐摩尔人、创建单一国家的进程。在这片半岛上，只有葡萄牙处于新西班牙的体系框架之外，牢牢守着时常被这个强大领邦所威胁的独立地位不放。

德意志未来民族国家的总体布局依然没有显山露水。神圣罗马帝国皇帝的继承权是政治实力潜在的重要基础，适用范围很广。但公元 1300 年后，他们的皇帝头衔实质上已经得不到任何尊重。公元 1328
509 年，一名德意志国王①赶赴罗马，强行要求加冕为皇帝，但未果。这是德意志人最后一次作出如此举动。13 世纪各敌对皇帝之间的漫长纷争是造成其失败的原因之一。另一原因是，皇帝们无力在一片片形

---

① 巴伐利亚的路易四世。——译者注

态各异的领地内巩固君主专制权威。

德意志帝室家族继承的领地通常并不统一而是分散各地。皇帝人选被大门阀操控。当选的皇帝没有一个专有的都城，无法成为新兴的德意志民族可以围绕的中心。政治环境使他们将所拥有的权力不断转交出去。各大城市开始在自身领地内形成地方王权。在传统观念中，一份公元 1356 年颁布的文件被视为德意志宪政历史的里程碑（虽然只是对既成事实的书面认可），这就是《金玺诏书》——七名选侯在自己领土内获得了几乎所有的帝政权力。例如，他们此后拥有了绝对的司法权，皇帝不受理针对其判决的申诉。帝室实力式微的过程中，对古老传说根深蒂固的怀念始终不曾匮乏，也依然使不乏活力的国王心驰神往。

一个奥地利家族最终成功登上皇帝宝座，那就是哈布斯堡王室。首位哈布斯堡皇帝当选于公元 1273 年，但此后很久都没有同族步其后尘。该家族将在帝王传记中留下伟大的一笔，因为从马克西米利安一世公元 1493 年成为皇帝到公元 1806 年帝国灭亡为止，哈布斯堡几乎毫不间断地垄断了帝位。甚至在那之后，作为另一个大国的统治家族，他们又延续了一个世纪的王朝历史。他们在起步时拥有一大优势：作为德意志王公，他们非常富有。但直到通过联姻最终取得勃艮第公爵领的继承权，他们才获得主要的政治资本；该公爵领是 15 世纪最富饶的欧洲公国，包括尼德兰的大半土地。随后，他们还依靠其他继承和通婚关系将匈牙利和波希米亚收入囊中。自 13 世纪以来，在德意志和中欧实现有效政治统一的可能性首次出现；哈布斯堡家族汲汲于统一分散的王朝领地，现在，皇帝的尊贵地位有了现实意义，可能成为实现统一的工具。

当时，帝国对阿尔卑斯山以南的实质影响力已经消失。竭力维持这份影响力的企图长年影响着意大利的政局：韦尔夫派（Guelph）和威伯林根派（Ghibelline）[1] 长期结怨，令意大利各城市鸡犬不宁。而两派名称起初的意义——分别为教皇和皇帝的支持者——早已不复存在。14 世纪后，意大利境内没有帝国领土；除了加冕伦巴底王冠
510 （Lombard crown），[2] 皇帝也几乎从不去意大利。帝室权威由“大区长官”（vicars）代表，他们的辖区拥有和德意志选侯的领地几乎相当的独立地位。这些统治者及其教区被授予头衔，有些持续到 19 世纪；米兰大公是首批爵位获得者之一。但其他意大利国家有不同的起源，除了诺曼人在南部成立的“两西西里王国”[3] 之外，还有一些共和国，威尼斯、热那亚和佛罗伦萨是其中的佼佼者。

城邦共和国的出现是意大利历史早期间或彼此交织的两大趋势下的结果：“社区化”运动和富有商人的崛起。10 至 11 世纪，在意大利北部的很多城镇，全体公民集会已成为一种具有实效的政府形式。成员们有时称之为议会（*parliamenta*），换成我们的表述应为城镇会议。会议的代表是从贸易复兴中获利的地方寡头，自公元 1100 年起人们就能感受到这一复兴的势头。12 世纪，伦巴底诸城在战场上将皇帝击败，因此可以自主管理内政。

511 这仅仅是意大利黄金时代的开始，之后将一直持续到 14 世纪。财富的激增是这个时代的标志，基础是制造业（以纺织为主）和商业。但这一时代的荣耀属于百花齐放的文化，当代人见证了古典学术的重生；不仅如此，这份荣耀也表现在本土文学创作、音乐以及所有

① “韦尔夫”派支持教廷，其名源自巴伐利亚的韦尔夫（Welf）大公。“威伯林根”（Wibellingen）支持德意志皇帝，是与韦尔夫敌对的霍亨思陶芬家族拥有的一个城堡的名字。两派源自 12 世纪。——译者注

② 基督教圣物，又称伦巴底铁王冠，传说其材料是一枚把耶稣钉上十字架的钉子。——译者注

③ 诺曼人在 11 世纪将意大利南部和西西里岛统一起来，后被安茹王朝和阿拉贡王朝分治，皆自封为“西西里国王”。公元 1443 年，阿拉贡的阿方索五世重新统一两部，自称“两西西里国王”。——译者注

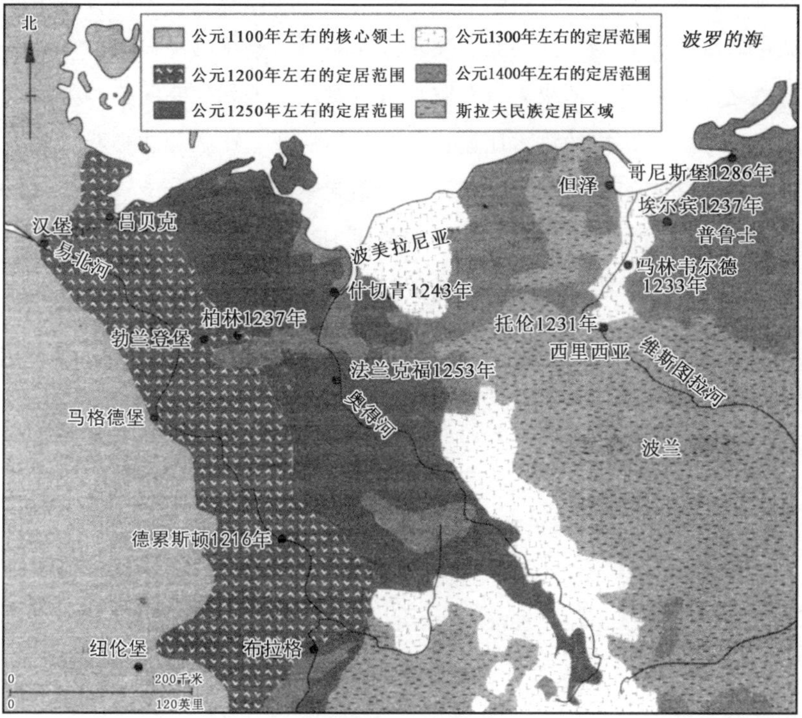

德意志东部扩张

视觉和雕塑艺术之中。其成果遍布整片半岛，但在佛罗伦萨最为突出；这座名义上的共和制城邦实质上由靠银行业发迹的美第奇家族实行专制统治。不过，贸易复兴最大的受益者是威尼斯。这座形式上依附于拜占庭的城市具有得天独厚的地理位置，处于若干潟湖浅水区的岛屿上，从而得以长期远离欧洲大陆的麻烦。伦巴底一带的人早就将那里作为逃难的避风港。在提供安全之外，地理位置还决定了其命运；就如其市民后来热衷于缅怀的那样，威尼斯与大海密不可分，在该共和国的某个盛大节日上，有一种象征性的庆祝方式是将指环投入亚得里亚海的波涛中。威尼斯政府禁止市民拥有大陆地产，引导他们将精力投入海外贸易帝国的建设。威尼斯成为西欧首座以贸易为生的城市。在经历一场与热那亚争夺东方世界贸易霸权的漫长斗争并最终取胜之后，威尼斯还成为对东罗马帝国发动攻击和掠夺的势力中最成功的一个。而这样的势力比比皆是——热那亚、比萨和加泰罗尼亚诸港都在地中海—东方的贸易复兴中繁荣起来。

因此，现代欧洲的政治格局在公元 1500 年已大体成型。葡萄牙、西班牙、法国和英国的边界已具备如今的版图形态。但是，虽然民族国家的定义开始在意大利和德意志本土形成，可民族国家和国家政治实体之间尚无关联可言。国家政治体制也与后来所具备的严密性和坚实性相差甚远。法国国王是诺曼底的大公而非国王。不同的头衔象征着在不同省份拥有不同的法定和实质权力。这类错综复杂的体系在很多地方依旧存续；处处都有宪政思想的残余，使君主专制理念不成气候，还为叛乱提供了借口。都铎王朝第一代国王亨利七世之所以成功，原因之一是通过明智的联姻清除了大家族间残酷斗争所产生的大量余毒——15 世纪玫瑰战争期间的英国王室曾饱受其苦。然而，此后还会有新的封建叛乱发生。

有一种当时已经出现的君权限制因素具备鲜明的现代特征。我们
512 可以在 14 和 15 世纪找到代议制议会团体最早的实例，而这是现代国家政治实体的一大特征。英国议会在其中最为著名，也是公元 1500 年时最成熟的一个。这些议会的起源颇为复杂，也充满争议。德意志传统是其根基之一，在该传统下，统治者有义务听取贤明的建言并切实采纳。教会也是代议理念的早期倡导者，这是为教廷获取税收的多种手段之一。该理念还将城镇和君主结成一体：12 世纪的帝国总议会召集意大利各城市的代表们参加。到 13 世纪末，大部分国家已具备代议制的组织实例，为寻找新的征税手段，国王们召唤这些代表参会，这些会议也具有充分的决定权。

这就是问题的要点所在。现在，新的（开销也更大的）国家政治实体必须榨取出新的资源。一旦召集起会议，国王们发觉代议制团体还有其他好处。它们使来自门阀贵族以外阶层的呼声能够被听取，也提供了地方上的信息，还具有政治宣传价值。而另一方面，欧洲的早期议会（只要别太执着于定义，我们也可以如此称之）成员发现这一制度对他们也有好处。其中有些人产生了这样的思想，认为税制需要议会的首肯，与国家利益休戚相关的不只是贵族，因此，关于应该如何管理国家，那些人也应具有一定的发言权。

工作与生活

从大约公元 1000 年开始，欧洲发生了另一种根本性的变化：变得越来越富有。于是，有更多的人逐步获得了以前几乎不可想象的选择自由，社会开始更加多元化和复杂化。尽管过程缓慢，但这依然是一场革命；社会财富的增长速度终于开始略略凌驾于人口增长之上。这一趋势在各地的明显程度绝非一致，而且于 14 世纪经历了严重倒退。然而这依然是决定性的改变，将欧洲推向一条经济增长的轨道，一直持续至今。

人口增长指数可以表明大体趋势，尽管不够精确，但绝不会构成误导。虽然只能估算出约值，但这些数值的依据比以前任何时期都更可靠，其中的偏差不太可能对总趋势造成过多的歪曲。这些数据显示，公元 1000 年为 4 000 万左右的欧洲人口只用两个世纪就提高到 6 000 万上下。增长势头进一步加速，于公元 1300 年前后达到顶峰，约为 7 300 万，此后有毋庸置疑的证据表明人口数量开始回落。据说总人口在公元 1360 年已跌落到 5 000 万，直到 15 世纪才开始回升。513
再之后，人口增长一直没有中断，并持续至今。

当然，哪怕在不同的村庄之间，增长速度也不尽相同。地中海和巴尔干地区用了500年也未能使人口翻倍，至公元1450年已退回到只比公元1000年略高的人口水平。同样的情况也发生在俄罗斯、波兰和匈牙利。但法国、英格兰、德意志和斯堪的纳维亚的人口可能不到公元1300年就已增加两倍，经过此后100年的倒退后，依然比公元1000年多出一倍。不同国家之间也存在鲜明的对比，有时相隔极近的两地之间也是如此，但普遍效应无可置疑。总体而言，人口增长堪称史无前例，但并不平均，欧洲北部和西部地区比地中海、巴尔干和东部的幅度更大。

其解释在于粮食供应，因此归根结底在于农业。长期以来，农业一直是获取新财富的唯一主要来源。将更多土地用于耕作和单位耕地生产力的提升，是获得更多粮食的手段。粮食产量从此开始节节增高，再无止步。欧洲有巨大的自然优势（而且延续至今），气候上温度适中、雨量充足，地理上易于开垦，尤其是北部的宽广平原使欧洲一直坐拥大片具备农业生产潜力的土地。公元1000年时依然有大片区域被荒野或森林覆盖，这些地方在此后数个世纪成为良田。

中世纪欧洲不缺土地，也有越来越多的人口提供清理和耕种土地的劳力。虽然缓慢，但大地的景象确实发生了变化。村庄开垦的田地向外扩张，巨大的森林随之逐步遭到蚕食。在有些地区，领主和统治者还有意识地建立了新的殖民点。在某个偏远一隅建起的修道院（这样的修道院有很多）往往是一个新的农垦或畜牧业聚集区兴起的开端，而那里原本是几乎了无人烟、由矮树丛和林木组成的荒野。有些新开辟的土地来自填海（或沼泽）造田。在东部，很多土地是德意志民族首波东进运动（*Drang nach Osten*）所赢得的殖民成果。就如后来伊丽莎白时代的英国在北美殖民初期鼓励殖民一样，那里的定居活动得到了有意识的促进和推动。

到大约公元1300年，开辟新地的势头开始放缓。甚至出现了人口过多的征兆。私有财产减少、牲畜和粪肥短缺、牧地紧张——这些如今成为第三世界国家标志性特征的现象变得更加明显，也是农村社会动荡的症状。在为生产力打下坚实的基础、带来必不可少的生产力提升之后，欧洲耕地和牧地面积的第一次大规模增加阶段已经结束。有人提出，当时西欧部分地区的产量已实现翻番。除了将更多的土地 514
用于耕作之外，这还得益于农牧业水平的提升；更多的农夫采用定期休耕和收获的模式，土壤肥力逐渐提高，甚至有一些新的作物被引入，都表现出农牧业技术改良的效果。虽然欧洲北部农民的主要营生依然是谷物种植，但从10世纪起，有多个品种的豆类和豌豆大量出现，意味着土壤的氮素肥力将会提高。① 经济史中的因果关系难以理清；还有其他具有启发性的变化标志随上述状况一同出现。例如，13世纪出现了首批农业实践指导手册和由修道院首创的最早的农业会计。更专业化的农耕方式使人们倾向于雇佣有偿劳力而非使用被迫出工的农奴。公元1300年，英格兰的大部分家用仆役可能是招募来的自由劳动人口，需要支付酬劳；或许三分之一的农民也是如此。奴役关系的枷锁开始松动，一种货币经济体系正在缓步向乡村扩张。

尽管如此，大部分人依旧过着贫穷凄惨的生活。获益的农民不是没有，但增加的财富通常落入领主手中，大部分收益都归他们所有。大多数人的生活依然贫困而局促，以粗面包和各类谷物制成的粥为主食，用蔬菜调剂口味，肉或鱼吃得很少。计算表明，农民每天摄入2000卡路里（非常接近20世纪后期苏丹人的日均摄入量），而且要靠这些热量支撑非常繁重的工作。如果他们种植小麦，会把面粉卖掉改善生活，只把大麦或黑麦留作食物。农民提高生活水平的余地非常有限。即便领主对包身工的法律约束力有所减弱，但实质上依然垄断着

① 豆类有固氮作用。——译者注

农民耕作所需的磨坊和大车。无论自由农还是佃户都要缴纳“保护税”(Customs)，而且无法抗拒。

为了满足日益扩大的市场需求，经济作物的数量开始增多，逐步将自给自足型的采邑转变成以销售为目的的生产单元。这些作物可以在城镇中找到市场，城镇的规模在公元1100至1300年间稳步发展，城市人口的增长速度要高于农村。这一现象的成因颇为复杂。城镇复苏的新气象部分与贸易复苏相辅相成，部分源于人口的增长。孰先孰后就和先有鸡还是先有蛋的问题一样难以判断。有些新城镇以城堡或修道院为中心发展起来，这类城镇有时会形成集市。很多新镇是有意识殖民的成果，在德意志尤为多见。总体上，历史较长的城市发展得
515 更大——公元1340年的巴黎可能有大约8万居民，佛罗伦萨和热那亚的规模也许与之相当。但如此庞大的城市依然很少。14世纪的德意志只有15座人口过万的城镇，伦敦居民数为3.5万左右，已是英格兰当时最大的城市。在中世纪的大城市当中，只有南方那些过去曾是重要的罗马区域中心的城市（当然，北方也有很多城市的核心源自罗马，例如伦敦）。新城市往往独占潜在的经济机遇。有些是位于默兹河与莱茵河等贸易要道上的集市。有些集中于某片以特色产业闻名的地区，例如佛兰德斯，早在12世纪晚期，那里的伊普尔（Ypres）、阿拉斯（Arras）和根特（Ghent）就是著名的织布之乡，另外，托斯卡纳（Tuscany）大区以制衣和服装加工见长。葡萄酒是首批大量用于国际贸易的农产品之一，有力地推动了波尔多地区的早期发展。港口常常成为沿海地区的国际化中心，例如热那亚和布鲁日。

商业竞争在意大利最为明显。该地区及外部世界的贸易能够复苏，最大的推动者是威尼斯。在这座伟大的商业中心，银行业首次从货币交换业务中分离出来。12世纪中期，无论当时的政治局势如何，欧洲人的贸易机会始终不曾中断；贸易对象不仅有拜占庭，还包括地

中海的阿拉伯人。不仅这两片地区，更广阔的世界也被牵涉到贸易活动之中。14 世纪早期，来自马里的跨撒哈拉黄金贸易缓解了欧洲的金块短缺。当时，意大利商人已经在中亚和中国开展业务多时。他们向非洲和黎凡特的阿拉伯人出售来自德意志和中欧的奴隶，或者买下佛兰德斯和英格兰的服装，带到君士坦丁堡和黑海倒卖。13 世纪，欧洲人完成了首次从意大利到布鲁日的航行；从此，人们开始使用这片莱茵河与罗讷河构成的内陆交通网。贯穿阿尔卑斯山的道路建成，贸易利润进一步推动贸易发展，北欧的各类集市令来自东北地区的其他商人趋之若鹜。德意志城镇组成的汉萨同盟控制着波罗的海一带，这些城镇为西方的纺织品和东方的香料提供了新的输出渠道。但陆路运输成本始终相当高昂；从克拉科夫运往威尼斯后，商品价格会飙升至原来的 4 倍。

通过这些方式，欧洲经济版图发生了革命性的变化。在佛兰德斯和低地国家，经济复苏马上开始带来人口的增长，其规模足以刺激出新的农业技术革新。无论在何处，只要能够逃脱具有垄断地位的第一批制造业中心所造成的制约和阻碍，那里的城镇就总能享有突飞猛进的发展势头和面目一新的繁荣景象。建筑业大兴土木是其中可以观察到的景象之一。这不光为新兴城市带来了住宅和行会厅堂，而且还在欧洲教堂建筑中留下了一份光辉灿烂的遗产——不仅限于宏伟的大教 516
堂，更包括英格兰小镇中数十座华美的教区教堂。

中世纪的科学技术主要表现在建筑之中。大教堂的建设带来工程学难题，其复杂程度与罗马人兴建的输水系统不遑多让。在解决问题的过程中，工程师这一职业逐步从中世纪的工匠中独立出来。以现代眼光来看，中世纪的技术没有科学基础，大量成果是通过经验累积和反思实现的。利用其他能源来取代人力也许是最重要的成果，从而令人力的使用更具效率和生产力。绞车、滑轮和轮坡使移动重物更为轻松，但技术对农业所造成的变化最为明显，自10世纪开始，金属农具变得越来越普及。铁犁的出现使得土质较为坚硬的山谷也能成为良田；而因为需要牛来牵引，这项革新还引出了更高效的轭具和牵引车辆。马车横木和马颈轭也使马能够承受更大的负重。这类创新并不算多，但足以大大增加耕种者对土地的掌控能力，另外也构成了新的需求。马的使用意味着必须种植更多用作饲料的谷物，使土地轮作出现了新的变化。

磨坊的普及是另一个新气象。最早见载于亚洲的风车磨坊和水力磨坊，早在公元1000年就在欧洲得到广泛使用。此后数百年间更成为越来越常用的器械。就如船只的进化使风力取代人力一样，粮食研磨所用的人力和畜力也经常被风力取代。只要条件许可，水力也在其他行业中被用来提供动能。水能驱动锤子给织布缩绒①、用来锻造（曲柄的发明在其中具有最重大的价值），这是欧洲15世纪冶金行业规模大扩张不可或缺的要素，也与上一个世纪的一项技术创新——火炮所带来的需求提升紧密相关。水动锤也被用于造纸。印刷术的发明很快使印刷业获得重要地位，其价值也许超过了德意志和佛兰德斯的金属加工工艺创新。印刷和造纸还为技术发展带来了革命性的潜力，因为在日渐壮大、有能力运用书本知识的工匠和技工群体中，正是书籍令技术的传播更快捷和便利。有些创新直接取自其他文明；纺纱机就是从印度传入中世纪欧洲的（不过在机器中添加踏板、实现以脚驱动，应该是欧洲人在16世纪的创新）。

不管尚存多少局限和不尽之处，可以显见的是，在公元1500年，
517 有一种技术已经成为现实，并在之前的大量投资中得以体现。由于这一技术，为扩大再生产进一步积蓄资本变得比以往更容易。不仅如

① 通过缩水、捶打或熨烫增加布料的重量和厚度。——译者注

此，因为出现了简化业务的新技巧，这类资金的数额必然比过去更庞大。意大利人在中世纪发明了现代会计学和用于国际贸易融资的信用票证。汇票问世于13世纪，再加上首批真正意义上的银行家，我们可以称之为现代资本主义的起点。有限责任首见于公元1408年的佛罗伦萨。这一有别于以往的新事物固然具有不可估量的深远含义，但也很容易使人过分夸大而忘记其当时的规模。纵然此城的宫楼廷宇气派不凡，可只要3艘现代巨轮即可轻松容纳中世纪威尼斯一年的船运货品总量。

然而，这一通过漫长而缓慢的改良和增长所赢得的基础随时有可能烟消云散。经济生活在数百年间一直岌岌可危，从未远离崩溃的边缘。尽管取得了如此显著的进步，可中世纪农业的效率之低依然使人揪心。这是一种滥用土地、枯竭土壤肥力的农业。除了粪肥，人们不会有意识地向地里施撒任何东西。人口数量增多、寻找新土地越来越困难，使得家庭自有地逐渐缩小；公元1300年的大部分欧洲家庭的耕地可能不足8英亩。只有少数地区（波河流域是其中之一）为集体灌溉或土地改良工程大力投资。最大的问题在于农业生产易受气候影响；14世纪早期，伊普尔的人口因连续两次歉收骤减十分之一。地方上的饥荒很少能通过粮食进口来缓解。罗马时代建成的道路早已年久失修；货车做工粗陋，大部分货品要靠驮马或骡子拉运。水运更便宜快捷，但几乎不能满足需求。政治因素也会给贸易带来困境；奥斯曼人肆虐的铁蹄在15世纪令东方的贸易逐渐萧条。需求量小得可怜，哪怕些微的变动就能决定一座座城市的命运；佛兰德斯和伊尔普的纺织品产量曾在14世纪猛减三分之二。

要对当时的情况加以概括非常困难，但有一点毫无疑问：欧洲出现了一段日趋严重的大倒退期。公元1320年前后，大量地区接连遭遇歉收，周边的死亡人数随之激增，但同样的状况尚未同时发生在所有地区。人口水平开始缓慢跌落，随后在各种传染病的侵袭之下突然恶化成一场灾难。人们常常用公元 1348 至 1350 年间爆发的“黑死病”来统称这波疫病的大流行，这也是其中杀伤力最可怕的、属于腺鼠疫的一种。不过，在黑死病爆发和传播的过程中，无疑还有很多其他置人死地的病症一同横扫欧洲，被当成黑死病而未加记载。斑疹伤寒、流感和天花也夺走欧洲人的性命；这一切都是灾难式人口大锐减
518 的凶手。一些地区可能死了一半或三分之一的人；据计算，全欧洲的人口损失达四分之一。一份教廷调查得出的死亡人数为 4 000 万。公元 1335 年有 3 万人口的图卢兹（Toulouse）在一个世纪后仅余 8 000 活口；阿维尼翁在 3 天之内死了 1 400 人。

虽然疫情没有一贯的模式，但整个欧洲都在其打击下战栗。集体性的疯狂在某些极端情况下爆发。为了寻找替罪羊、找出散播瘟疫的所谓罪人，人们开始屠杀犹太人；另一种表现是给女巫或异端上火刑。中世纪余下的岁月中，欧洲人的灵魂染上了挥之不去的阴霾，绘画、雕刻和文学中充斥着描绘死亡和天罚的景象。安定的秩序一触即溃，彰显出粮食供给和人口间的平衡有多么脆弱不堪。当疾病来袭，毙命者达到一定数量，农业生产就会崩溃；随后，侥幸逃脱瘟疫的城镇居民将死于饥荒。生产力的发展在公元 1300 年前后可能已经趋于平稳。对技术的利用和新土地的开发都达到极限。甚至有人认为，人口对资源的压力不断逼近极限的征兆在那时就已出现。14 世纪的大踏步倒退接踵而至，然后是 15 世纪的缓慢复苏。

既然动荡如此巨大、灾难如此深重，社会暴力冲突成为那个时代的标志就不足为奇了。农民起义的烽火燃遍 14 和 15 世纪欧洲的每一寸土地。有两场起义特别突出：一是法国公元 1358 年爆发的扎克雷起义，导致 3 万多人丧生；二是公元 1381 年的英国农民起义，起义军一度攻克伦敦。叛乱的根源在于领主受需求所迫提出了更多的要

求，王室征税官也更贪得无厌。再加上饥荒、瘟疫和战争，本就一直凄惨的生活变得不堪忍受。“我们天生与基督是同类，可你们却把我们当作野蛮的兽类对待。”1381 年起义的英国农民发出了这样的怒吼。值得关注的是，他们要求得到那个文明下的基督徒应当享有的对待；中世纪农民提出的要求往往有条有理、务求实效，但认为其中含有社会主义萌芽则是一种年代错误。

说来矛盾的是，一场规模如此巨大的灾难性人口锐减使某些穷苦人的生活得到了改善。劳动力严重短缺是立竿见影的显著结果之一。在天灾人祸的残酷打击下，终身得不到充分就业的人所构成的劳力储备大大缩水，实际工资随之上升。14 世纪的灾难带来的直接冲击渐渐平息之后，穷人的生活标准也许略有提升，因为谷物价格呈下跌走势。因为缺少劳动力，哪怕在乡间，向货币型经济转变的趋势也进一 519
步加快。到 16 世纪，西欧的农奴劳力和被奴役现象都已退居到很不起眼的位置，其中尤以英格兰为甚。采邑体制和以此为中心的封建关系因此受到削弱。领主们还面临着租地收入骤降的困境。之前的两个世纪中，大户人家养成了更加奢侈的消费习惯。而现在，地产持有者无法继续兴旺发达。有些领主可以适应变化，例如，他们能从需要大量劳力的农耕产业转为不需太多人手的牧羊业。在西班牙，甚至还有可能兼并更多土地、直接靠土地收成维持生计。摩尔地区的地产则授给了参与收复失地运动的士兵。在别的地方，很多领主毫无作为，任其土地荒芜下去。

这些状况所导致的结果很难精确定位，但在其刺激下，社会变革必然会更进一步、也更迅速。10 到 16 世纪间，中世纪社会发生了剧烈的变化，方式多种多样，有时显得不同寻常。不过，直到那个时代末，社会面貌依然与今日有几乎不可想象的差距。对地位和血统的执着是当时的标志之一。法定地位是中世纪欧洲人的身份标志；它们并非独立的社会元素，而是一系列坐标所定义的点。有些人的一生取决于出身，贵族观念是这一状况最明显的表现。直到 20 世纪依然是某些地区现实生活一部分的贵族社会，在 13 世纪就已表现出本质特征。武士逐渐转为领主，于是血统具有了重要的价值，因为可以凭此争夺继承权。其表象之一是纹章学和家谱学的兴起。自那时至今，从事这一行总能换来不菲的收入。首个英国公爵封号问世于公元 1337 年，这表现了当时的一种趋势，即设法将胜人一筹的门阀贵族从同僚中单独拔高出来。象征性的高低贵贱之分成为极受关注的焦点；人们真正害怕失去的是社会等级和地位。因而从中产生了对门当户对的恐慌式执着。如果女性下嫁寒门，或者男性被低贱的职业坏了名声，他们就有可能因此丢掉身份。几百年来，欧洲北部的大多数贵族都理所当然地认为，只有从军、加入教会或打理家产才是配得上自己身份的职业。和其他行业相比，贸易与他们绝缘的程度最为彻底，除非通过代理人经手。甚至数百年后，当这一障碍不复存在，对零售贸易的不齿依然是那些保持着贵族作派的人最后才放弃的矜持。一名 16 世纪的法国国王把他的葡萄牙表兄称为“杂货店国王”①，在当时看来，其中的侮辱成分绝不亚于诙谐，也定然令廷臣们捧腹不已。

520　贵族价值观的根基系于军事。经过他们的逐步提炼，慢慢出现了荣誉、忠诚和不杂私心的自我牺牲等概念，将在此后数百年间成为出身高贵的青年男女师从的楷模。骑士精神为这些价值观提供了明确的表达，也使严格的军事条令更易于被人接受。教会为骑士赐福，提供相应的宗教仪式，使骑士获得册封，也使他们接受身为基督徒的职责。英格兰传说中的英雄人物亚瑟王是骑士精神的最高化身，在很多

① 约翰三世，其政策是强化葡萄牙在印度的立足点，确保对香料贸易的垄断，所以获得这个绰号。——译者注

地区得到崇拜。不管实践过程中存在多少局限，这一形象的生命力在绅士和绅士行为的理念中得以延续。

当然，骑士制度从未发挥出设想中的全部效力。不过但凡人类创造出的伟大神话几乎莫不如是，封建依附理论也好，民主制度也罢，在实践中都有不尽如人意之处。战争的压力，以及更为根本的经济压力，一直阻碍着社会的团结和国家的统一，也一直使社会责任的定义混淆不清。封建式的君臣关系越来越显得不切实际，这是有利于强化王权的因素之一。货币经济的到来进一步蚕食了封建领地，给仆臣的回报更多地以现金支付。缴租原本是向领主效劳的一种形式，现在变得比效忠关系本身更为重要。有些封建收入的条款一成不变，由于实际价格的波动而变得一文不值。律师们设计出各种手段，以便在愈发脱离实际、千疮百孔的"封建"体制下达成新的目标。

中世纪贵族圈长期以来都对新加入者敞开大门，但随着时间流逝，他们通常会变得越来越封闭。某些地方的统治阶层甚至企图永远关闭这扇大门，并付诸实施。但欧洲社会从始至终都不断涌现出掌握新财富乃至实力的新贵，他们无法在既有的等级体制中找到容身之处，便向传统发起挑战。最明显的例子是富有商人的崛起。他们经常购置土地；这不仅是那个土地稀缺的世界里最高级别的经济投资，而且还有可能打通改变社会地位的渠道，在法律和社会观念两方面，拥有土地都是跻身上层社会的必要前提。意大利的贸易和制造业城市中的商人有时可以成为贵族的一员。然而，无论身处何地，他们都构成具有象征意义的挑战；归根结底，那个世界就理论而言没有属于他们的位置。他们很快发展出属于自己的社会形态、行会、传说和团体，使商人的社会身份拥有了新的定义。

商人阶级的兴起几乎完全是城镇发展的结果；商人的出现与这一中世纪欧洲文明中最具活力的元素密不可分。不知不觉中——至少在

初期，城镇的高墙内孕育出了欧洲未来的大部分要素。虽然不同城镇
521 间的法定及实际独立状态差异极大，但其他国家也有和意大利商人群体运动相类似的情况。德意志东部城镇的独立地位特别突出，这有助于解释那里为何会出现强大的汉萨同盟，加盟的自由城市达 150 多个。佛兰德斯城镇也享有相当大的自由，法国和英格兰城镇则通常受限较多。但任何地区的领主都寻求城市的支持，以便对抗国王；而国王则争取市民的支持，借助他们的财力以打压势力过大的属臣，并因此向城镇授予特许状和特权。围绕中世纪城市的城墙是其豁免权的象征，同时也是保障。城内不能通行领主的法令，有时其反封建倾向甚至更明目张胆。例如，如果农奴在某些城镇中生活一年零一天，他们就可以获得自由。有一句日耳曼谚语是这么说的："城里的空气使人自由。"城市社区和其中的行会是自由民组成的团体，长期以来一直独立于没有自由的世界之外。所谓的"布尔乔亚"（bourgeois），就是自治市镇的居民，在一个依附关系无处不在的社会中，他们的自力更生显得独一无二。

该群体背后的历史依然难以查明，因为这段历史的大部分都是不起眼的人所写就的。富有的商人成为新形态城镇生活中典型的主导角色，为争取行业团体的特权而斗争。他们是足够醒目的存在，但他们的先驱们的地位更加卑微，通常并不如此张扬。更早期的商人不过是四处叫卖的小贩，出售中世纪采邑无法生产的异国珍奇和奢侈品。长期以来，一般的商品交换基本不需要中间商：工匠出售亲手制作的货品，农人出售自己种出的粮食。但通过某种方式，城镇中出现了担当乡村和城市中介商角色的人物，他们的后继者进一步发展了行业，以预付资金的形式订购整个行业的产出，并拿到市场上出售。

在欣欣向荣的城市生活中，埋藏着很多令欧洲历史有别于其他大陆历史的元素。古代世界（也许古希腊是例外）也好，亚洲或美洲也

罢，那里的城市生活都没有发展出欧洲城市所具备的政治和社会实力。原因之一是欧洲没有如寄生虫一般具有毁灭力的征服型帝国来逐步侵蚀改良的成果。因为欧洲长期的政治分裂状况，统治者要与对手竞争，就必须小心照看能下金蛋的鹅。在中世纪欧洲，一座城市遭到大破坏和洗劫是值得瞩目的大事件；而在亚洲很多地区，这是战争乐章中无法避免且反复出现的伴音。当然，这并不是完整的解释，还有一个必然有所影响的因素是，无论对身份地位多么执迷，欧洲没有印度那套种姓制度，也没有中国那种如此强大、如此禁锢思想的意识形 522
态同质化现象。其他文化下的城市居民即便获得了可观的财富，也依然顺从地接受地位卑微的现实。然而欧洲的商人、工匠、律师和医生具有一定地位，自历史早期他们就不仅仅是主体社会的附庸角色。这些职业群体善于自我发展、不故步自封；在成为武士或赢得君主的垂青之外，人们有了一条谋求发展的新途径。镇民普遍是平等和自由的，即便有些城镇的平等更胜一筹。

无须感到惊讶的是，不管在实际、法律还是个人意义上，男性的自由程度都远远高于女性（但社会最底层依然存在无论男女都没有法定自由的阶级）。就如女性在有史以来所有文明中所遭受的经历一样，与男性相比较，无论是贵族还是平民血统，中世纪妇女都被剥夺了法律和社会中的重要权利。她们的继承权往往受限。例如，女性可以继承一份采邑，但不能享受领主的权力，必须指定一名男性履行领主的职责。所有阶级的女性都要从事非常艰苦的劳动，只有身份最高的那些贵妇除外。甚至到了 20 世纪，欧洲依然有农家妇女像今日的非洲和亚洲女性那样下地劳作。

女性的从属地位具备一定的理论基础，而教会与这些理论的形成有很大关联。这部分源自基督教对性的传统敌意。除了繁衍种族的作用之外，其教义始终无法给性赋予正当的立场。女性被视为男性堕落的根源，无时无刻不在诱惑人犯淫邪之罪。在男性的社会主导地位背后，有教会施加的强大影响。但以上并非事实的全部。其他社会对女性的隔离和压迫比基督教文明更甚，教会至少为女性提供了另一种人生选择，在现代以前这一直是除了相夫教子之外唯一受人尊敬的职业——宗教女性史中不乏熠熠生辉的人物，拥有学识、精神和管理天赋的杰出女性比比皆是。另外，由于 13 和 14 世纪的骑士行为守则对女性的美化，至少有少数家世良好的女子能得到略好一些的待遇。这一理念将女性视为罗曼蒂克式爱情的象征，有权得到骑士的效劳，是向更高等文明进化的阶段性标志。

至少，任何基督教教会都始终不能像其他某些文化那样彻底地拒绝女性。因此，西方文化是后世所谓的女性“解放”思想最深层的根基所在。在很多地区，这一外来思想都扮演了革命和颠覆性的角色。
523 但此类观念在中世纪的作用微乎其微，哪怕对欧洲女性的生活也几无影响可言。与今日的亚洲相比，中世纪的欧洲女性无论贫富，在有生之年都更为平等；但男性也同样如此。女性寿命似乎较男性更短，她们长期的闭居生活和高死亡率无疑能解释这一差异。和其他医学分支一样，中世纪产科学依然奉亚里士多德和加伦为圭臬；更好的医学体系当时尚未出现。但男子也时常早夭。阿奎那仅仅活到 47 岁。而且现在看来，当时的哲学对人体的理解并不精确。一名中世纪城镇中的 20 岁男性可以指望的寿命就与阿奎那相当——能活到 20 岁已经算得上幸运，至少熬过了朝不保夕的婴儿期。婴儿死亡率将中世纪的平均寿命拉低到大约 43 岁，使死亡率升至现代工业国家的两倍左右。但以我们能够掌握的古代标准来判断，这一寿命水平当然算不上糟糕。

这也提醒了我们，在新事物层出不穷的中世纪还有最后一项创新，使我们对人类生活的了解又稍稍更进一步。那几百年间出现了第一批统计数据集，使我们能够依据这些资料作出合理的推测。公元

1087年，当“征服者”威廉的官员游走于英格兰各地、询问当地居民、在《末日审判书》中记下社会构成和财富时，他们的无心插柳为一个新的时代指明了方向。此后数百年，其他数据资料集陆续问世，通常以征税为目的。其中的一部分，以及首批列出明细数字的农业和贸易账目，一直留存至今。得益于这些资料，历史学者在谈论中世纪晚期的社会时，可以比谈及较早的年代时多一点点自信。

第 1 1 章　新疆界、新天地

524 在近东，欧洲人被统称为“法兰克人”，这一称呼一直延续到非常接近现代的时期，拜占庭首先使用该词指代西方的基督徒。后来，这一称呼流传到别处；千年之后，从波斯湾到中国的广阔土地上，人们依然在使用它，不过带着各种曲解和误拼。这不仅是一桩历史趣闻，也有助于提醒我们，西欧人起初给欧洲以外民族带来的印象是统一而非分散，有很长一段时期被后者视为一个整体。

志在四方的欧洲

甚至在遥远的过去就可以找到这一观念的根基，当时，欧洲东部边境和北部沿海所受到的压力终于开始缓和，于是揭开了欧洲向全世界进军的序幕，从此开启了一段漫长且捷报频频的征服时代。到公元1000年前后，野蛮人的脚步终于受阻止，并开始皈依基督教。不出多时，波兰、匈牙利、丹麦和挪威都成了基督教国王统治的国家。诚然，欧洲还将经历蒙古入侵的大劫难，但在当时属于不可想象的天方夜谭。11 世纪的伊斯兰势力也已开始退却。公元 1071 年，帕勒莫恢复基督教统治。因为 8 至 9 世纪阿拔斯哈里发王朝的垮台，伊斯兰世界陷入衰退，对欧洲南部的威胁也不复以往。

和伊斯兰文明的激烈斗争将持续到 15 世纪。基督教给这场斗争带来团结和热忱，也是欧洲人自我归属感最深刻的源泉。穆斯林也燃起了类似的热情，多次发起圣战（*Jihad*）的号召，但效力似乎不如欧洲人的狂热那般广泛和深远。宗教将后者凝聚在一起，为一场关乎道义和灵魂的伟大事业而奋斗，使他们从中找到归属感。但这场斗争不止具有正面效应，也使主宰非教职社会的军人阶级能够肆无忌惮地满足自己贪婪的胃口。十字军东征的战场成了掠夺和胡作非为的舞台，其规模是基督教世界的内部战争所不能比拟的。他们可以 525
戕害异教徒而毫无罪恶感。一直以来都精通此道的诺曼人是这场运动的急先锋，在公元 1100 年就有力地达成了一项使命，从阿拉伯人手中夺回意大利南部和西西里（几乎不经意间，他们还顺手吞并了拜占庭在西方最后的领地）。收复失地运动是欧洲对抗伊斯兰的另一场伟大斗争，也是西班牙历史中的英雄诗篇。公元 1492 年，这场运动达到高潮，西班牙地区最后一座穆斯林首都格拉纳达被天主教君主的军队攻陷。

西班牙人将收复失地运动看作一项宗教事业，因此，自运动发起的 11 世纪开始，就能吸引全欧洲渴求土地的武士参与。但该运动也利用了西方另一股同样的宗教力量，这股力量正处于复兴和加速壮大的过程中，表现为在叙利亚和巴勒斯坦的一系列伟大历险，被历史铭记为“十字军东征”。从严格意义上讲，比起通常被看作十字军时代的那几个世纪，这一名词涉及的一系列事件所覆盖的年代要长得多，地理范围也广得多。十字军运动的本质在于教皇恩准为参与者“赦罪”，让他们免除死后在炼狱中的折磨，有时还能让为十字军战死的人成为殉道者。晚至 15 世纪，依然有符合这一基本定义的十字军运动被发起，所针对的目标往往与燃起第一场十字军战火的到圣地巴勒斯坦去创建伟业的雄心壮志南辕北辙：对付西班牙的摩尔人、波罗的海周边的斯拉夫异教徒、法国的基督教异端，甚至还有教皇所怨恨的基督教君主。

不过，作为促使欧洲成型的力量，最初的 4 次十字军运动具有无可比拟的重要意义。尽管未能成功达成恢复基督教对圣地的统治的目标，但它们留下了意义深远的遗产。十字军在黎凡特建起了短暂的新殖民社会，使东方的基督教帝国受到严重抑或致命的创伤。而最重要的是，这 4 次运动在西欧人的心理和自我意识中刻写下了难以磨灭的痕迹。最早也最成功的十字军运动发起于公元 1096 年。不到 3 年，十字军重夺耶路撒冷，为庆祝这一标志着和平的福音，他们对包括妇孺在内的俘虏发动了骇人听闻的屠杀。第二次东征（公元 1147—1149 年）则恰恰相反，以一场大获成功的屠杀（对象是莱茵河流域的犹太人）作为开端；但此后，虽然罗马帝国皇帝和法国国王的参与使这场东征比上一次更具分量，但结果还是灾难性的。引发第二次东征的一大因素是埃泽萨的沦陷，但最后该城未能收复，使东征狂热的倡导者圣伯纳饱受质疑（不过这次东征导致了一个稍具重要性的连带
526 结果：一支英格兰舰队攻占阿拉伯人控制的里斯本，后该城转入葡萄牙国王之手）。此后，萨拉丁于公元 1187 年为伊斯兰世界重夺耶路撒冷，第三次东征（公元 1189—1192 年）随之发起，也是社会反响最突出的一次。德意志皇帝（中途被卷入战局）、英格兰和法国的国王都参与其中。他们发生争执，十字军也未能收复耶路撒冷。英诺森三世号召再发动一次东征，虽然不少渴望得到土地的门阀有所响应，但采取行动的大国国王一个也没有。威尼斯人为远征提供军费，但于公元 1202 年退出；他们的心思立刻转到了别处，插手拜占庭帝国的困局，帮助一名被废黜的皇帝重夺君士坦丁堡，因为这符合威尼斯人的利益。随后发生了君士坦丁堡于公元 1204 年沦陷的可怕浩劫，这也是第四次东征的终点；在该城建立起仅仅存续了半个世纪的“拉丁帝国”就是这次东征的成果。

13 世纪又发起了几次十字军东征，虽然有助于略微延缓拜占庭所面临的危局，但巴勒斯坦最后的基督教要塞阿卡（Acre）还是于公元 1281 年落入穆斯林之手；此后，作为一股独立势力存在的十字军

圣地收复运动彻底消亡。宗教冲动依然能驱使人们向前，但前 4 次东征已淋漓尽致地表现出宗教令人反感的贪婪一面。它们是欧洲人向海外推行帝国主义的最早实例，既有高贵和卑劣混杂的特征，也有以失败告终的殖民尝试。欧洲人一方面在德意志的异教边境区和西班牙扩大殖民范围；一方面也在叙利亚和巴勒斯坦尝试给遥远的异国社会移植西方的体制，同时也试图夺取再无法从西方轻易获得的土地和商品。他们的良心没有丝毫不安，因为其对手是靠剑与火占据了基督教文明最神圣圣地的异教徒。“基督徒是对的，异教徒是错的。”《罗兰之歌》中的这句话也许足以充分概括十字军的普通士兵对自己所作所为产生任何疑虑时会有的反应。

第一次十字军东征取得的一时成功很大程度上归因于伊斯兰世界正处于虚弱和混乱的过渡时期。由外力扶持形成的法兰克诸国和君士坦丁堡拉丁帝国孱弱无能，注定不会长久。但也有更持久的后果。基督教和伊斯兰教的关系是最重要的一项，两种信仰之间出现了一道上千年都无法弥合的意识形态鸿沟。某位学者所言极是，对伊斯兰教的看法就如同“误解的洪涛”，而这股洪水早在 12 世纪就开始席卷西方基督教世界。这份误解终结了两种宗教相安无事的一切可能——双方在西班牙有时能够做到——也勒止了基督教文化通过学习和教育同化该地穆斯林的进程。此外还有其他的后果。但基督教世界也因十字军运动而饱受内部分裂的苦恼；君士坦丁堡沦陷就是十字军的手笔。不 527
仅如此，十字军运动还使西方基督教世界获得了一份新的气质和传统，一种尚武好斗和咄咄逼人的秉性在此后上千年间将频频爆发（那时他们还能利用技术优势）。一种精神气质扎根于十字军的历史之中，当脱离宗教之后，这份精神将成为一股强大的动力，催生出一个属于现代的世界霸权文明。收复失地运动刚刚落幕，西班牙人就把美洲视作又一片十字军征服的战场。

但欧洲并非完全不受伊斯兰文明的影响。在这些斗争过程中，他们也引入并创立了新的习俗及体制。无论在何处遭遇伊斯兰文明，不管是十字军征讨之地、西西里或西班牙，西欧人总能找到值得钦佩的东西。有时，他们会把故乡所不具备的奢侈享受纳入自己的生活：丝绸服装、香水和新的美食佳肴。洗澡更勤快是一些十字军战士学到的新习惯之一。不幸的是，因为欧洲人总把浴场和淫乱联想到一起，这一习惯本就不得其待见，而现在更是染上了一层异教色彩。直到后来，清洁与神圣才形成不言自明的关联。

骑士团制度是中世纪全盛时期基督教尚武精神的结晶。这种制度使战士们聚集到一起，他们发誓成为某个宗教团体的一员，接受团规，为信仰而战。某些骑士团变得富可敌国，在众多国度拥有封赐的地产和继承权。耶路撒冷圣约翰骑士团（如今依然存在）此后几百年间一直在前线与伊斯兰势力作战。圣殿骑士团的势力和财力如日中天，后被心生恐惧的法国国王所灭。西班牙的卡拉特拉瓦（Calatrava）骑士团和圣地亚哥（Santiago）骑士团驰骋于收复失地运动的前线战场。

另一个骑士团位于北方，即条顿骑士团。那些武僧是德意志民族向波罗的海和斯拉夫地区进军的矛头。那里的情况同样，传教热情与贪婪和摆脱贫困的动机相结合，改变了整片区域的版图和文化。殖民冲动在近东以失败告终，但在遥远的北部取得了持久的成功。德意志的向东扩张结合了规模浩大的民族迁移；在长达一个世纪的移民潮中，男男女女们清除森林，搭起屋宅和村落，创建城镇，造出保护城镇的要塞和满足宗教需求的教堂。十字军运动终结后，蒙古人又给欧洲带来了九死一生的经历，提醒他们危险依然存在，于是骑士团得以继续存续。以条顿骑士为杰出代表的士兵是普鲁士和波兰边境区的剑
528 锋和护盾，但当地居民也为此付出了代价。这是斯拉夫和条顿人文化

冲突的开始，并一直持续到20世纪。西方最后一次为争夺斯拉夫人的土地而投入战斗是在1941年：很多德国人将“巴巴罗萨”（希特勒袭击苏联的行动代号，以纪念中世纪的一名皇帝）视为驯化东方民族这一已延续数百年使命的新篇章。13世纪的罗斯国王、诺夫哥罗德大公亚历山大·涅夫斯基（Alexander Nevsky），曾在面对鞑靼人威胁的同时，不得不击退条顿骑士在另一条战线上的入侵（1937年的一部伟大影片细致地唤起苏联人缅怀这段历史）。

公元1100至1400年间的德意志东方大扩张，创造了新的经济、文化和民族版图，但也构筑了另一道阻碍两种基督教文明传统走向统一的壁垒。西方教廷至高无上的地位使中世纪晚期的天主教比过去更不愿与正教妥协或接纳后者。从12世纪开始，由于自身的传统和特殊的历史经历，俄罗斯与西欧愈行愈远。蒙古人在公元1240年占领基辅，对东方基督教会造成沉重的打击，堪比君士坦丁堡公元1204年的陷落在西方的影响；此外还中断了莫斯科大公国的朝代延续性。随着拜占庭的衰落，还有德意志和瑞典如芒刺在背，他们此后数百年都要向蒙古人和后继的鞑靼金帐汗国纳贡。长期受游牧民族统治是另一份将俄罗斯与西方割裂的历史经历。

鞑靼统治对罗斯南部诸公国的影响最为深重，那里是蒙古军队曾经作战的区域。罗斯内部形成了新的势力平衡；基辅衰落后，诺夫哥罗德和莫斯科获得了新的重要地位，但都要以白银、募兵和劳役的形式向鞑靼人纳贡。两城的使节和罗斯的其他国王一样，必须前往鞑靼人的首都——伏尔加河畔的撒莱（Sarai）①，分别与征服者签订协议。在这段时期，罗斯各公国的继承模式极为动荡和混乱。

---

① 在波斯语中意为“神佑之地”，位于伏尔加河下游地区，在阿斯特拉罕以北约120千米处。——译者注

鞑靼的政策和必须为生存苦苦挣扎的局势，都有利于最擅长暴政的专制君主。于是，就和从拜占庭继承的帝国理念一样，被鞑靼统治的经历形成了俄罗斯未来的政治传统。莫斯科逐渐崛起，成为新的中央化趋势下的权力焦点。这一趋势早在亚历山大·涅夫斯基之子统治莫斯科大公国的时期就能得见端倪。他的继任者们支持鞑靼人，发现后者作为收税官很有效率。教会没有任何抵抗，都主教区于 14 世纪从弗拉基米尔迁至莫斯科。

529 同时，正教遭遇了新一轮来自西方的挑战。一个信奉罗马天主教但保留斯拉夫民族特色的国家成立，并占据基辅达 300 年之久。那就是形成于公元 1386 年的中世纪立陶宛公爵领；它通过联姻兼并波兰王国，覆盖现代波兰、普鲁士、乌克兰和摩尔达维亚的大半领土。令罗斯称幸的是，立陶宛也与德意志不合；正是他们在公元 1410 年的坦能堡大破条顿骑士。① 在西方德意志人和立陶宛人的骚扰下，莫斯科大公国利用金帐汗国的内部分歧得以存续。

君士坦丁堡的陷落使罗斯发生重大变化；东方正教的中心不再是君士坦丁堡，而是罗斯。罗斯教士很快从这些可怕的事件中感受到冥冥中的天意。他们相信，拜占庭一心想要与佛罗伦萨大公会议妥协的做法背叛了其继承的宗教理念。“君士坦丁堡的沦陷，”莫斯科都主教写道，“是因为它背弃了真正的正教信仰……地上的世界只有一个真正的教会，那就是罗斯教会。”数十年后的 16 世纪初，一名修士可以用相当新鲜的方式向莫斯科统治者写道：“已有两个罗马走向灭亡，但第三个依然屹立，此后也不会出现第四个。您是世上唯一的基督教至高权柄，是所有虔诚基督徒的君王。”

---

① 公元 1410 年 7 月 15 日的坦能堡战役中，波兰—立陶宛联军大胜条顿骑士团，标志着该骑士团在波罗的海东南沿岸扩张的终止和势力衰弱的开端。——译者注

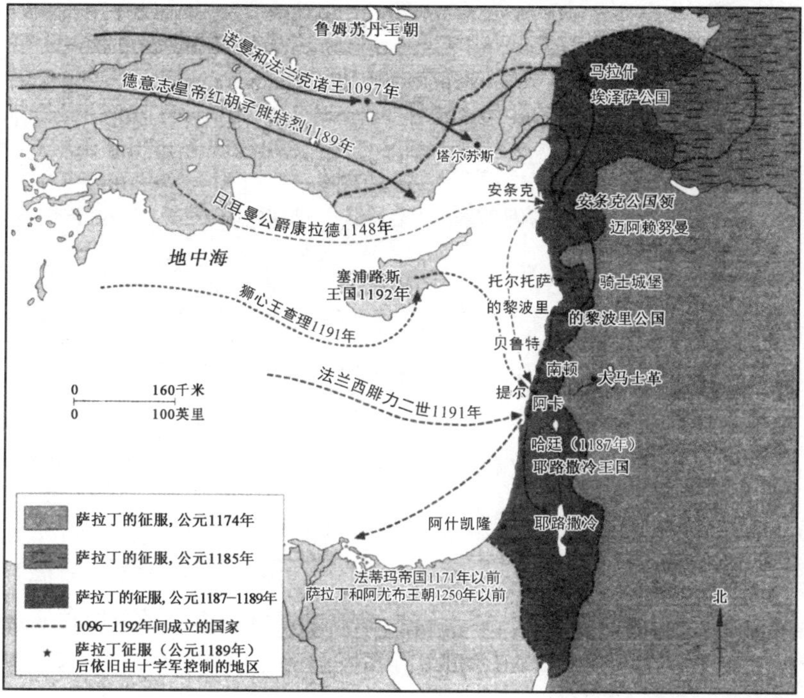

十字军战争

其他历史转折随拜占庭的灭亡一同到来，使俄罗斯看到摆脱乱局 530
和鞑靼统治的曙光。15 世纪的金帐汗国因内部不合四分五裂。同一时期，立陶宛也开始分崩离析。公元 1462 年，莫斯科大公国迎来了一位有能力利用这些机会的统治者。他就是伊凡大帝（伊凡三世）。他将俄罗斯缔造成一个货真价实的国家，取得了英国和法国在 12 世纪所赢得的国家地位。有人把他视为俄罗斯民族国家最早的奠基人，统一俄罗斯领土是其成就的基石。莫斯科大公国吞并普斯科夫（Pskov）① 和诺夫哥罗德两共和国后，其控制范围至少在理论上远及

① 今俄罗斯西北部一州。——译者注

乌拉尔山一带。原本统治两国的寡头被驱逐，伊凡的臣下取而代之，并代管这些土地作为效忠的回报。德意志汉萨同盟的商人是这些共和国曾经的贸易主宰者，他们也遭到驱逐。公元1481年，伊凡击退了鞑靼人对莫斯科发动的又一次攻势；公元1503年二度入侵立陶宛，赢得大片白俄罗斯和小俄罗斯①的土地。他的继任者又于公元1514年夺取斯摩棱斯克。

伊凡大帝是首位拥有“沙皇”头衔的俄罗斯君主。这一称号源自“凯撒”（Caesar）一词；以凯撒的继承者自居，有意识地唤起臣民对往昔帝国的回忆。公元1472年，伊凡与拜占庭末代希腊皇帝的侄女②成婚；他被称作“蒙上帝恩典的独裁者”；其统治期间采用了双头鹰标志，至公元1917年为止一直是俄罗斯君主徽标的一部分。俄罗斯的君主制度和历史因此染上了更浓重的拜占庭色彩，与西欧的差异进一步扩大。公元1500年，西欧人已经认识到俄罗斯存在一种截然不同的君主体制；伊凡的继任者巴西尔对臣民具有生杀予夺的专制权力，大于任何其他基督教统治者。这一点已得到世人的共识。

以事后诸葛的眼光来看，经历了千百年的国家和民族自我认同和定型的伟大进程后，欧洲的未来似乎在公元1500年就已大体确定。欧洲的土地潜力已经挖掘殆尽；统一后的基督教俄罗斯挡住了东进的步伐，伊斯兰的奥斯曼帝国则是巴尔干地区的拦路虎。十字军运动掀起的第一波海外扩张在公元1250年左右偃旗息鼓。随着15世纪降临的奥斯曼威胁，欧洲再次被迫转入防御，抵挡地中海东部和巴尔干一

① 又称小罗斯，包括现代乌克兰的部分地区，是一个20世纪以前使用的地理名词。——译者注

② 即君士坦丁十一世的侄女索菲亚·帕莱奥洛基娜（Sophia Palaiologina）。该王室的徽章上也有双头鹰。——译者注

带的入侵。那些在东方拥有领地、不幸暴露于外敌威胁之下的国家，只好尽其所能地采取对策。威尼斯就是其中的一个。同时，其他国家则对海天之交投以新的目光。西欧和世界其余部分的关系即将进入一个崭新的阶段。

公元 1400 年，将耶路撒冷视为世界的中心依然显得很有道理。531
尽管维京人穿越了大西洋，人们也知道地球是圆的，但还是觉得世界由欧洲、亚洲和非洲这三块大陆组成，中央是被陆地包围的地中海。一场巨大的革命即将发生，使这些观念永远不复存在，而海洋是这场革命实现的渠道，因为其他进路都被封锁。欧洲第一次与东方直接接触是在陆地而非水上。中亚的商队走廊是他们的主要通道，货品经此流向黑海或黎凡特的港口，随后发往西方。15 世纪以前，各地船只都很少前往比摩洛哥更靠南的海域冒险。随后，声势浩大的航海探险开始成为一道引人注目的风景，世界史的真正篇章由此展开。

其原因之一是新工具和技术的成熟。航海需要能够支撑远距离航行的特别船只和新技术，这些条件从 14 世纪开始得到满足；于是，为探索未知世界投入大量人力物力成为可能，使 15 世纪被称作“地理大发现时代”。船只布局有两项关键变化。其一较为具体，即艉舵的采用。虽然我们不知道确切的出现时间，可有些船只在公元 1300 年就有这一装备。另一种变化更循序渐进和复杂，即索具的改良。船只的尺寸也随着这一过程而增大。更复杂的海上贸易无疑是此类发展的刺激因素。到公元 1500 年，中世纪北欧的“柯克船”（cog）——一种单桅单帆、吃水浅、船身宽大的船型——已经发展为三桅多帆结构。主桅上依然是长方形的横帆，但不止一面；后桅借鉴地中海传统，配一面斜挂大三角帆；前桅可能会附加更多的横帆，但船首斜桅上也会安装新发明的纵向三角帆。再加上后斜挂大三角帆，这些船首帆使船只的操控性能大大提高，能够在航行时显著缩短与风道的距离。

充分吃透这些创新之后，船只设计布局本质上一直没有变化（不过有所改良），直到蒸汽推进技术问世为止。对 19 世纪的快速帆船船长来说，哥伦布的船只虽然又小又笨拙，但构造上完全可以理解，因为这些船上还装备火炮——不过与后来的火炮相比只是小不点——纳尔逊对之也完全不会陌生。

一些至关重要的航海发展到公元 1500 年已经出现。维京人首先展现了漂洋过海的手段，西欧此前所具备的一切船只和航海技术都
532 比他们逊色。一名 10 世纪的爱尔兰天文学家列表计算了北纬不同纬度下正午时太阳在海平面的高度；借助这一工具和北极星，维京人沿着一条纬线笔直穿越了大西洋。随后，有证据表明，13 世纪出现了两项伟大的创新：地中海在那时开始普及罗盘（虽然中国早已有之，也有可能传自中国，但不知是否属实，也不知道传入的具体方式）；公元 1270 年，一艘参加十字军远征的帆船创下了参照航海图的最早实例。接下来的两个世纪中诞生了现代地理学和勘探学。在商业回报、传教热情和外交机遇的激励下，一些国王开始资助探索事业。15 世纪，他们还聘请御用的制图员和水文学家。葡萄牙国王“航海家”亨利是这些王侯中首屈一指的人物，但后世使用英语的学者给他的这一头衔似有不实之嫌，因为他从未实际参与任何航海活动。

葡萄牙人拥有一条绵长的大西洋海岸线，他们通往外部的陆路被西班牙阻隔；在地中海，身经百战的意大利部队守护着该地贸易权利，使葡萄牙人一再受挫。所以，向大西洋挺进是他们几乎不可避免的选择。从亨利国王置办装备、启动一系列海上考察活动开始，他们就逐步熟悉了北方的水域。这一行动具有决定性作用。出于多种动机

的混合，他将国民的目光转向南方。当时人们知道撒哈拉可以找到黄金和香料；也许他的葡萄牙臣民能够发现具体的方位。不仅如此，或许还能找到盟友，就如传说中的祭司王约翰（Prester John）① 那样攻击土耳其人的侧翼。在那里，无疑可以为圣十字架赢得皈依者、荣耀和土地。不管亨利做了多少推动欧洲走向伟大扩张的工作，哪怕他改变了全球格局、创造了新的世界，也依然从头到脚都是一名不折不扣的中世纪男子。他小心翼翼地争取赢得教皇对探险事业的授权和批准。他曾携着真十字架的残片在北非参加十字军远征，并参与了公元1415 年葡萄牙人攻克休达（Ceuta）② 的战役，终结了伊斯兰势力对西地中海航道的扼制。他的统治期正值大发现时代之初，政府资助下的系统考察是该时代的核心主题。但骑士和十字军依然是这一时代的精神根基所在，也塑造了亨利的思想——他是敢于在未知领域采取行动的杰出典范。

葡萄牙人稳步向南推进。起初他们不敢远离非洲海岸，但后来部分勇气可嘉之辈抵达马德拉群岛（Madeiras），而且在 15 世纪 20 年代就已开始在那里殖民。公元 1434 年，一名葡萄牙船长穿过博哈多
尔角（Cape Bojador），克服了航海者心理上的一大障碍，也是亨利所 533
取得的首个伟大成果；十年后，他们绕过佛得角，在亚速尔群岛上建起立足点。当时，他们的轻帆船（caravel）技术已经十分完善，这种船使用新型索具，通过直接驶入大西洋、走半圆形路线返航的方式来应对归程中遭遇的逆风和逆流。他们于公元 1445 年抵达塞内加尔。此后很快建起第一座要塞。亨利死于公元 1460 年，但其国民已经为

---

① 根据西方脍炙人口的传说，祭司王约翰是一名基督教国王，自中亚发兵呼应十字军的东征，并攻占塞尔柱人的河间地带。——译者注

② 原文“Centa”为谬。这场战役的领导者是当时的葡萄牙国王约翰一世。——译者注

进一步南航做好了准备。他们在公元 1473 年穿过赤道，又于公元 1487 年来到好望角。印度洋就在他们面前，而阿拉伯人长年往来其间从事贸易，可以提供现成的领航员。在那片海域之外有着更加丰富的香料来源。公元 1498 年，瓦斯科·达·伽马终于在印度沿岸下锚。

当时，另一位航海家热那亚的哥伦布已为寻找亚洲横渡大西洋；他对托勒密的地理学说深信不疑，相信将很快抵达亚洲大陆。但他没有成功，倒是为西班牙君主发现了美洲。在现代地图上，"西印度群岛"这一名称记下了他毫不动摇的信心，认为其惊世探险取得了发现亚洲附近岛屿的成果。他的探险行动与葡萄牙人谨慎而不失勇敢地向东绕过非洲的过程是如此大相径庭。与葡萄牙人不同，他实际上无意间发现了一整片大陆。不过在公元 1493 年的第二次航海中，尽管装备大为改善，他也只探索了美洲周边的岛屿。而葡萄牙人开辟了一条前往已知大陆的新航线。人们很快开始意识到，他所发现的大陆或许根本不是亚洲（但即便经历了另两次航海，也抵达了美洲主大陆，哥伦布直到弥留之际依然拒不承认这一点）。公元 1494 年，"新世界/新大陆"这一历史名词首次被用来形容西半球的新发现（但直到公元 1726 年，人们才意识到白令海峡所在区域并没有连通亚洲和美洲的大陆桥）。

在一片越来越广阔的天地中，这两个富于进取精神的大西洋国家试图就利益划分问题达成谅解。公元 1479 年，西班牙和葡萄牙签署了第一份关于欧洲以外海域贸易事宜的欧洲协议，将几内亚湾划给葡萄牙。而现在，他们要进一步划清势力范围的界限。教皇做了一项暂行的安排，在亚速尔群岛以西 100 里格处画线为界，作为两国瓜分世界的基本布局；但又被公元 1494 年的《托德西利亚斯协议》推翻，该协议以佛得角以西 370 里格处的一条经线为界，该线以东的所有陆地均为葡萄牙的势力范围，西班牙则获得该线以西的所有土地。公元

1500 年，一支葡萄牙船队在前往印度洋途中为躲避逆风驶入大西洋，惊讶地撞见一片位于协议分界线以东的陆地，而且并不是非洲，这片陆地就是巴西。从此，葡萄牙的命运不仅与亚洲相连，而且也与大西 534
洋相连。虽然葡萄牙人的主要精力依然放在东方，但很快有一名为葡萄牙效力的意大利人向南航行了足够远的距离，证明西方航道上存在的不仅仅是岛屿，而是一整块位于欧亚之间的新大陆。他就是阿梅里戈·韦斯普奇（Amerigo Vespucci）。不久之后，该大陆以他的名字命名为亚美利加。后来，这一属于南部大陆的名称也延伸到北部。

公元 1522 年，也就是哥伦布登陆巴哈马 30 年后，一艘为西班牙效力的船只完成了首次环球航行。葡萄牙人麦哲伦是此次航海的指挥；他穿越了后来以他名字命名的海峡，远至菲律宾，但在那里遇害身亡。出发时与他同船的水手中，有 18 人活着重返西班牙。这次航海的完成，以及所有大洋彼此连通的证明，可以视为欧洲时代序章的终止符。仅仅百年左右的发现和探索，就已改变了世界的格局和历史的走向。从那时起，拥有大西洋入海口的国家具备了中欧内陆和地中海势力所得不到的机会。起初，这样的国家只有西班牙和葡萄牙，但法国、荷兰和英格兰也加入并后来居上，其中尤以英格兰为翘楚。一连串港口以史无前例的规模出现在新开始扩张的世界中心，从各自所处大陆的近腹地都能方便抵达，也位于可以轻易打击此后 200 年间所有欧洲重要航路的距离之内。

这些变化离不开探索活动，而探索事业则离不开日益发展的航海技术和地理知识所构成的基础。探险家和航海家是这一运动中新涌现出的标志性人物。其中最早的一批就如哥伦布一样是意大利人。随新人物一同出现的还有新知识，不仅为这些航海活动和成功的技术实践打下铺垫，更使得欧洲人眼界大开，以新的视角看待他们与世界的关系。一言以蔽之，耶路撒冷不再是世界的中心；人们开始绘制的地图尽管十分粗陋，但表现出了地球真实的基本结构。

公元 1400 年，一名佛罗伦萨人从君士坦丁堡带回了托勒密的《地理学》一书。其中所包含的世界观，此前已经被人遗忘达千年之久。托勒密在公元 2 世纪所描述的世界已经包括加那利群岛、冰岛和锡兰，这些地名在他的地图上都占有一席之地，此外也有把印度洋标为内海的谬误。其译本（虽有误导之虞）和大量复本首先以手抄本的形式出现，随后是印刷版（从公元 1477 年首次付梓到公元 1500 年间，共有
535 6 种版本），极大促进了地图绘制的改良。地图集（Atlas）——雕版印刷、编集成册的地图——问世于 16 世纪。与以往相比，更多的人可以买到或参考世界地图。随着投影制图技术的改良，航海也变得更为简单。其中涌现了一名伟大人物荷兰人格哈德·克雷默（Gerhard Kremer），以“麦卡托”（Mercator）① 之名被载入史册。他是在地图中标出“美洲”字样的第一人，并发明了一种至今仍最为人熟知的投影法——这种世界地图的构造就仿佛是以欧洲为中心展开的圆柱体。尽管在这种地图上计算距离并不容易，但解决了在平面上毫无误差地指明方向和路线的难题。希腊人在公元前 4 世纪就知道世界是球形的，而地球仪和天球仪的制作是地理学革命的另一分支（麦卡托在公元 1541 年制成了他的首具地球仪）。

这一进程最惊人的一点是其累进和系统化的特征。在世界史下一阶段，欧洲人的扩张是有意识、有明确方向的行动，在这一点上堪称史无前例。长久以来，欧洲人一直渴望获取土地和黄金；贪婪是冒险者内心的原动力，这并不新鲜。宗教热情有时激励着他们、有时掩盖了其行为的后果，甚至连行动者本身都浑然不觉，这也不是什么新事

① 他在公元 1569 年发明了一种地图投影法，常用于制作航海图，史称“麦卡托投影”。——译者注

物。而以前所不具备的，是日益增长、源自知识和成功的自信心。公元 1500 年，欧洲人正站在一个时代的门槛上，看起来没有什么能限制他们日益高涨的能量和自信。世界并没有主动走向他们，而是他们走向世界并夺取世界。

这一与往日诀别的趋势所具有的规模，当时并不能立即看出。在地中海和巴尔干地区，欧洲人依然感受到威胁，觉得自己处于守势。航海事业和航海技术依然有很长的路要走，例如，精确度足以避免航海偏差的计时工具直到 18 世纪才出现。但通往欧洲与世界其余地区以及欧洲各国之间新关系的道路已经打开。发现将带来征服，也将循序渐进地带来欧洲人对数量巨大的海外新资源的开发利用。一场世界革命的大幕正在揭起。延续了上千年的均势正在瓦解。如此后两个世纪所揭示的那样，数千艘船年复一年、日复一日地从里斯本、塞维利亚、伦敦、布里斯托、南特、安特卫普和众多其他欧洲港口扬帆起航，前往其他大陆寻找贸易机会和利润。它们将驶向卡利卡特(Calicut)①、广州、长崎。到了某一时期，从欧洲人的海外殖民地出发的船只也加入其中——从波士顿到费城、从巴达维亚②到澳门。在此期间，没有一艘阿拉伯单桅帆船找到前往欧洲的航线；而第一艘中国帆船抵达泰晤士河时已是公元 1848 年。③ 直到 1867 年才有日本船 536
横渡太平洋抵达旧金山，比欧洲人开辟伟大航路要晚数百年之久。

欧洲意识

公元 1500 年的欧洲明显具有新文明中心的气象；不久之后，这

① 印度喀拉拉邦西部城市，位于马拉巴（Malabar）海岸。——译者注
② 雅加达的旧称。——译者注
③ 清朝时期的“耆英”号，公元 1846 年从香港出发，经好望角及美国东岸到达英国，创下中国帆船航海最远的纪录。——译者注

一文明还将传播到其他土地。其核心依然是宗教。宗教对社会组织的含义前文已经提过，无论其中心体制曾经历多少大起大落，教会始终是规范和管理社会的巨大势力，同时也是文化的守护者和所有人的导师，是文明本身的容器和载体。

自13世纪开始，托钵僧分担了长久以来一直由修士承担的著书立说和教学重任，但一类新机构——大学发挥了更重大的作用，托钵僧有时也在其中扮演重要角色。博洛尼亚、巴黎和牛津是最早的3所大学，到公元1400年又增加了53所。在集中指导学术活动和提供教育两方面，它们都是前所未有的新机构。其结果之一是教士培训事业的复兴。早在14世纪中期，半数英格兰主教都已接受过大学教育。但这不是设立大学的唯一理由。腓特烈二世创办那不勒斯大学，向他的南意大利王国输送行政官僚；公元1264年，英格兰主教和廷臣默顿的瓦尔特（Walter de Merton）在牛津创建了最早的学院，其目的之一是为王室培养未来的栋梁。

大学对欧洲未来的重要性还不仅如此，从某一方面看其价值无可估量；虽然当时还无法预见和证明这一点。当大量非教职人士前来接受教育时，大学的存在可以保证他们也能在受教会控制、充满宗教氛围的机构中得到思想和人格的长期塑造。而且，大学是一股带来团结和包容的巨大文化力量。其课程以拉丁语讲授，这是教会和受过教育的人士所使用的交际语。至今依然能从大学典礼和学位名称中残留的拉丁语中见证该语种往昔的尊荣。

法学、医学、神学和哲学都从这一新的体制中获益。中世纪早期，哲学完全成为神学的一部分。9世纪的爱尔兰思想家和学者约翰·斯科特斯·埃里杰纳（John Scotus Erigena）是该时期哲学界唯
537 一卓尔不凡的重要人物。然后，学界从12世纪开始将希腊作品直译成拉丁文，欧洲学者得以直接阅读经典哲学著作。伊斯兰世界是他们

获取这些文本的来源。译成拉丁文后，亚里士多德和希波克拉底的著述首先遭到了宗教界的怀疑，这一状况持续到13世纪中后期；但在古典和基督教世界观之间寻求调和的工作也逐步取得了进展，两位多明我会修士大阿尔伯图斯（Albertus Magnus）和其学生托马斯·阿奎那（Thomas Aquinas）的著述最明白无误地表明了两者的共存与结合确实可能办到。古典遗产从而在西欧重获关注，也再获洗礼。古典学说并没有带着截然不同的面貌和批判的方式走进以神学为中心的基督教文化，而是融入其中。古典世界开始被视作基督教的先驱。数百年间，对于涉及智识领域的宗教问题，人们总是将古典奉为权威。在古典学者中，亚里士多德享有独一无二的盛名。虽然无法为他封圣，教会至少将他视作某种先知般的人物。

两者可以共存的直接证明，是中世纪经院哲学突出且系统化的唯理主义成果；这一名称用于形容试图洞彻基督教义的思辨活动，其力量在于无所不包的宏大；而没有哪部作品比阿奎那的《神学大全》更耀眼地展现了这份宏大。在后人的评价中，其登峰造极的成就和牵强脆弱的体系形成了截然的反差。此书竭力试图阐述所有的现象，不愿采纳观察和实证手段是其薄弱之处。基督教赋予了中世纪人强大的逻辑思考能力，但只有少数与社会格格不入的异类能够略微窥见打破权威、真正走向实证方法的可能性。

尽管如此，从基督教文化成果中可以看到将从中世纪早期封闭世界中解放出来的首个标志。矛盾的是，虽然普罗大众对阿拉伯文明的态度长期以来总是怀着深深的怀疑和恐惧——此外还有对穆斯林的无知（公元1100年前的一名中世纪人士指出，没有证据表明北欧曾有哪怕一人听说过穆罕默德的大名）。直到公元1143年才出现《可兰经》的拉丁译本。只有少数地区的虔诚者与不信教者（双方都用这样的词汇来互相描述）之间保持着相互容忍和易与的关系——但基督文明却得益于伊斯兰教。两种文明最彼此包容的地区是西西里和西班牙，12 和 13 世纪的伟大译作就是在那里诞生的。腓特烈二世受到了
538 极大的怀疑，因为虽然他迫害异端，但也欢迎犹太人和萨拉森人前往其帕勒莫的宫廷。古西哥特王国的首都托莱多则是另一个特别重要的文化融合中心。在这类地区，文士们誊抄着此后 600 年十分畅销的拉丁文本。欧几里得的著述开始被人反复誊抄和转抄，然后印刷成册；这很可能意味着，此作品的成功最终超越了除《圣经》以外的所有书籍——至少到 20 世纪为止——并成为 19 世纪以前西欧数学教学的基础。以这样的方式，希腊文明再次泽被了西方的思想界。

大体而言，伊斯兰世界对古代成就的传播始于占星学、天文学和数学。这三种学科彼此紧密相连。托勒密的天文学理论通过这条渠道传入西方；在 16 世纪以前，作为构建宇宙学和航海学的基础，西方人觉得这套理论足以令人满意。事实上，在中世纪大部分时期，伊斯兰世界的地图学比欧洲更为先进；早在欧洲同行之前，阿拉伯水手就已使用磁石来航海（尽管作出航海大发现的是前者）。星盘是希腊人的发明，但经过阿拉伯人的著述才在西方传播开来。当乔叟撰写有关星盘用法的论文时，他是拿以前阿拉伯人写的一篇文章作为范本。源自阿拉伯的知识中，新的数字体系和小数点的用法（都起源于印度）也许是最重要的；只要尝试一下罗马数字，就很容易体会到阿拉伯数字简化计算的巨大功效。

从伊斯兰世界传入西方的观测类科学中，除天文学以外，最重要的是医学。在亚里士多德、加伦和希波克拉底的医学著作（从希腊文直译的工作直到公元 1100 年才开始）之外，阿拉伯医师积累起来的海量治疗学、解剖学和药理学知识也通过医学资料和导师为欧洲临床实践带来极大帮助。阿拉伯科学和知识负有盛名，使人们更易于接受其略显危险和颠覆性的观念。阿拉伯哲学和神学也开始在西方得到研

究。最后，就连欧洲艺术似乎也受伊斯兰文明影响，使绘画改头换面的透视法据说是西班牙的阿拉伯人在13世纪的发明。而反过来，阿拉伯人从欧洲获得的技术只有火炮这一种。

伊斯兰文明使中世纪欧洲获益良多，没有其他同时代的文明可以相比。不管其异域风情和夸张的叙述有多么引人入胜，马可·波罗或云游中亚的托钵传教士的游记几乎都没有给西方带来多少改变。甚至到公元1500年，欧洲与世界其余地区的货品交换量依然微乎其微。
在技术方面，可以肯定欧洲确实受惠于远东的只有丝绸制造艺术（通 539
过东罗马帝国传入）和造纸术。虽然后者是中国在公元2世纪的发明，但直到13世纪才传到欧洲，传播者还是西班牙的阿拉伯人。也没有什么源自近东的概念进入欧洲，除非是印度数学这类经阿拉伯人进一步提炼后的学科。考虑到伊斯兰文明的渗透力，其原因更可能单纯是中国和印度离得太远，而不是伊斯兰世界在某种意义上成为欧洲和东方之间的壁垒，将两者隔离开来。毕竟，在公元元年之前的古代，沟通往来并不比中世纪更困难，而东方世界同样几乎无法企及。

古典文明和基督教的重新整合，在时隔千年之后回答了德尔图良的雅典该如何面对耶路撒冷的戏谑之问，虽然这疑问只是在阿奎那等人的著述中得到展现。中世纪最高艺术杰作之一（有人认为可以把“之一”两字去掉）是但丁的《神曲》。在这部作品中，已经能看出让基督教文明世界与其前身重修旧好的重要意义。但丁描述了他在地狱、炼狱和天堂的旅程，这三者构成了基督教信仰中的宇宙。但他的向导却非基督徒，而是异教徒——古典时代的诗人维吉尔。这一角色并非单纯的摆设；维吉尔是通往真理的向导和权威，在基督降临之前预言了他的到来。这位罗马诗人已成为先知式的人物，和《旧约》中的先知们同列。虽然欧洲与古代存在联系的概念从不至于完全消失（例如热衷于此的编年史家将法兰克人或不列颠人称为特洛伊人的后代），可但丁的观点中有某种划时代的成分。基督教文明对古典世界的接纳纵然被陈杂万象的学术元素所包围，却使一种变化成为可能，即 14 至 16 世纪间人文主义文学的复兴。在人们眼中，这一变化通常显得比实际更为激进。拉丁文长期把持着这一复兴运动的主导地位，直到公元 1497 年才出现第一本印刷版的希腊语法书。

鹿特丹的伊拉斯谟（Erasmus of Rotterdam）是那段文化史进程中的代表性标志，在某一时期以修士的身份著称，后来则被视为当时首屈一指的古典学术拥护者。他与大部分最杰出的人文主义学家都有书信往来。但他依然将自己的古典学造诣视为迈入《圣经》研究最高阶段的敲门砖，其最重要的著述是对希腊文《新约》的编订。这一《圣经》善本的付梓成册着实具有革命性的影响，但伊拉斯谟并无意推翻宗教秩序，不管他如何揶揄和讽刺不可一世的教士，也无论他的
540 著述和书信激发了多少独立的思想。其思想根基来自 15 世纪低地国家兴起的密宗虔诚运动，名为现代灵修运动（*devotio moderna*），而非古代的异教信仰。

一些人开始研习古典作家的著述成果，为了明确指代古典异教思想，发明了“中世纪”的概念，以凸显他们给人的耳目一新之感。而他们自身则被后世视为让一份失落的传统得以“重生”的人，是古典思想的“文艺复兴”者。但塑造出这批人的文化基础，是基督教文明自 12 世纪以来的巨大变化所建立的。如果我们谨记使用该词对语境有一定限制，那么采用“文艺复兴”的说法或有帮助，但如果以此指代一场与中世纪基督教文明决裂的文化转型，则是历史之谬误。文艺复兴现在是、过去也是一种子虚乌有但有所裨益的幻想，是那种可以帮助人类明确自我定位从而更有效地行动的概念之一。无论文艺复兴是什么，欧洲历史中不存在将之与中世纪割裂的分明界限——不管我们如何对中世纪加以定义。

但有一种转变几乎随处可见，那就是重视对象的变化。在当代与过去的关系中特别明显。13 世纪的人和 16 世纪时一样，以所处时代的风貌来描绘古代的伟人。亚历山大大帝一度形同中世纪国王；后来，莎士比亚剧中的凯撒穿的是紧身上衣和紧身裤，而非托加袍①。换言之，人们对这两段过往的年代不具备真正的历史观，也没有意识到，不管是人还是物，过去和现在都大有不同。与此相反，提供典范和教化的课堂被视为历史最好的职能。两种态度的差别在于，以中世纪的观念，对古事记详加考察也能找出上帝旨意存在的标志，这些证据能再一次成功地证明教会教导的正当性。这是圣奥古斯丁传给后世的立场，也是但丁所接纳的态度。到了公元 1500 年，人们察觉到往昔的历史中还有另一种东西，其认识同样缺乏历史观念，但令他们感到对所处的时代和困境更有帮助。有人发现一份与基督教完全无关、甚至可能属于异教的古典式启迪，其结果之一是对古典著述产生了新的关注。

文艺复兴的概念与艺术创新的关联尤其突出。曾见证大量此类创新的中世纪欧洲，看起来比 12 世纪以来的任何其他文明传统的伟大中心更具活力和创造力。音乐、戏剧和诗歌领域创造出了新的范式和风格，至今仍能使我们受到触动。但有一点在 15 世纪就已经明朗：这些艺术不可能局限于服侍上帝的用途。艺术逐步走向自主和独立。这一变化最终完成的标志是大量文艺复兴式的美学表达。虽然极具革命性，但至此为止，其超越性还是限于范式上的创新。这再明显不过 541
地表明了基督教大一统和神权对文化的独裁正处于瓦解之中。古典神话和基督教神话的缓慢分化是这一过程的表现之一；其他表现还有浪漫主义和普罗旺斯爱情诗的出现（从阿拉伯影响中受益良多），世俗

① 古罗马男子身穿的宽松罩炮，通常为白色，肩部有红色或紫色饰带。——译者注

建筑对哥特式样的采纳——例如新兴城市中蔚为壮观的行会堂所，抑或受过教育的俗士所喜闻乐见的本土文学的兴起——乔叟的《坎特伯雷故事集》也许是其中的最高杰作。

这类变化发生的时期不易确定，因为任何创新总需一段时间方能被人接受。由于长期缺少可读文本，在文学领域有所作为要面临尤其严重的实质局限。直到16世纪中后期，《乔叟全集》的第一版才得以付梓出版。那时，人们的思想无疑已处于变革状态。所有的变革趋势都还没有脱离形式的范畴，但也不仅仅是形式变革的简单叠加。而这场革命几乎方方面面都得益于印刷书籍的问世。在大批量印刷成为现实以前，就连《坎特伯雷故事集》这类本土文学作品都无法得到广泛的受众。当这一切发生，书籍所带来的冲击不可谓不巨大。所有类型的书籍如诗歌、历史、哲学、技术都不外如是，而首当其冲的是《圣经》本身。其效应是自人类发明文字书写以来在知识和思想传播领域最深刻的变化，是这千百年间最伟大的文化革新。以回顾历史的眼光来看，这是信息传播不断加速的起点，至今仍没有停止。

虽然纸在中国早就以另一种形式问世多年，但除了非常间接的影响之外，这一新技术没有给欧洲带来任何有益的刺激。欧洲从14世纪开始以破布料制作优质纸张，这是对印刷革命有所贡献的元素之一。其他元素包括印刷术原理的创新（在织物上压印图案的做法出现于12世纪的意大利），使用铸金属而非木头来制作铅字（已经用来印制纸牌、日历和宗教图画），油基墨水和金属活字印刷的问世。其中至关重要的是最后一项发明。虽然细节难以考证，木活字印刷的实验自15世纪初就已经开始，但似乎有理由将此发明归功于美因茨的钻石抛光商约翰内斯·古登堡（Johannes Gutenberg），他的名字和活字印刷联系在一起也已成了传统。公元1450年前后，他和同事们共同
542 完成了现代印刷术种种元素的整合工作。公元1455年，公认的第一

本真正的书籍《古登堡圣经》在欧洲付印。

当时，古登堡本人的业务生涯堪称失败，他可能遭遇资金短缺。这一事实预示着一个新的商业时代的到来。囤积设备和铅字的成本十分高昂，有一名提供贷款的同行因债务纠纷将他告上法庭。判决对古登堡不利，他失去了出版社，因此该版《圣经》问世时并不是他名下的财产（可喜的是故事并没有如此作结；最终，美因茨大主教认可古登堡所作出的成就，将他封为贵族）。但他已发起了一场革命。根据计算，至公元 1500 年，共有大约 3.5 万种独立版本的书籍——被称作初期刊本（*incunabula*）——得以发行。这可能意味着 1 500 万至 2 000万的印本数量；当时，全世界的手抄本加起来也很可能已经少于该数目。在下个世纪，初期刊本的数量将达到 15 万至 20 万，而印本数量也许有 10 倍之多。如此巨大的量变汇聚成质变；活字印刷所形成的文化与过去的任何文化都有所不同，就如它与视广播电视为理所当然的文化之间的差异一样惊人。近代就是印刷的时代。

欧洲第一本印刷书籍是中世纪文明的核心神圣读本《圣经》，这是一桩有趣但不足为奇的事实。通过印刷出版业，关于《圣经》的知识以前所未有的幅度传播开去，并造成了无法估量的后果。公元 1450 年，拥有一本《圣经》、甚至不难读到《圣经》的教区牧师都非常罕见。一个世纪后，教士拥有《圣经》的可能性很大了。而到公元 1650 年，若是没有一本《圣经》反倒成了奇事。第一批印刷本《圣经》是通俗拉丁文本（Latin Vulgate）①，但本地语言的版本也很快随之出现。德语《圣经》于公元 1466 年成书；加泰罗尼亚、捷克、意大利和法语译本在该世纪结束之前陆续问世，但英国人还得等到公元

① 圣杰罗姆主持下翻译的经典拉丁文版本，以希伯来文的《旧约》和希腊文的《新约》为原本。——译者注

1526年才能拥有英语的印刷本《新约》。在五六十年间，虔诚的世俗信众和教士同样为神圣读本——《圣经》只是其中最重要的一份——的传播倾注了大量资源；甚至连修道院中也设起了出版机构。同时，其他书籍的数量也有所增加，以当时人文主义学者编订的古典作品为首，还有文法和历史著作。另一项源自意大利的创新是更简明清晰的铅字，以佛罗伦萨学者的手抄体为范本，而他们所临摹的则是加洛林小草书体。

这一冲击势不可挡，此后形成了印刷媒体主导欧洲思潮的局面。
543 公元1501年，教皇不无先见之明地提醒各主教，控制印刷业或许是保护信仰纯正性的关键所在。尽管这也很重要，但印刷革命所涉及的不仅仅是任何对教义的特定威胁。书籍本身的性质开始改变。书曾经是稀世的艺术珍品，只有少数人得以窥见其中神秘的知识，如今成了很多人的工具和助力。印刷术将为政府管理提供新的通信方式，也为艺术家带来了新的媒介（因为雕版印刷越来越普及，在16世纪，绘画风格和建筑式样的传播比过去任何时候都要迅速），还会给技术传播带来新的助推力。印刷术将激起对文学的巨大需求，以及由此应运而生的教育需求。没有任何一种改变如此清晰地标出了一个时代的终点和另一个时代的开端。

关于欧洲在世界史即将到来的时代中所扮演的角色，很难确切说清这一改变对该角色的全部意义。到公元1500年，对于少数愿意思考这一切的欧洲人来说，无疑有很多东西能增添他们的信心。宗教是他们的文明根基，告诉他们，自己在一条时间长河中旅行。他们见到一个稍稍明朗一些的未来；如果回顾曾经走过的灾难，并且意识到一份共同的目标，这份未来或许还略微更显可亲一些。于是，欧洲成为第一个意识到时间并非无尽（虽然有可能是周期性的）的压迫，而是朝一定方向持续变化的进程的文明。毕竟，《圣经》里被选中的人是朝着某处前行的；他们不仅仅是在无法捉摸的神秘现象面前逆来顺受的生灵。人们很快告别单纯地接受变化的态度，迸发出与持续不断的变化共存的意志；而这正是现代人的特别之处。这类世俗化、远远偏离其起源的思想可以产生非常重要的价值；很快就出现了一个例子，那就是科学进步。在另一层面，基督教传统也具有决定性的地位。因为拜占庭衰亡后，欧洲人相信他们是这份传统唯一的继承者。对于即将迈入一段数百年的发现和征服史，强大和霸权正在向他们招手的人来说，这一信念相当鼓舞人心。即便奥斯曼人近在眼前，公元 1500 年的欧洲也不再是黑暗时代的那座四面楚歌的堡垒，而是开始主动突围和反击的要塞。耶路撒冷被弃于异教徒之手而不顾，拜占庭已经灭亡，新的世界中心会是哪里？

在黑暗时代的恶劣环境中幸存下来的欧洲人，借助蛮族的才能在
往日废墟上建起一个基督教世界，他们自己也没有料到这一成果能够
经受住无穷无尽的考验。但此中深意需要时间才能酝酿成型。直到公 544
元 1500 年还依然见不到未来属于欧洲的迹象，与其他民族的接触丝
毫不能表明他们的文明类型具有任何明显的优越性。西非的葡萄牙人
或许可以将黑人玩弄于股掌之间、骗走其砂金，将其奴役，但波斯和
印度的帝国盛景往往令他们目眩神迷。还有其他很多方面都同样表
明，公元 1500 年的人还不属于现代。即便他们说的是拉丁语，我们
也不能理解——除非费上一番工夫。因为他们的拉丁语中有我们很容
易错过的弦外之音和关联含义；这不仅是饱学之士的语言，也是宗教
的语言。

在半明半暗的现代曙光下，要了解欧洲文明之初的现实，宗教的分量依然是最好的线索。宗教是文化稳定最强有力的保障，探讨这一文化时，本书几乎完全采用了一种不失重要性、但本质上不属于那个年代的视角——即变化的视角。除非以极短的时段来看，否则 15 世

纪的大多数欧洲人还没有意识到变化的存在。对所有人而言，其生活最深刻的决定因素依然是缓慢但不断重复的四季交替，这一节奏设定了忙碌与悠闲、贫穷与富足的模式，确立了家庭、作坊和学院的常规。英国的法官和大学教师至今依然沿用着过去的年度工作安排，以农时的需求划分假期和非假期。宗教本身的影响又加诸这一节奏之上。当收获来临，教会为之祈福，基督教年历还提供了更详细的日程表，作为人们生活的依据。其中有一些节日非常古老，甚至早于基督教本身，已沿袭千年之久；人们无法想象没有这些节日会怎么样。宗教甚至规定了很多人一日的作息；每隔 3 个小时，数千所修道院的钟声会把所属信徒们召集起来进行崇拜和祷告。当墙外的人也能听到钟声时，非教会成员也会以此安排自己的日常生活。自鸣钟问世以前，只有教区教堂、大教堂或修道院的大钟作为太阳或烧蜡烛计时的补充，记载着时间的流逝；而它们报时的方式是宣告又一次崇拜时刻的到来。

只有在非常特殊和长期的视角下，我们才能正确地指出，这一切在千百年的岁月中是如何不断延续、最终成为“革命性”的变化。某些具有真正革命性的变化，就连最明显的那种，例如城镇的发展、瘟
545 疫的爆发、某个贵族家族被取代、大教堂的兴建或城堡的崩塌，都发生在一成不变的背景之下。公元 1500 年的英格兰农民耕作的田地格局往往依然和被《末日审判书》所记载的前人一样，尽管其间相隔 400 多年。16 世纪 30 年代，当人们前往拉科克（Lacock）① 关闭那里的女修道院，他们惊奇地发现，这些贵族女子彼此间依然以 3 个世纪前的贵族家庭常用的诺曼式法语交流。

---

① 北威尔特郡的村庄，堪称英国最美的村庄之一。当时，亨利八世发起修道院废除运动，关闭了大批英格兰修道院，该村也受波及。——译者注